信仰与人生

李凯城 著

中国发展出版社
CHINA DEVELOPMENT PRESS

图书在版编目（CIP）数据

信仰与人生 / 李凯城著．—北京：中国发展出版社，2018.9

ISBN 978-7-5177-0895-7

Ⅰ.①信… Ⅱ.①李… Ⅲ.①社会科学–文集 Ⅳ.① C53

中国版本图书馆 CIP 数据核字（2018）第 184193 号

书　　　名：信仰与人生
著作责任者：李凯城
策 划 编 辑：李一梅
责 任 编 辑：孙　勇
装 帧 设 计：古涧千溪
出 版 发 行：中国发展出版社
（北京市西城区百万庄大街 16 号 8 层　100037）
标 准 书 号：ISBN 978-7-5177-0895-7
经　销　者：各地新华书店
印　刷　者：河北鑫兆源印刷有限公司
开　　　本：710mm × 1000mm　1/16
印　　　张：23.5
字　　　数：262 千字
版　　　次：2018 年 9 月第 1 版
印　　　次：2018 年 9 月第 1 次印刷
定　　　价：66.00 元
联 系 电 话：（010）88913231　68990692
购 书 热 线：（010）68990682　68990686
网 络 订 购：http://zgfzchbs.tmall.com//
网 购 电 话：（010）68990639　88333349
本 社 网 址：http://www.develpress.com.cn
电 子 邮 件：sunyongcdp@126.com

党的十八大以来，党中央高度重视党的建设和思想政治工作。越来越多的干部群众通过实践，也开始重新认识思想政治工作、党务工作的价值。我有一个判断，思想政治工作者、党务工作者的春天到了。时代要求我们有所进取，期待我们大有作为。借这套书的出版，我想告诉全国的同行们，在思想政治工作、党务工作岗位上，虽然面临诸多困难，虽然暂时不被社会看好，但事在人为，再难也应该往前走。只要坚持下去，努力钻研，勤于思考，同样可以走出一条前景光明的大道。

再难也要往前走，走出一条路

这套丛书是写给我的同行——全国各条战线上的思想政治工作者、党务工作者的。

全国从事这方面工作的同志有多少？我不清楚，更不知道大家都是怎样走上现职岗位的。作为一名政工干部，你热爱本职工作吗？如何评价自己工作的社会价值？能否从中感受到乐趣？如果有一个重新选择的机会，你还愿意继续从事这项事业吗？

曾有人问过我这些问题。怎么说呢？一言难尽。

我是 1969 年入伍的，在一个通信连队工作了五年。1972 年提干后，第一个职务是载波技师。后来一个偶然机会，我被抽调到政治机关帮助工作，稀里糊涂就改了行。在部队政治工作岗位上，干了三十多年，直到退休。说心里话，很长一段时间，我并不喜欢这项工作。如果让自主选择，我不会走这条路。只是受当时正统观念的影响，个人要无条件地服从组织，领导分配的任务，只有干好的义务，没有讨价还价的权利。

不夸张地说，20 世纪八九十年代，思想政治工作跌入了低谷。社会上最聪明的一批人纷纷下海经商，在获取巨额社会财富的同时，也赢来人们崇敬的目光。也有人选择科学研究和专业技术工作，只要肯努力，同样可以名利双收。再不济干个具体工作，有铁饭碗不说，好歹也能得到大家的认可。唯独思想政治工作、党务工作者，被讥讽为“卖狗皮膏药的”，四周大都是蔑视的目光。我有一位远房亲戚考上研究生，我问她学什么专业，她说是管理。再问什么研究方向，小姑娘吞吞吐吐，最后很不好意思地说，是思政专业。

几十年来，眼看着身边年轻能干的同事一个个离去，在新的领域、新的岗位活得有滋有味、风生水起，不时听到亲朋好友对政治工作、政工干部的冷嘲热讽，我迷惘过、动摇过，也曾考虑是否换一个职业、换一种活法。可事到临头，向组织上提个人要求，总是张不开口。机不可失，失不再来。年轻时没有果断抉择，越往后就越不好下决心了。

在政治工作岗位上也有发展空间，那就是行政职务晋升。可现实生活太复杂了，一个人能否当官、能当多大的官，有数不清的偶然因素，远非个人努力所能决定。我就是一个“官运”不佳者。虽然三十多岁就走上了师职领导岗位，可从此就踏步不前了。

专业远非所爱，职务晋升无望，怎么办？既然不能爱一行、干一行，那就干一行、爱一行、专一行吧。俗话说，三百六十行，行行出状元。且不谈党的事业需要等大道理，就思想政治工作本身来说，也总得有人干。要干就好好干，再难也要往前走，争取走出一条路。正是这一信念，支撑着我四十多年如一日，坚持读书思考，默默耕耘，日积月累。退休已经十多年了，我每天学习工作时间几乎都在十二小时以上。

在领导机关工作时，主要任务是起草各种文件及首长讲话，可谓“为他人做嫁衣裳”。1993 年，我被分配到一个军队研究所当领导，开始有了较多的个人时间。搞政工的免不了给部队讲课。这项工作弹性很大，随便对付也不是过不去。但我总觉得不妥，既是对官兵不负责任，也是对自己不负责任。所以，每次受领讲课任务，我都下功夫进行准备。我的讲课得到官兵们的认可，由此找到发挥个人才识的新天地。后来，时常自选一些题目，并在更大范围宣讲。《信仰与人生》一书，就是那些年部分讲稿的汇集。不敢说篇篇精彩，但自信大都可以给读者一些启发。如果哪位同行想走上讲台，有这些材料做参考，就不需要从零开始准备了。

在部队科研单位当领导，不仅要懂政工，而且要参与科研管理。搞管理自然要学管理。在学习和应用管理知识的过程中，我发现，在科学管理即“硬管理”方面，西方确有许多值得我们借鉴的东西，但在“软管理”即文化管理方面，则大可不必崇洋媚外。我党我军的思想政治工作是一座“富矿”，从中可以获取大量思想宝藏。于是，我开始尝试着从现代管理学的角度解读解放军的管理经验，于 2007 年出版了《领军之道——毛泽东军队管理思想的现代价值》。之后，沿着这一方向不断探索，陆续推出《红色管理》《向毛泽东学管理》《用思想打造执行力》（合著）等研究成果，并由此获得中国管理科学学会颁发的管理科学学术奖。《红色领导力》一书主要是获奖后最新研究成果的汇集，其中部分文章为首次发表。我希望通过以上尝试，为构建中国管理学的学科体系、学术体系、话语体系，做一点实实在在的事；也希望以此方式告诉全国的同行，管理实践及理论研究也是一条路，只要努力，在这条路上也可以走得很远很远。

2013 年，我有幸加入了一个从事党性教育的专家团队，开始接触党的建设及党性教育工作。实践中我发现，党的建设实际上就是共产党作为一个政治信仰组织，自身应该如何管理，而党性教育则为思想政治教育的特殊形式。这使我原有的知识经验有了新的用武之地。几年来，根据实际工作需要，我讲了不同主题的党课，累积起来有五十多个小时，仅 PPT 就达十几万字。这些讲课最大的特点是没有官话套话，所讲的都是自己真信的，希望别人去做的，我自己都努力了。所以，课后不断有学员索要课件或讲稿。考虑到太厚的书不便阅读，和编辑商量后，把部分课件整理成册，相关案例和论据不展开叙述，由此形成《换一种讲法》。本书旨在为各级党务工作者讲好党课提供一些思路。如阅读之后觉得不解渴，可扫描序言后的二维码进入我们的网站，直接收听收看讲课内容。

党的十八大以来，党中央高度重视党的建设和思想政治工作。越来越多的干部群众通过实践，也开始重新认识思想政治工作、党务工作的价值。我有一个判断，思想政治工作者、党务工作者的春天到了。时代要求我们有所进取，期待我们大有作为。借本套丛书的出版，我想告诉全国的同行们，在思想政治工作、党务工作岗位上，虽然面临诸多困难，虽然暂时不被社会看好，但事在人为，再难也应该往前走。只要坚持下去，努力钻研，不断进步，同样可以走出一条前景光明的大道。

目录

谈谈名利观[1]

本课的主题是“淡泊名利，无私奉献”。讲此课的目的是帮助大家正确看待名和利，树立无产阶级的名利观。名利观是人生观的重要组成部分，一个人的人生观很大程度上是从他对待名利问题的态度上反映出来的。说心里话，讲人生问题，我总感到自己资格不够。其一，人生是个大问题，每个人都必须做出回答，其看法将直接影响人的一生。讲人生问题，讲好了可能对人有所启迪，讲不好后患无穷，有可能误人一生。古今中外，有关人生的理论、学说、观点、警句、诗词、寓言浩如烟海，究竟谁对谁错，谁是谁非，历来是仁者见仁，智者见智。讲人生问题，照本宣科，老生常谈，倒也容易，可恐怕难以取得好的效果；广征博引，寻章摘句，也能很精彩，但未必能给人以真的启迪。要讲好这类课，除了需掌握大量的观点、事例外，更重要的是对人生要有切实的感受和领悟。其二，人生问题很大程度上是个伦理问题，讲课人自身的道德形象如何，对其讲课效果影响极大。以上两个因素，其作用不是简单地相加，形象地说，讲课效果更接近

① 本稿写于 1997 年。

于二者的乘积。如果其中任一个因素的值很小或者是负数，那讲课就会失败。我自忖人生感悟比较浮浅，自身形象也远非高大，所以讲这样的课实在是勉为其难，忐忑不安。但既有安排，也只好从命，请大家姑妄听之。

我想从一个传说谈起。

相传乾隆皇帝下江南时，有一次来到镇江的金山寺，看到山脚下大江东去，百舸争流，不觉兴致大发，随口问站在身边的一位老和尚："你在这里住了几十年，可知道每天来来往往多少船？"老和尚回答说，"我只看到两只船。"乾隆皇帝一怔，问"什么意思？"老和尚说："人生只有两只船，一只为名，一只为利。"

人活在世上，无论贫富贵贱，穷达逆顺，都免不了要和名利打交道。如何看待名利，确实是人生的一个重要问题。古往今来，无数政治家、思想家、文学家、教育家谈论起人生，都会讲到名利，留下许多深刻的思想见解和数不清的千古名句。如大家所熟悉的：

天下熙熙，皆为利来。天下攘攘，皆为利往。（司马迁）

争名者于朝，争利者于市。（《战国策》）

名为公器无多取，利是身灾合少求。（白居易）

浮名浮利浓于酒，醉得人心死不醒。（吕纯阳）

……

研究前人的思想，可以发现一个很有意思的现象：流传于民间的谚语、格言往往是比较看重名利的，而绝大多数思想家对名利则持鄙视的态度，他们的具体说法虽然不同，但大都倾向于把名利视为不祥之物，劝导人们克制它、淡泊它、抛弃它。这种道德说教持续了几千年，能想出的道理似乎全讲过了，可为什么我们今天还要重新拣起这一话题呢?

我认为，最根本的原因就在于：人生而有欲，有追求，而名利则是人们满足个人欲望，实现人生追求的一条途径、一种目标。

马克思主义认为，人活在世上，必然会有各种各样的需要，也就是欲望。这些需要可分为物质上的和精神上的。要满足人们物质上的需要，即吃穿住行等，必须具备一定的物质条件，这种条件就是我们常说的利。而满足人们精神上的需要，包括受到尊重的需要、获得友爱的需要、自我实现的需要等，又往往离不开一定的知名度。所以，名和利是人类永恒的话题，只要有人生，就必然会产生名利问题。我们每一个人从开始懂事起，一直到死，恐怕都要经常遇到名利的选择和考验。

名利问题古已有之，终生缠绕，不足为怪。但我有一种感觉，不知大家有无同感。即近些年来，名利问题越来越突出了。以前，绝大多数同志都能比较正确地对待个人的名利，看名利淡如水，视事业重如山。少数同志遇到具体问题虽然有些计较，风格不高，但总会感到理不直，气不壮，很少有人公开去要、去闹。而现在，好像很多人对个人的名利看得重了，并且胆子也大了，脸皮也厚了，孜孜以求，斤斤计较，公开索要，不择手段。现在找领导个别谈话的，相当多的是反映个人的“实际问题”，说到底是个名利问题。一些单位人际关系紧张，也往往由名利问题引起。像什么“一年盖好房子，三年分不下去”“搞课题时大家齐心协力，评奖时反目为仇”，似乎已经司空见惯，见怪不怪了。为什么会出现这种现象?

我认为，新形势下名利问题之所以突出，原因十分复杂。既有社会经济条件发生了深刻变化，给人们的思想观念带来决定性影响；分配收入差距拉大，刺激了人们的物欲追求；党风和社会风气不正，引起人们不满和心理失衡等客观因素，也有前些年上上下下普遍“一手硬，一手软”，放松思想教育和道德建设，导致部分同志特别是少数年轻人理想信念动摇、道德水准下降等主观因素。从某种意义上说，出现这一现象有一定的必然性。如何解决这一问题，是新时期思想政治工作的一个重要课题。

一些同志不能正确对待名利，对单位建设、同志关系及业务工作带来的消极影响，大家有目共睹，不需多讲。值得一提的是，过重的名利心也给一些同志本人带来无穷的烦恼。平心而论，现在我们每一个同志的物质生活都比改革开放前改善多了，但一些同志内心的烦恼也比以前大大加重了，因而并不感到幸福。仔细分析一下这些烦恼，会发现其中多数与名利有关。由此可见，树立正确的名利观，不仅有利于部队建设，对我们每个同志都是十分必要的。

进行名利观教育很有必要，但想讲好却不容易。一般的讲课思路是先讲什么是无产阶级名利观，再讲为什么要树立无产阶级名利观，最后讲怎样树立无产阶级名利观。我反复考虑后，想换一种讲法。即先介绍和比较一下中国思想史上最有影响的几种名利观和资产阶级名利观；在此基础上，再来谈无产阶级名利观；最后，结合实际谈谈名利观的树立。之所以如此安排，主要出于两点考虑：其一，中国古代哲人对名利问题有深入的研究，提出过许多精辟的见解，至今对我们仍有启迪。系统地介绍一下这方面的知识，符合党中央关于继承祖国优秀传统文化的号召。其二，无产阶级名利观是在继承前人优秀伦理思想基础上产生的，特别是毛泽东同志的伦理思想，与中国传统文化更有直接的渊源关系。人总是在对比中认识事物，介绍一下无产阶级名利观的“左邻右舍”和“来龙去脉”，对我们更好地理解、接受无产阶级名利观，将会有很大帮助。

一、儒家的名利观

儒家思想是中国传统文化的主干。起初，它只是先秦诸子百家中的一派，自西汉董仲舒提出“罢黜百家，独尊儒术”被汉武帝采纳后，才成为封建社会的正统思想，统治了中国思想文化几千年。儒家的代表人物是孔子、孟子，经典著作是四书五经。儒学流传了数千年，经历了几个发展阶段，思想体系博大精深，各种论著汗牛充栋，不可能也没必要在这里一一介绍，下面只讲一下儒家看待名利的几个基本观点。

首先，儒家肯定人对名利富贵的追求，但强调这种追求应服从于仁义道德。

作为一种主张积极入世的人生理论，儒家通常并不反对常人对名利富贵的追求。认为就一般意义而言，富贵总比贫贱好。因而，人们想生活得好一点，希望能得到社会的承认和他人的尊重，是人之常情，无可非议。即便是作为儒家理想人格化身的君子，如果能富贵起来，也是好事。《论语》中有两句话可以说明这一点：“富而可求也，虽执鞭之士，吾亦为之。如不可求，从吾所好。”“邦有道，贫且贱焉，耻也；邦无道，富且贵焉，耻也。”

儒家不反对人们对名利的追求，但这并不是他们的主导思想。作为一种伦理学说，儒家反复强调的是，名利富贵虽然好，但世界上还有比权势、金钱、荣誉更有价值的东西，那就是仁义。儒家认为，名利富贵可以追求，但这种追求不能违备仁义。对仁义的追求应该是无条件的、第一位的，而对名利的追求则是有条件的、第二位的。对此，孔子也有许多著名论断：

富与贵，是人之所欲也，不以其道得之，不处也；贫与贱，是人之所恶也，不以其道得之，不去也。（《论语·里仁》）

不义而富且贵，于我如浮云。（《论语·述而》）

在现实生活中，追求个人名利和履行仁义道德之间发生矛盾的情况是很多的，如何处理这类矛盾，是每个人经常遇到的问题。对此，儒家的原则是：不计个人名利得失，无条件地履行仁义道德；必要的时候，不惜牺牲个人的一切直至生命。儒家认为，能够做到这一点的便是君子，做不到的则是小人，即所谓"君子喻于义，小人喻于利。"

义利之辩是儒家的一个基本观点，对于这一观点，儒学经典著作中有许多精辟的论述，《论语》中有："君子义以为上""见利思义""义而后取"。《孟子·告子上》说：

鱼，我所欲也。熊掌，亦我所欲也。二者不可得兼，舍鱼而取熊掌者也。生，亦我所欲也。义，亦我所欲也。二者不可得兼，舍生而取义者也。生亦我所欲，所欲有甚于生者，故不为苟得也。死亦我所恶，所恶有甚于死者，故患有所不辟也。

我认为，先秦儒家提出的这些思想，作为处理个人利益与国家、与社会、与他人利益关系的一般原则，是基本正确的。问题在于其所强调的仁义的具体内涵，有很大的历史局限性。正因如此，这些思想观点很容易为历代统治者所接受并大加宣扬，从而成为两千多年来占统治地位的价值取向和思维方式。我们中华民族历史上一些优秀人物的成长，应该说都与这种义以为上、见利思义甚至不惜杀身成仁、舍生取义思想的熏陶分不开。例如大家所熟悉的文天祥，抗元兵败被俘后，元太祖忽必烈很看重他，亲自劝降几次，口口声声称他文先生，空着宰相位置等了他三年，请他就位，可文就是不答应。最后一次和忽必烈谈话，文天祥对忽必烈说，你这样推崇我，我很感激，也可以说你我已是知己。既然是知己，你就应成全我。忽必烈没办法，只好答应，说那就明天吧。文天祥听到这话，马上说，谢了。临就义前，他在衣带上写下“孔曰成仁，孟曰取义。唯其义尽，所以仁至。读圣贤书，所学何事？而今而后，庶几无愧。”

其次，儒家认为谋事在人，富贵在天，主张在名利事业的追求上尽人力，俟天命。

儒家主张在服从仁义道德的前提下，人们可以去追求世俗的名利富贵。可在现实生活中，并不是每个人的追求都能达到目的。一个人能否成功，既有个人努力等主观因素，又有机遇等客观因素，后者有时甚至是决定性的。儒学大师们意识到这一点，并试图用天命论来加以解释。

死生有命，富贵在天。（《论语·颜渊》）

求则得之，舍则失之，是求有益于得也，求在我者也。求之有道，得之有命，是求无益于得也，求在外者也。（《孟子·尽心上》）

孔孟的这些话，表达的是一个意思，即人的追求包括对个人名利富贵的追求能否实现，不完全依人的主观意志、主观努力为转移，而会受到许多不可预见的偶然因素的影响。因此，个人的追求就不宜太强烈、太执着，只要尽心尽力就可以了。能求到，固然好；实在求不到，也不能勉强，应随其自然。

儒家的这种尽人力、俟天命的人生态度，集中反映在看待功名问题上。在封建社会，要想出人头地、富贵荣华以至封妻荫子、光宗耀祖，主要的甚至唯一的途径就是当官。因此，建功立业、出将入相是古代读书人的共同追求。孔夫子周游列国，主要目的就是想得到诸侯重用，以实现其政治理想。当时，这是当官的主要途径。历史上许多著名人物如苏秦、张仪、吴起、商鞅等，走的也是这条路。到了汉代，选拔官吏靠“举孝廉”“求忠臣必于孝子之门”，有孝子称号的人才能当官，于是便出现了董永卖身葬父、郭巨埋儿养母。至隋唐实行科举制度后，学子们更是千里求学只为官，“金榜题名时”成为无数士人的人生目标。然而，想作官是一回事，实际上并不是每个人都能如意。即便当上了官，甚至当了大官，还会有宦海沉浮，风云叵测，下场如何也很难说。对此，儒家的态度是：

天下有道则见，无道则隐。（《论语·微子》）

用之则行，舍之则藏，惟我与尔有是夫。（《论语·述而》）

穷则独善其身，达则兼济天下。（《孟子·尽心上》）

有天爵者，有人爵者。仁义忠信，乐善不倦，此天爵也。公卿大夫，此人爵也。古之人修其天爵而人爵从之。（《孟子·告子上》

我认为，儒家对待功名的这种豁达态度，至今仍有值得取法之处。人的一生，通常不会一帆风顺。得志的时候，固然要匡时济世，泽加于民；一旦失意，遇到困难和挫折，也不能因此而消沉，应该奋斗拼搏，“知其不可而为之”；实在不行，也要独善其身。在我们民族的历史上，有这种情怀的人物是很多的，如大家熟悉的范仲淹，在著名的《岳阳楼记》中就这样写道：“不以物喜，不以己悲。居庙堂之高，则忧其民；处江湖之远，则忧其君。是进亦忧，退亦忧。然则何时而乐耶？其必曰：先天下之忧而忧，后天下之乐而乐。”

与范仲淹同时代的另一位著名的理学家张载，年轻时曾投奔范仲淹。当时范正在陕西屯兵，见张载一表人才，便送给他一本《大学》，让张回去好好读书，告诉他这书中自有千秋事业。张载从此后发奋求学，最终成为一代名儒。张载最著名的作品叫《西铭》，其中也谈到富贵贫贱问题：“富贵福泽，将厚吾之生也；贫贱忧戚，庸玉汝于成也。存，吾顺事；没，吾宁也。”

第三，儒家主张当名利求不到时应安贫乐道，寻孔颜乐处，持圣人心怀。

既然名利富贵由天命所定，那么势必有人终身求而不得。儒家主张遇到了这种情况，那就安贫乐道，反身向内，在贫穷落拓中寻找生活乐趣，即后儒概括的孔颜乐处。孔子的一生是很潦倒的，他周游列国，游说诸侯，希望能为其所用，实现恢复周礼，以仁治天下的抱负，前后漂泊流离了十三年，屡遭挫折，吃尽了各种苦头，甚至几次遇到生命危险，非常狼狈，被人形容为“累累若丧家之犬”。时运如此不济，孔子虽然也曾感叹，但更多的时候是抱一种乐观的态度，说：“饭疏食饮水，曲肱而枕之，乐亦在其中矣。”有一次，外人向孔子的弟子打听孔子的为人，子路没有回答，事后告诉孔子，孔子说，“汝奚不曰，其为人也，发愤忘食，乐以忘忧，不知老之将至云尔。”

颜回是孔子最喜爱的学生，在《论语》中，孔子曾多处称赞颜回好学，不迁怒，不贰过。颜回死时，孔子大哭，连声说：“天丧予，天丧予。”从史籍中看，颜回并不是特别聪明伶俐的人，孔子之所以喜欢他，主要是因为颜回身上有一种安贫乐道的精神。孔子曾说：

贤哉，回也！一箪食，一瓢饮，在陋巷，人不堪其忧，回也不改其乐。贤哉，回也！（《论语·雍也》）

孔子及其弟子在贫贱困苦中不怨天、不忧人，始终保持乐观向上的人生态度，一直为后人所评论、所赞颂。宋朝有一个大儒叫周敦颐，他在指导程颢、程颐兄弟读书时，就一再要他俩“寻孔颜乐处，乐在何处。”在儒家看来，名利富贵虽然好，但人世间有比名利富贵更值得追求的东西。在这种追求中，人的物质生活可能是贫苦的，但精神上却能获得无穷的欢乐。这种欢乐超越了人生利害和声名富贵，因而能够“常泰无不足，而铢视轩冕，尘视金玉。”

我认为，儒家主张安贫乐道，固然有些消极，但也不是没有一点道理。快乐原本是人的内心感受，是很难从外部条件来衡量和判断的。优裕富足的生活，如日中天的声望，炙手可热的权势，不一定能给人带来欢乐。相反，如果内心有更高的追求，精神生活非常充实，即便处于贫贱困苦之中，也能体验到生活的欢乐。再说，人生应该是多味的，甜酸苦辣都有点，才能做出美味佳肴。生活中没有了苦涩，那也是非常乏味的。

总之，儒家对名利的态度是：能求就尽量求，但不能因此违背了仁义道德；求到求不到，主要在天命；如果求不到，那就乐天知命、安贫乐道。如果用一句话概括，那就是见利思义，安贫乐道。

二、道家的名利观

道家也是先秦诸子百家之一。道家的代表人物是老子、庄子，他们的论著即道家的经典。道家在中国思想文化史上亦占有十分重要的地位，特别是到了魏晋南北朝时期，在中国原始宗教、神话的基础上，吸取道家的基本思想，形成中国特有的宗教——道教之后，道家的思想又披上一层宗教的外衣，从而更广泛地渗入社会各个阶层，对中国人的思想和行为方式产生了深刻影响。后来，唐太宗当了皇帝，想为自己继承大统找出根据，找来找去，发现老子是本家，原来也姓李，于是便称老子是自己的先人，把道教捧为国教，并通过官方的力量在全国推行，道教也就越传越广。我们外出旅游，会发现佛教庙宇一般称为寺或庵，而道教的则称观、宫，这也是从唐朝开始的。因为皇帝的祖先当然要住宫了。鲁迅先生曾说过，“中国的根底全在道教”。“人往往憎和尚，憎尼姑，憎回教徒，憎耶教徒，而不憎道士。懂得此理者，懂得中国大半。”那么，道家以及道教又是怎样看待名利的呢?

道家的名利观如果用一句话概括，就是谦下不争，以守为攻。关于不争，老子有一句名言：“天之道，利而不害；人之道，为而弗争。”意思是说，天的规律是利万物而不害万物，做人的规律是为而不争。老子还主张做人要“知其雄，守其雌，为天下溪”。“知其白，守其黑，为天下式。”“知其荣，守其辱，为天下谷”。意思是说，明明知道什么是刚强，但安守柔弱；明明知道什么是光明，却宁取暗昧；明明知道什么是荣耀，可甘愿屈辱。要像深谷一样，处于最底层、最下游，此谓不争。老子还有一句话，“我恒有三宝，持而宝之：一曰慈，二曰俭，三曰不敢为天下先”。也是劝导人们不要去争。

为什么要谦下不争？因为在道家看来，人们之所以争名利，主要是为了满足个人的欲望，可人的欲望是永远也无法满足的。满足不了就会产生苦恼，就要伤身，而人的身体又是最重要的，身体坏了就什么都没有了。所以，从根本上说，争对人并没有好处。老子有一段话讲得很明白：“名与身，孰亲？身与货，孰多？得与亡，孰病？甚爱，必大费，多藏，必厚亡。知足不辱；知止不殆；可以长久。”意思是说，名誉和性命，谁更可爱一点呢？身体和钱财，谁更重要一点呢？得到和失去，谁的害处更大一点呢？越小气可能越要破费，东西存的越多，到后来可能什么都没了。只有知足，才不会遭受屈辱，知道适可而止，才不会失败，因而永葆长久。老子的这句话不能说没有一点道理。说起人的欲望永远无法满足，明清时有一本笔记小说，叫《解人颐》，里面的一首诗说得非常形象：

终日奔波只为饥，方才一饱便思衣。
衣食两般皆具足，又想娇容美貌妻。
娶得美妻生下子，恨无田地少根基。
买到田园多广阔，出入无船少马骑。
槽头扣了骡和马，叹无官职被人欺。
县丞主簿还嫌小，又要朝中挂紫衣。
若要世人心里足，除是南柯一梦西。

人的欲望永远无法满足，满足不了则会带来苦恼。关于欲望和苦恼的关系，有这样一个小故事。清末民初，山西有一个财主，家里开了一个店铺，很有钱。这个财主信不过账房先生，每天晚上都要把各种账集中起来重新算一遍，看看赚了多少或亏了多少。赚了钱便非常高兴，兴奋得睡不着觉。要是亏了则非常沮丧，更睡不着觉。每天都是如此，身体非常疲劳。财主家隔壁住着一对卖豆腐的小夫妻，家里很穷，每天天不亮就要起来磨豆腐，然后去卖。日子虽说过得清贫，但小两口却挺快活，常常一边干活一边说笑。有一天晚上，财主算完账后，累得直叹气，老婆对他说："咱家有这么多钱，可活得并不怎么快活。你看隔壁卖豆腐的两口子，虽然很穷，但日子过得还挺快乐。"财主听后说："你羡慕他们呀？想让他们不快乐还不容易。"说着随手拿起一个金元宝，隔着墙就扔了过去。第二天早上，小两口出门卖豆腐，发现院子里有一个金元宝，两口子乐坏了，心想老天爷真开恩，赐给这么大的金元宝，今后再也不用磨豆腐了。可这个元宝怎么用呢？先买什么后买什么呀？而且花钱时还不能让别人知道，否则别人会怀疑，这么多的钱是哪里来的，该不是偷来的吧。两口子左思右想，反复商量，再也没有心思磨豆腐，也听不到他们的欢笑声了。这个故事的寓意是，人们没有欲望的时候往往挺快乐，一旦有了欲望，就会带来无穷的烦恼。

争名逐利不但给个人带来了苦恼，而且去争去夺，必然要和他人发生利害冲突，有时甚至危害社会。老子也看到了这个问题，并概括出一句话："罪莫大于可欲，祸莫大于不知足，咎莫大于欲得。故知足之足，恒足矣。"

道家鼓吹不争，是不是就不要名利了呢？实际上并非如此。道家是讲求辩证法的，认为名利这个东西，你越不争，就越有可能得到，越争反而不容易得到。用老子的话说叫作"夫唯不争，故天下莫能与之争。"关于这个道理，老子讲了很多。如他非常提倡水的哲学，认为"上善若水。水善利万物而不争，处众人之所恶，故几于道。"又说，"江海所以能为百谷王者，以其善下之，故能为百谷王。是以欲上民，必以言下之；欲先民，必以身后之。”讲到这里，便可以解释中国古代一个很有意思的现象，即在封建社会，按说皇帝应该是最有权势的人，可他们讲到自己时却常常会称“孤”道“寡”。为什么？“孤”“寡”都不是什么好词，皇帝作为天下至尊，要君临万物，首先得把自己放得低一点，说得差一点。这一套就是从老子那里学来的。老子关于这方面的论述还有：

将欲歙之，必固张之；将欲弱之，必固强之；将欲废之，必固举之；将欲取之，必固与之。是谓微明。柔弱胜刚强。鱼不可脱于渊，国之利器，不可以示人。（《道德经·第 36 章》）

圣人后其身而身先，外其身而身存。非以其无私邪？故能成其私。（《道德经·第 7 章》）

圣人无积。既以为人，己愈有；既以与人，己愈多。（《道德经·第 81 章》）

大成若缺，其用不弊。大盈若冲，其用不冲。大直若屈，大巧若拙，大辩若讷。（《道德经·第 81 章》）

大方无隅，大器晚成，大音希声，大象无形。（《道德经·第 45 章》）

老子的这些话确实充满辩证法。据说，他这一套是跟师父商容学的。《淮南子》中讲了一个故事，老子向他的师傅商容学艺。据说商容是古代的一个仙人，有很高的道术。老子向他请教为人处世之道，商容总不肯教他，实在推托不过了，商容就吐吐舌头。开始老子不明其意，怀疑是不是老师蔑视自己。再问，商容依旧吐吐舌头。老子琢磨了很久，突然恍然大悟，明白了师傅的意思是，舌头是软的，所以能保持长久，人到死的时候仍然完好无损。相比之下，牙齿是硬的，老了以后都掉光了。为人处世也是同样道理，柔弱胜刚强。

老子这一套谦下不争、以守为攻、以退为进、以柔克刚的理论，对中国人的人生态度和民族性格产生了非常深刻的影响。许多广为流传的谚语和格言，反映的都是老子即道家的这种思想。比如：

木秀于林，风必摧之；堆出于岸，水必湍之；行高于人，众必非之。（李康《运命论》）

难得糊涂。（郑板桥）

退一步海阔天空，让三分心平气和。（周希陶《增广贤文》）

百战百胜，不如一忍；万言万当，不如一默。（黄庭坚）

到了明清时期，这类格言特别多，大都是道家思想的发挥。这些格言好像是鼓吹谦下不争，到最后实际上是在讲争名夺利的一种策略，不是不争，而是告诉人怎么去争。

对名利，老子不但主张不要主动地去争，而且根据事物总是向相反的方向转化这一道理，又进一步提出，即便得到了名利，也要想办法让。为什么要让？老子有一个观点，"物壮则老，物强则折"。所以"金玉满堂，莫之能守。富贵而骄，自遗其咎。功成身退，天之道也。""生而弗有，为而不恃，功成而弗居。夫唯弗居，是以不去。"

老子认为，照他说的这一套去做，就能保全自己，得以善终。相反，如果不见好就收，急流勇退，那最后只能是身败名裂。历史上这类事例是很多的，举两个大家比较熟悉的。春秋时期，越王勾践有两个主要谋臣范蠡和文种。越国被吴国打败后，两人辅佐越王 10 年，卧薪尝胆，富国强兵，最后终于把吴国灭了。灭了吴国后，范蠡明白功成身退的道理，劝文种跟他一起隐逸。指出“狡兔死，走狗烹；高鸟尽，良弓藏；敌国破，谋臣亡”。帝王只能共患难，不能同享乐。但是文种听不进去，以为越王曾许过愿，成功之后要共享富贵荣华。范蠡只好带着西施走了，不久文种就被越王杀害。类似情景后来又在韩信身上重演。韩信和张良也是刘邦的主要谋臣，刘邦打败项羽后，张良劝韩信激流勇退，举的便是文种的例子，并引用了范蠡的那几句话，可惜韩信听不进去，最后也被吕后给杀了。

再举一个例子。大家都知道曾国藩，他是近代史上有名的人物。过去，我们总说他是镇压太平天国农民起义的刽子手，这并不假。可实际上这个人物是非常复杂的，影响也非常大。几乎所有的中国近代名人都受到过他的影响，对他有所评说。蒋介石最仰慕的人物就是曾国藩，对特别喜欢的学生，总是赠一套“曾国藩家书”，并让儿子蒋经国终生研读。毛主席早年受曾国藩的影响也非常大，对曾很佩服。曾国藩之所以成为历史名人并得到善终，也是因为他懂得功成身退的“天之道”。这里也有一段故事。

太平天国起义主要是靠曾国藩率领湘军镇压下去的。因为当时清政府已经非常腐败，八旗兵、绿营兵都丧失了战斗力，大臣中也没有人能带兵打仗了。曾国藩带领湘军打下天京，立下头功的是他的九弟曾国荃。但报捷书上去后，朝廷给曾国荃的第一封信，不是祝贺而是斥责。朝廷问他，怎么把太平天国的幼天皇给放跑了？太平天国天王府的宝贝都哪去了？曾国荃看后非常不满，心想自己出生入死，打了十几年仗，立了那么大的功，却得到如此回报，便写信给曾国藩发牢骚。曾国藩回信时写了一首诗：

左列钟铭右谤书，
人间随处有乘除；
低头一拜屠羊说，
万事浮云过太虚。

意思是说，历代朝臣立下大功后，都要把其业绩刻在钟鼎上，显赫一时。但与此同时，也就会有人把告状信送上去。所以，立了大功后，危险性实际上是增加了。要想保全自己，不妨拜读一下屠羊说，把一切看得淡些。当你非常富贵的时候，如果不注意惜福，自己不主动去减一点名利权势，那么人间随处有乘除，搞不好别人就把你给减了，到时候后悔都来不及。曾国藩深知这个道理，比如他的书斋，就取名为“求缺斋”。意思是，自己的发展太顺了，境况太好了，如果再这样持续下去，势必将走向反面，所以得给自己找点缺憾，这样才不会向险恶的方向转化。这些都是道家的思想。富贵后怎么办？用老子的话说就要“虽有荣观，燕处超然。”把富贵看得淡一点，虽然处在富贵之中，但心中根本不把它当回事。本来是自己享福，但要像是在看别人享福似的，持一种非常豁达的态度。

那么，怎么才能做到谦下不争，功成身退呢？这方面道家也提出了很多主张，比如老子就有这样的话，“见素抱朴，少私寡欲，绝学无忧。”意思是要人始终保持一种很纯朴的状态，克制自己的欲望，什么都不要去学、什么都不知道最好。发展到最后，“吾所以有大患者，为吾有身，及吾无身，吾有何患？”就是说你最好连身体都不要了，那就再没什么可害怕的。庄子在老子基础上又进一步发挥，提出要“形若槁木，心如死灰。知其不可奈何，而安之若命。”庄子还提出要无知、无欲、无情、无我、无为，等等。庄子有一个很有名的寓言叫庄周梦蝶，说他做了一个梦，梦见自己变成一只蝴蝶，醒来以后忽然迷惑不解，到底是庄周做梦变成了蝴蝶，还是蝴蝶做梦变成了现在的庄周。以此来揭示人生是虚无的，说不清楚自己到底是谁，到底在哪里。当然，真正做到无为无欲也是非常不容易的，在现实生活中，道家主要是提倡一个“淡”字。即把一切事情特别是名利看得淡一点。唐朝诗人白居易受道家思想的影响很大，他也有一首诗：

吉凶祸福有来由，但要深知不要忧；
只见火光烧润屋，不闻风浪覆虚舟。
名为公器无多取，利是身灾合少求；
虽异匏瓜难不食？大都食足早宜休。

“无多取”“合少求”，这就是道家对名利问题的基本态度。

三、佛教的名利观

佛教是世界三大宗教之一，最早起源于印度，创始人是大家都知道的释迦牟尼。佛教大约于东汉末年传入我国，隋唐时期获得了很大发展，并逐步本土化，成为在中国影响最大的宗教。作为指导人们精神生活的宗教，佛教有一套完整的人生理论，总的思想倾向是出世，即劝人离开现实生活。佛教认为现实生活都是苦的，除了人们常说的生老病死以外，还有什么怨憎会苦、爱别离苦、求不得苦、五阴盛苦。不但这辈子受苦，而且苦海茫茫，无边无际。既然生活是苦的，那就不值得丝毫留恋，只有皈依佛祖，潜心修行，才能跳出苦海，获得解脱。佛教的名利观就建立在这样的人生理论基础上，如果也用一句话来概括，那就是名利是空。

“空”是佛教的一个核心概念，含意有点接近于虚幻。佛教认为世间的万事万物都是由因缘产生的，因而也都是偶然的、有条件的、无自性的。说通俗点就是，世界上所有事物都是在客观的条件下，由一些外在的因素偶然结合在一起而产生的。如果没有这些条件、因素的碰巧结合，事物就根本不存在。所以万物皆空，任何事物都没有自性，都是偶然的，随条件的变化而变化的，随缘而起，缘尽而散。为了说明这个“空”字，佛教常举水中月、镜中花为例。水中的月，镜中的花，好像是存在的，但实际上并不真实。佛教中著名的《金刚经》，其中有一个偈，专门讲空。

一切有为法，
如梦幻泡影，
如露亦如电，
应作如是观。

此偈意思是说，世界上一切事物，都像梦幻、泡影、晨露、闪电一样，好像是真实的、可感知的，但实际上是不真实的，是稍纵即逝的。看待一切事物，都应持这种观点。具体到名利问题，佛教认为，人生来就有欲望，又不明白一切是空的道理，所以对外在的虚幻的名利总想去追求。但由于世间是空的，追求名利往往得不到。即便一时好像是得到了，终究还是保不住。因为求而不得，或者得到了最终又失去，势必造成无穷的烦恼和痛苦。《红楼梦》第一回中，甄士隐要出家，遇见跛足道人，道人念的《好了歌》及甄士隐听后作的解词，讲的就是佛教对名利的看法。

世人都晓神仙好，唯有功名忘不了。
古今将相在何方？荒冢一堆草没了！
世人都晓神仙好，只有金银忘不了。
终朝只恨聚无多，及到多时眼闭了！
世人都晓神仙好，只有娇妻忘不了。
君生日日说恩情，君死又随人去了！
世人都晓神仙好，只有儿孙忘不了。
痴心父母古来多，孝顺儿孙谁见了！

功名、金银、娇妻、儿孙都是世人所追求的，但在佛教看来，这一切全是空的，都不值得追求。甄士隐的解词写得更精彩：

陋室空堂，当年笏满床；衰草枯杨，曾为歌舞场。
蛛丝儿结满雕梁，绿纱今又在篷窗上。
说甚么脂正浓，粉正香！如何两鬓又成霜？
昨日黄土陇头埋白骨，今宵红绡帐底卧鸳鸯。
金满箱，银满箱，转眼乞丐人皆谤。
正叹他人命不长，哪知自己归来丧？
训有方，保不定日后作强梁；
择膏梁，谁承望流落在烟花巷！
因嫌纱帽小，致使锁枷杠；
昨怜破袄寒，今嫌紫蟒长。
乱哄哄，你方唱罢我登场，误认他乡是故乡。

甚荒唐，到头来，都是为他人作嫁衣裳！

这解词确实写得精彩，代表了佛教对人生、对名利问题的基本看法。即万物皆空，人生无常，不管是好是坏、是福是祸，就那么回事，到头来都是保不住的。

我们常讲人生如梦，这也是佛家的看法。每个人都做过梦，有美梦，有噩梦，美梦让人流连忘返，噩梦叫人胆战心惊。但不管是好梦还是坏梦，一觉醒来会发现全是空的。佛教认为人生就像做梦一样，这也求，那也要，时顺时逆，时穷时达，苦苦奋斗了一辈子，到死的时候，才发现什么也带不走。中国文学史上有三个著名的讲人生哲理的梦，除了前面讲到的蝴蝶梦以外，还有黄粱梦和南柯梦，后两个梦反映的都是佛教的这种思想。

黄粱梦见于唐宋传奇《枕中记》。讲的是古时候邯郸有一个客栈，有一天晚上来了一位仙人叫吕翁。吕翁正要睡觉，推门进来一个姓卢的书生。卢生当时还没有考取功名，在家种地，有五亩薄田。两人住下后开始聊天。吕翁问卢生过得怎么样，卢生说不怎么样，种几亩薄田勉强糊口。吕翁说这就不错了，你还想要什么。于是卢生讲了自己的志向："士之生世，当建功树名，出将入相，列鼎而食，选声而听，使族益昌而家益肥。"显然，这是当时读书人普遍的理想。卢生说起这些有点沮丧，想睡觉了。于是，吕翁就给了他一个枕头，并开始在火上做高粱饭。

卢生睡着后，梦见自己回到家乡，娶了一位美貌的妻子，而且是有钱人家的女儿。岳父资助他读书，考中了进士，开始做官。后来官越做越大，建功立业，为老百姓做了很多好事，老百姓为他树碑。最后当上了宰相，光宗耀祖。当然，他的仕途也是坎坷的。刚入朝时遭到人家诽谤，皇帝不信任他了，贬了一次。

他不甘心，继续努力，后来又发达起来。当宰相后，平定边疆叛乱，又立下大功，像曾国藩一样，得胜回朝，权势发展到了极点。这时一封告状信又上去了，告他勾结外敌，图谋不轨。皇帝一看这还得了，马上将他下了大狱，要斩首。临刑前夜妻子去看他，两人抱头痛哭，心想要是当初在家守着几亩薄田，不出来当官，也不至于落到今天这个下场，后悔不已。幸亏有人出面为他说情，皇上免去他的死罪，罢了宰相职位，让他回家当了老百姓。

到此，卢生的梦也醒了，发现睡前做的高粱米饭还没熟呢。吕翁问卢生梦做得怎么样啊，卢生恍然大悟，最后说了这么一句话："夫宠辱之道，穷达之运，得丧之理，死生之情，尽知之矣。此先生所以窒吾欲也，敢不受教。"

这就是黄粱梦。它试图告诉人们，人的一生追求这追求那，到头来不过是一场梦。当然也有人不这么理解，觉得既然人生如梦，做个好梦也不错，并写了这样一首诗：

四十年来公与侯，纵然是梦也风流。

我今落魄邯郸道，要向先生借枕头。

可见，虽说人生如梦，但看透了也不容易。

南柯梦见于唐宋传奇《南柯太守传》。讲的是古时候广陵郡有一位叫淳于棼的侠士，家中很有钱，宅院南面有一棵古槐树。有一天，淳于棼在古槐树下大宴宾客，喝醉了昏昏欲睡，梦见两位紫衣使者登门跪拜，说奉大槐安国国王之命请淳于去做客。淳于坐上紫衣使者的车来到大槐安国，国王见其一表人才，当即将其招为驸马。驸马自然非常有权势了，淳于棼在宫中享尽了荣华富贵。后来，大槐安国的南柯郡治理混乱，国王派淳去当太守，他也干得不错，守郡 20 年，为老百姓办了很多好事。老百姓为他建功德碑，立生祠宇，国王也一再加封赐爵，使其荣耀显赫一时。最后，公主死了，因为淳于权势太大，很快招来许多诽谤和诬陷，国王逐渐对他失去信任，又派紫衣使者将他送回广陵郡。这时，淳于棼醒了，醒后发现周围的一切都没有变，自己原来是做了一场梦。走到古槐树下，找到了一个蚂蚁洞，挖开一看，里面有许多蚂蚁，还有几十只大蚂蚁围着蚁王，洞穴中的构造就像梦中的大槐安国及南柯郡一样。该书最后感慨人生："贵极禄位，权倾国都，达人视此，蚁聚何殊。"

佛教对名利、富贵的以上看法可概括为："崇高必致堕落，积聚必有消散。缘会终须别离，有命咸归于死。"

佛教认为，人盲目追求名利不仅会因求不到而苦恼，而且还可能带来更为严重的后果。因为争名逐利势必要损害他人的利益，而造孽就会受到因果报应。用佛语说是"三世因果，六道轮回"。三世为：过去世、现在世、未来世。意思是说，因果报应不仅有现世报应，还有来世报应。你这辈子命苦，是因为上辈子没修好行，作了孽。如果这辈子多做好事多积德，下辈子的命可能就会好一点。六道指：天道、人道、阿修罗道、地狱道、畜生道、恶鬼道。意思是说，人如果作孽太多，来世托生就成不了人了，可能要下地狱，或变成畜生、恶鬼。可见追逐名利的恶果不仅影响今生，搞不好还会连累来世，真是苦海无边。佛教认为，要想跳出苦海，只有信奉佛祖，从佛理中认识到四大皆空，做到心如古井，不再盲目地对外追求，最终达到涅槃寂静。涅槃寂静是佛教追求的最高目标。"涅槃"是梵文音译，原意是"灭度"，指人彻底断灭了欲望、烦恼，超越苦乐，超越生死，超越经验，超越时空，不可思议、不可言传的那么一种存在。人如果"灰身灭智，损形绝虑"，达到了涅槃的境界，名利问题当然也就不存在了，彻底地解决了。但是怎样才能达到涅槃寂静，活人怎么才能把欲望和烦恼去掉呢？所有的佛经讲的都是有关这方面的道理和方法，佛语又称为法门。佛教号称有八万四千法门，常讲的有“三学”“六度”等。“三学”即戒、定、慧。其中戒学是指佛教的戒律仪规，包括五戒、八戒、具足戒等。定学是指精神集中，心绪安定而悟解佛教义理，如瑜伽。慧学是指通过研习佛理而达到解脱。“六度”又称“六度波罗蜜”。“波罗蜜”也是译音，原意是到彼岸，“六度波罗蜜”就是说有六种脱离苦海、到达彼岸的方法，即布施、持戒、忍辱、精进、禅定、智慧，每一种又可引申出许多具体的办法。如智慧中有一种作不净观，意思是说现实生活中能引起人们欲望的东西很多，要想视而不见、不为所动是很难的，怎么办呢？可以去作不净观，即“见美女时作虎狼看，见黄金时作粪土看，这个中享了多少清福。让他说话我只闭口，让他指责我只袖手，这个中省了多少闲气。”

中国有句成语叫“唾面自干”，这也是“六度”中忍辱的一种境界。意思是说，通过修行后要做到人家无缘无故吐了你一脸唾液，你不但不能生气，而且还不应去擦，要让它自己干。擦了就表示你还不满意。唐朝有一个大臣叫裴度，他的儿子要出去做官，向父亲请教为官的秘诀。裴度说过去给你讲过的那些道理，你还记得吗？儿子说记得，就是要忍，别人往我脸上吐唾沫，我也不去理他，自己擦干净。裴度说不对，别人的唾沫你不能擦，要让它自己干。他认为忍辱忍到这个程度才算合格。总之，通过各种修行方法，最终认识到万法皆空，确实觉得所有的一切都是空的，那么就可以把各种烦恼都去掉了，达到涅槃寂静。佛教的真谛可概括为三句话，即所谓“三法印”：诸行无常，诸法无我，涅槃寂静。意思是说世间万事万物都是变化无常的，都是空的，没有自性的，真正意识到这一点就可以达到涅槃寂静。佛教认为，如果真正认识到了万法皆空，达到了涅槃寂静，那么人就彻底解脱了，就成了佛。佛的本义就是觉者，谁悟透了佛理，觉悟了，谁就是佛。释迦牟尼首先认识了佛理，所以是如来佛。众生都有佛性，人人都能成佛。成佛的方法有很多种，有渐修成佛，有顿悟成佛，等等。

总之，佛教的名利观就是空。它要求人们通过认识和修证佛理，从内心自觉地否定对名利的追求，从而彻底解决名利问题。佛教的这种名利观对中国文化的影响很大，许多文学艺术作品中都渗透着这种思想。如大文豪苏东坡就写过这样一首词：

蜗角虚名，蝇头微利，算来著甚干忙。事皆前定，谁弱又谁强。且趁闲身未老，尽放我，些子疏狂。百年里，浑教是醉，三万六千场。

这首词写得实在是好，“蜗角虚名，蝇头微利”真是一针见血，入木三分，描绘到家了。还有一个故事：明朝有人画了一幅画：一座大山，山上有片松林，林中可见石桌、石凳，桌上摆着一盘棋，有几个残子，桌旁空无一人。这幅画有什么寓意，谁也说不清楚，后来有一位高僧看后，题了一首诗，把画的主题点明了。

松下无人一局残，空山松子落棋盘。
神仙更有神仙着，毕竟输赢下不完。

这诗配画很有哲理。它首先描绘出一种意境，把人世间名利之争比作下棋，你来我往，互不相让，招数一个更比一个高，都想置对方于死地。可在局外人看来，这些争斗全是无谓的，赢了又能怎么样，毕竟输赢下不完呀。最近，中央电视台在播放电视连续剧《三国演义》，《三国演义》的开卷词也渗透着佛理。

滚滚长江东逝水，浪花淘尽英雄。

是非成败转头空。

青山依旧在，几度夕阳红。

白发渔樵江渚上，惯看秋月春风。

一壶浊酒喜相逢。

古今多少事，都付笑谈中。

这首开卷词的核心观点为“是非成败转头空”。三国时期，天下大乱，英雄辈出，各种人物走马灯似的登上历史舞台，文韬武略，尽显英雄本色。可是，争来斗去，又怎么样了呢？“青山依旧在，几度夕阳红。”往日的争斗不过是给后人留下点话题谈资而已。联想到现实生活中，很多人为了追名逐利，费尽心思，打得不可开交。可过若干年后回过头来想想，常会感到年轻时争的那些东西实在是没意义、没价值。

四、资产阶级的名利观

资产阶级名利观如果用一句话概括，就是唯利是图。不仅资本家们这样为人处世，而且这也是大多数资产阶级思想家的公开主张。

首先，资产阶级思想家们都认为，人的本性是自私的。17 世纪英国著名哲学家霍布斯曾提出，自私自利是人的普遍“自然本性”“任何人的自愿行为，目的都是为了某种对自己的好处”。正因为这种本性，所以“人对人是狼”。另一位英国著名哲学家斯宾诺莎也认为，“保存自我的努力，那是事物自身的本质”。“理性所真正要求的在于每个人都爱他自己，都要自己的利益”。18世纪法国唯物主义哲学的著名代表爱尔维修说的更绝，“人从小到大，一直铭刻在心里的感情就是对自己的爱”。“在任何时代任何国家，人们过去、现在和未来，都是爱自己甚于爱别人”。“河水是不向河源倒流的，人们也不会违抗他们利益的激流。谁要想不这样做，就会是疯子”。总之一句话，“人不为己，天诛地灭”。几百年来，资产阶级伦理学说不断变化发展，但万变不离其宗，其核心都是个人主义。到了现代，这种理论更精巧了，如生物社会学，将现代自然科学知识引入伦理学，用基因的本性来解释人的自私，因而更具有欺骗性。

既然人的本性是自私的，那么每个人必然会去追求个人的利益，能求名的求名，能求利的求利，最好是名利双收。为了个人的名利，无论干什么，怎么干都可以理解，天经地义。爱尔维修说得很坦白，“利益在世界上是一个强有力的巫师，它在一切生灵的面前改变了一切事物的形状”。“如果说自然是服从运动的规律，那么精神界就是不折不扣地服从利益的规律”，“个人利益是人们行为价值的唯一而且普遍的鉴定者”。资产阶级伦理学有一个重要学派——功利主义，公开主张如果一种行为能给人们带来欢乐和幸福，那么它就是善的、道德的。我们对一种行为是反对还是赞成，就要看它能否给当事人带来功利。

资产阶级思想家虽然公开鼓吹追求个人的功利，但他们也不得不承认追求个人功利难免要与社会、与他人发生矛盾。如何处理这些矛盾，资产阶级思想家有不同的看法。有的主张“人人为自己，上帝为大家”，有的主张“主观为自己，客观为社会”，有的甚至提出有道德的人应该实现“个人利益与社会利益的结合”，谋求“最大多数人的最大利益”。说法很多，但所有这些主张的理论前提都是利己主义。英国功利主义伦理学代表人物边沁说得很明白，“个人利益必须服从社会利益。但是……这是什么意思呢？每个人不都是像其他一切人一样，构成了社会的一部分吗？你们所人格化了的这种社会利益只是一种抽象，它不过是个人利益的总和……个人利益是唯一现实的利益。”

总之，资产阶级是充分肯定对个人名利的追求的。如果说理论家们在谈论这些问题时还有一些遮遮掩掩、羞羞答答，那么在现实生活中资本家追逐名利可以说是毫无顾忌、肆无忌惮，以致把整个社会变成一个大的“名利场”。为了名利，一些人什么事都干得出来，演出了一幕幕人间悲喜剧。关于资产阶级追名逐利的心态、丑行及其本质，马克思主义经典作家们做过深刻的剖析和批判，文学大师们也有过许多辛辣的描绘和讽刺，大家都比较熟悉，在此就不一一述说了。

五、无产阶级的名利观

无产阶级的名利观可概括为不计名利，无私奉献。其主要内容，我认为可概括为以下几点：一是承认每个人都有个人利益，在现实生活中，难免会遇到名利问题，既不可能像佛教那样不食人间烟火，“跳出三界外，不在五行中”，也不能采用道家以退为进、以柔克刚式的生存智慧；二是认为在阶级社会中，个人的利益是与国家的、民族的、阶级的以至集体的利益紧密联系在一起的，无产阶级只有团结起来，共同为阶级的翻身、民族的解放、国家的富强而奋斗，建立社会主义以至最终实现共产主义，才能获得并保证每个成员的自身利益。用一句经典的话说就是，“无产阶级只有解放全人类，才能最终解放无产阶级自己。”通俗一点说就是“大河有水小河满，大河无水小河干”。三是在共同奋斗中，如果个人利益包括个人的名利与革命事业，与阶级、民族、国家或者集体的利益发生矛盾时，那就要大公无私、公而忘私；如果个人利益与他人利益发生矛盾时，那就要先人后己、舍己为人。四是作为个人要不计名利、无私奉献，而作为组织上和其他同志则要关心每个人的疾苦，注意帮助他们解决各种实际困难，最终实现人人为我、我为人人。

无产阶级的名利观在不同革命历史时期有不同的表现。在革命战争年代，革命者每天都面临着生死的考验，为了革命的胜利不惜抛头颅、洒热血，对个人的名利问题根本就置之度外。战争年代牺牲了成千上万的烈士，对他们来说，利就不用说了，留下名的又有几人？抗战时期我国军民牺牲了两千多万人，土地革命时期仅江西省能数得着的烈士就有十几万人。这么多的烈士，我们能够记住他们并讲出名字的又有多少呢？关于这个问题，杨得志总长写过一首诗：

六十沧桑从何说，感慨郴州举标梭。
纤尘幸留小痕印，滴水远去大江河。
踏碎关山烽火路，吟成横刀马上歌。
若问来路英雄人，无名更比有名多。

这首诗的背景是：1928 年初，朱德、陈毅率领的南昌起义部队在潮汕地区失败后转移到了湘南，根据党的指示，发动了湘南暴动。当时杨得志还是一个修路工人，饱受地主和封建把头的欺凌和剥削，听说红军好，就参加了红军队伍。60 年后，也就是 1988 年，杨总长又回到当初参加革命的地方——郴州，看到当年的一些旧物，感慨万千，写下了这首诗。杨总长在他的回忆录中说，当初修路工人中有 25 个人参加了红军，其中包括他的亲哥哥。打了八个月的仗后，就剩下他一个人了，其他 24 位都不在了。人们常讲成千上万的先烈，对我们这些后来者，“成千上万”是个形容词，可对杨总长他们这些从战争年代走过来的人来说，“成千上万”中的每一个都是真人啊！在回忆录中，杨总长还讲了一件非常感人的事。长征路上他担任红一军团先锋团的团长。过草地的时候，红军战士们又冷又饿，身体非常虚弱。有一天早上部队出发，号一吹大家都集合了，可有一个班的人好像睡着了似的，在原地没有动。走过去一看，才发现这一个班的人全死了，也不清楚是什么原因，就像一组雕像一样。大家非常悲痛，但也没有条件为他们树碑，只好简单地掩埋，在烈士墓前插了一根拐棍，在拐棍上刻下他们的名字，全团的同志从他们身边默默走过。杨总长回忆起这件事时非常激动，因为这一个班的人，他一个名字也没记住。

当革命胜利以后，无产阶级名利观则表现为，不以功臣自居，不求高官厚禄，能官能民，能上能下，继续全心全意为人民服务。在新中国成立初期，这样的事例非常多，比如近几年才发现并宣传的原三十八军一一三师战士李玉安。他是魏巍《谁是最可爱的人》一文中讲到的松骨峰战斗 13 名烈士之一，实际上并没有死。松骨峰战斗是抗美援朝战争中一次非常有名的战斗，发生在第二次战役中。第二次战役是志愿军打得最漂亮的一仗。国外有的军事评论家说决定 21 世纪历史的有几个著名战役，其中就有第二次战役，因为这一仗把美国人彻底打晕了，丧失了赢得战争全面胜利的信心。第二次战役取胜的关键在于三十八军突破敌人防线迂回敌后，把美军的几个师包围了。而松骨峰战斗则是穿插部队堵住敌人退路，最终完成合围的关键之仗，因而战斗异常残酷。最先上去的就是李玉安所在的连，全连子弹打光了，战士们便和敌人肉搏，有的用手榴弹砸，把美国兵的脑浆砸出来了，有的身上着了火，便抱着美国人一块烧死，非常壮烈。李玉安胳膊打断了，胸膛被子弹贯穿，至今胸前还有一个十厘米的大疤，背后有一个三厘米的疤。当时人们都认为他不行了，送到后方医院，没想到又被抢救了过来。他是 1946 年参军的，入伍后多次立功，而且有几次是大功。从朝鲜战场下来后，1952 年作为一般战士复员了。复员后他来到了黑龙江省一个县当了粮库保管员，一直干到 1980 年退休时，工资仅为 59 块 5 毛钱。李玉安有 6 个孩子，家里还有老人，全靠他一个人的工资，生活非常贫困。周围的同志知道他是个荣誉军人，想照顾他，可他几次调级都让给了别人。他家的住房是一半在地上，一半在地下，家具只有三件，即两个纸箱子和一张桌子，全家人都睡在土炕上。当时还分粗细粮，因为贫困，李玉安经常用细粮换粗粮吃。李玉安也知道魏巍写的《谁是最可爱的人》中有他的名字，可他从来不对别人说。他有一句话很朴实，却表现出一种境界、一种胸怀。他说："我们全连一百多人都牺牲了，就剩下我一个。我要提个人要求，就对不起他们。"

李玉安是普通战士的代表，再讲一个高层人物的例子。我党情报战线上有一位非常有名的人物，叫卢绪章。电影《与魔鬼打交道的人》，实际上就是以他为原型创作的。1940 年，为了解决经费困难，党派卢绪章组建了一个光大华行，也就是现在光大公司的前身。卢作为总经理，活动在重庆陪都，为获取经费和情报，整天同国民党的一些达官贵人打交道。周总理曾对他说，你要出淤泥而不染，表面像一个商人富豪，但心要是红的。卢后来经陈立夫介绍，成为国民党的特别党员、少将参议，而且很有钱。但实际上他把得到的钱全交给了党组织。他的一个表妹嫁给了包玉刚，当时包还是一个普通的小经理。卢绪章一直以富商的身份工作到新中国建立，为党的事业做出了很大贡献。作为大老板，新中国成立前他有洋房、有汽车、有股票、有资产，他的妻子也是一位大家闺秀，陪嫁很多。新中国建立后，他马上把房子汽车都卖了，换成金条，连同所有的资产、股份都上交给国家，其中也包括他妻子的嫁妆。而他自己虽然当了领导干部，但要用一个人的工资养活 6 个孩子、两家的老人共 10 口人，生活并不富裕，可他无怨无悔。一直到 1978 年，包玉刚回国。因为卢是包玉刚的大舅子，包玉刚到他家拜访，看后非常感动。卢绪章家里新中国解放前应有尽有，而现在就是几间普通的房子，摆的是布沙发、14 寸的黑白电视，电风扇还是 30 年代用过的，卧柜是用新中国成立前的冰箱改装的。包玉刚看后感叹地说，这是真正的共产党人啊，一般人是根本做不到的。包玉刚想资助他一点钱或给他买些家用电器，但卢绪章什么都不要。他对包说，你如果真的想为国家办点事，就捐一个旅游饭店吧。现在的兆龙饭店就是通过卢绪章做工作，由包玉刚捐建并以其父包兆龙的名字命名的。新中国建立初期，类似这样的事确实很多，像我们总参机要局的老局长黄有凤同志，1955 年授衔时，按资历可以评为中将，但他主动向上级要求评少将。1965 年定级，他可以定为七级，又主动提出定八级。我觉得这都体现了无产阶级的名利观。

在社会主义建设时期，无产阶级名利观表现为个人志愿服从党和国家的需要，无论在哪一个岗位，都全心全意为人民服务，干一行，爱一行，不计名利，无私奉献。其典型代表就是雷锋的螺丝钉精神。雷锋把整个革命事业比作一架机器，认为机器由许多螺丝钉连接、固定，才能形成一个整体。螺丝钉虽小，但其作用不可估量。革命者应该在伟大的革命事业中做一颗永不生锈的螺丝钉。现在有些人可能不理解，说为什么非要做螺丝钉呢？做齿轮、做发动机不是更有用吗？其实，成就事业与雷锋的螺丝钉精神并不矛盾。你可以做齿轮、做发动机，但仍然是大机器的一部分。齿轮要有人做，发动机要有人做，螺丝钉也要有人做。无论在哪一个岗位上，都要干一行，爱一行，干好一行，不计名利，无私奉献，这就是无产阶级对待名利的态度。

我们军队是无产阶级的军队，全心全意为人民服务是我军唯一的宗旨。牢固树立无产阶级名利观，不仅是人民军队本质的要求，也是我军的光荣传统。不用说军史上的英模人物，就是在全面改革开放的今天，仍然有数不清的战友，默默无闻地战斗在边防、海岛、大漠、高山，为国家为人民站岗放哨。他们有的孤身一人在靶岛上当信号兵，一干就是十几年；有的默默奋斗在戈壁深处的科研基地，献出了两代人的青春；有的长年守卫在高原哨所，在恶劣的自然条件下染上了多种疾病。他们都没有计较个人的名利。我们的战士常自诩为小草。小草尽管没有花香，没有树高，但如果没有它们便没有春天。我觉得，这就是我们革命军人对待名利应取的态度。

我们机要战线更是无名英雄的战线，其职业本身的要求就是不计名利、埋头苦干。在我们身边，淡泊名利、无私奉献的同志是很多的，林永年同志便是突出的代表。他之所以获得大家的敬重，除了学术上有很高的造诣，有很多科研成果以外，在很大程度上是因为他有一种淡泊名利、默默奉献、甘为人梯的精神。还有一些同志虽然不像林永年同志那么典型、那么突出，但也都能够正确处理名利问题。一事当前，并不去考虑对自己有没有利，能不能出名，而是想该怎样把工作做好。他们的岗位很平常，言行很朴素，可思想却很高尚，值得我们大家学习。

改革开放以来，社会政治经济条件确实发生了很大变化，人们的思想观念和价值取向也随之改变。但我认为，无产阶级名利观并没有过时，它仍然是我们在各种名利观中最可取甚至是唯一可取的正确观点。

以上简要介绍了五种名利观，即儒、道、释、资产阶级和无产阶级的名利观，应该说各有各的道理。我认为，不宜说谁对谁错，但是可以说哪个可取哪个不可取。最可取的当然是无产阶级的名利观。可以这样分析：从表面上看，资产阶级名利观似乎最实惠，现在也确实比较时髦，不少人信奉唯利是图、追名逐利这一套。可稍作思考，会发现它最肤浅。持这种名利观的人可能会遇到哪些问题，最终将得到什么结果，佛学理论早已讲透了。用佛学就可以批判资产阶级名利观。佛教主张看破红尘，涅槃寂静，彻底解脱人生烦恼，虽然不失为解决人生问题的一条路，但它肯定不是正路、大路。且不说众人都入佛门，世界将如何存在，就连那种心如古井、半死不活的生活方式，也不是常人所能接受的。道家比佛教开明，不讲窒欲讲寡欲，不求灭度求淡泊，可说到底不过是一种建立在个人主义基础上的小聪明、小把戏。儒家提倡见利思义，义而后取，应该说和无产阶级名利观比较接近，也容易为一般人所接受。但儒家讲的仁义过于抽象，既可以成为鼓舞志士仁人奋发向上、取义成仁的精神力量，也容易被统治者所利用，成为蒙骗劳动人民的一种工具。而无产阶级名利观，以马克思主义为指导，将个人名利问题与社会发展规律联系起来考虑，因而最深刻；继承了前人思想的宝贵遗产，吸收了历史上各家各派名利观的精华，因而最全面；正确回答了个人名利与他人、与集体、与社会的关系问题，解决了个体生命短暂与时间永恒，即所谓终极关怀这一人生理论的难题，因而最透彻；既充满理想主义的光彩，又在现实生活中切实可行，因而最实际。所以说，唯有无产阶级名利观是最可取的。

讲清了为什么要树立无产阶级的名利观，紧接而来的问题便是，怎样才能树立这种名利观，真正做到淡泊名利，无私奉献呢？大家知道，在人生问题上经常是“看得破，忍不过；想得到，做不来”。许多同志平时也认为应该把名利看得淡一些，可真到了调职调级、评定职称、立功受奖、分配奖金的时候，还是忍不住要去争一争。有时忍住了不去争，但心里很不平衡。怎样解决这一问题？我认为除了提高认识以外，可以从以下三个方面入手：

第一，还是要有理想、有信仰。人生总会有所追求。一个人如果心中没有远大的目标，势必就会看重眼前的名利。要淡泊名利，无私奉献，总要有肯于为之奉献、为之牺牲的东西。分析无数英雄模范人物的精神境界，不难发现一个规律，只有视事业重如山，才能做到看名利淡如水，二者有因果关系。套用毛泽东同志年轻时的一句话，就是心中要有“大本大源”。近年来，一些同志之所以对名利看重了、计较了，并不是因为物质生活上更需要了，或者因为荣誉感一下变强了，而恰恰在于对共产主义的信仰动摇了，理想淡漠了。失去了远大的目标，自然就会看重眼前的名利。

第二，要学会正确比较。在实际工作中，找领导要求解决职级待遇问题的，所提的理由大都是“某某某如何如何，我比他怎样怎样”。言下之意，看重的并不是职级待遇本身，而是要向领导讨个公道，形象地说就是不蒸包子蒸（争）口气。我认为，这确实是不少同志向组织上张口的真实心态，即主要不是计较一职半级，也不是缺几十块钱，而是出于同他人比较后产生的挫折感、失落感、不公平感。因此，要想淡泊名利，就必须学会正确比较。

美国有一位心理学家叫亚当斯，他于 1965 年提出了很著名的公平理论。该理论的主要观点可以用一个公式来表示，即公平就是：

$$\frac{\text{自己的报酬}}{\text{自己的付出}} \geqslant \frac{\text{别人的报酬}}{\text{别人的付出}}$$

公式本身将公平感表述得一目了然。仔细研究这一公式，可以发现两个问题：一是所谓自己和别人的酬报与付出，往往不全是客观情况，而是对客观情况的主观感受，因而很可能估计的不准确。有时是因为并不了解全面的情况，有时是因为不同质的东西不好比较，有时是因为人都有一种夸大自身努力、低估他人付出的倾向，等等。二是所谓的别人，取值范围很大。即便在同类人中，境遇也总是参差不齐。每个人都是比上不足，比下有余。如果选择与机遇最好的人相比，可能会感到非常失意。相反，如果换一种比法或换一个人做标准，可能会得出完全不同的结论。俗话说，人比人，气死人，讲的也是这个道理。

我认为，要想淡泊名利，就应像雷锋同志那样，工作上向标准最高的同志看齐，生活上向标准最低的同志看齐。起码不要盲目攀比，要始终想到还有许多不如自己的人。即使是境遇明显好于自己的人，也必然会有他的难处。公平、平等从来都是相对的。世界上的事历来是不公平的比公平的多。人生来就不平等，从一出生就不在一条起跑线上。所以才始终会有公平、平等的要求。明末有一个人发老天爷的牢骚，写下一段话：

忠臣孝子是冤家，杀人放火享荣华。

太仓里的老鼠吃得撑撑饱，老牛耕地使死倒把皮来剥。

河里的游鱼犯下甚么罪？刮净鲜鳞还嫌刺扎！

那老虎前生修下几般福？生嚼人肉不怕塞牙！

野鸡兔子不敢惹祸，剁成肉酱还加上葱花！

古剑杀人还称至宝！垫脚的草鞋丢在山洼！

杀妻的吴起倒挂上元帅印！顶灯的裴瑾挨些嘴巴！

活吃人的盗跖得了好死！颜渊短命是为的甚么！

莫不是玉皇帝受了张三的哄？黑洞洞的本账簿哪里去查？

好兴致来时顽铁黄金色！气煞人运去铜钟声也差！

世间事风里孤灯草头露！纵有那几串铜钱你慢扎煞！

总之，人世间的事有许多是不公平的，自然界也是同样。所以，遇到问题应想开些，要学会自我安慰，甚至要有一点阿Q精神。这也是一种生存智慧。

第三，要控制自己的物欲。名利本身并不是人生追求的最终目的，追求名利主要还是为了满足欲望。因此要淡泊名利，无私奉献，必须从根本入手，控制住自己的物欲。在改革开放的今天，物质生活越来越丰富，贫富差距越来越明显，因而金钱、名利对人的诱惑也越来越强烈。如果抵御不了这种诱惑，总想高消费，过上等人的生活，而靠现有条件又满足不了，那就必然会去争，甚至还可能走上犯错误的道路。一个人的物欲越强，他的名利心也就越强。如果物欲淡一些，也就比较容易淡泊功名了。从前面对几种名利观的介绍也可以看出，在解决名利问题上，佛、道、释的看法有一个共同点，就是要寡欲以至窒欲、无欲。这确实有一定道理，抓住了解决名利问题的要害。俗话说“世上莫如人欲险”，“人到无求品自高”，讲的都是这个道理。

信仰与人生①

今天，我要讲的题目是：信仰与人生。

信仰问题不是一个新话题。远了不说，自党的十一届三中全会以来，各种新闻媒体上有关信仰问题的议论似乎就没断过。有人大声疾呼年轻一代出现了严重的信仰危机，有人深入分析造成信仰危机的社会历史原因，有人再三强调大力加强全社会的理想信念教育，有人不断推出搞好教育的新思路、新举措。应该说，这些议论大都是积极的，也起到了一定作用。但只要我们敢于正视现实，恐怕就不得不承认，就全社会而言，信仰问题非但没有解决，反而越来越突出了。现在，不仅相当多的年轻人缺乏信仰，部分中老年人在信仰方面也出现了迷茫；不仅普通群众中的信仰危机依然如故，不少党员、干部的信仰也发生了动摇；不仅一再开展的理想信念教育未获预期结果，就连一些宣传思想工作者本身对信仰问题也感到有点说不大清楚了……

如果上述判断还只是人们一种模模糊糊的感觉，那么，近两年我们党同“法轮功”邪教势力的激烈斗争，则给全社会日益

① 本稿写于2001年6月。

突出的信仰问题涂上了重重的一笔。李洪志这么一个文化素质并不高的骗子，靠东拼西凑编出一套荒诞不稽、漏洞百出的歪理邪说，竟能使那么多人，包括一些文化层次很高的人上当受骗，为之倾倒、痴迷，这到底是怎么回事？我认为，具体原因可以找出许多，但说到底还是信仰方面出了问题。而人的信仰一旦发生问题，其后果不堪设想。发生在天安门广场的“法轮功”痴迷者自焚事件，就充分证明了这一点。那么天真活泼、人见人爱的童稚少年，那么才貌双全、前程似锦的青春玉女，竟然相信从未见过面且远在大洋彼岸的李洪志的一派胡言，用自焚这种最残酷的手段结束自己尚未绽开的生命，让一切有理智的人不可思议。更令人不可思议的是，引导她们走上绝路的，竟是养育了她们且平时最疼爱她们的母亲，而母亲面对被烈火摧残得不成人样的女儿，却无动于衷，毫不后悔，仍表示坚信师傅。真是匪夷所思，让所有善良的人莫不扼腕叹息，从反面感受到信仰的威力，进而意识到关注信仰问题的重要和必要。

谈信仰问题有许多角度。最常见的是从人类社会的发展规律讲起，讲共产主义是历史发展的必然，社会主义一定能战胜资本主义，马克思主义是普遍真理，党的领导是国家统一、社会稳定、经济发展和人民群众安居乐业的根本保证，等等。过去，我也曾这么讲过。可有一次，在我讲完这些大道理后，一位年轻朋友悄悄地对我说：你讲得不错，道理我都明白了。共产主义是人类最崇高的理想，将来也一定能实现，可那不是几十代人以后的事吗？与我个人有什么关系？其实，有这功夫，你还不如给我们讲点实际的，如怎么适应现代社会，如何实现个人价值，等等。这位年轻朋友的话给了我很大启发。信仰不同于认识，不是道理懂了就能确立的。要帮助人们树立正确的信仰，首先必须唤起他们内心对信仰的需求和重视，使他们真正认识到，信仰不是可有可无的生活点缀，而是人生的一种重要需求，不是外人强加于自己的东西，而是直接影响自己一生的重大问题。当人们有了这种对信仰的内在需求，再去讲什么值得信仰、值得追求，效果肯定会好得多。甚至不用领导去讲，许多同志自己就会去寻找、去学习、去探索。只有这样，才有可能真正解决信仰问题。基于上述认识，我今天的讲课便准备换一个角度，即不讲我们应该信仰什么，而专门谈谈什么是信仰，信仰与人生究竟是什么关系，失去了信仰将给人生带来哪些后果。准备讲三个问题。

一、什么是信仰

按照通常的定义，信仰是指人们对某一思想学说的极度尊崇，以至心甘情愿地、自觉地以此来指导和规范自己的言行。从定义可以看出，准确把握信仰这一概念，需要注意以下三点：

（一）信仰总是指向某一思想学说的，是人们对这一思想学说的认识、理解和把握

我们称一个人有信仰，往往是指他相信某一主义或某一宗教。而能称得上主义或宗教的，大都有一个相对完整的思想体系，既包括对整个世界的总的看法即世界观，也包括对人生的基本看法和价值选择。由此可见，信仰不同于信念。信念一般是指对某一观点确信不移。观点有大有小，有的观点如共产主义一定能实现，涉及完整的思想理论体系，因而与人的政治信仰有关。

而有些观点，如“有志者，事竟成”“善有善报，恶有恶报”，虽然对人的思想行为亦有指导作用，但因其不构成完整的思想体系，故不能称之为信仰。信仰也不同于信任和信心。信任与信心大都是针对具体人、具体事而言的，如对某某同志高度信任，对完成某项任务很有信心等，一般不涉及思想学说，因而也不能称为信仰。由于各种理论、学说、主义、宗教通常是相互排斥的，故信仰具有强烈的排他性。一个人不可能既信佛教，又信基督教，也不可能既信“法轮功”，又信共产主义。说自己什么都信的人，八成是什么都不信，至少是什么都不真信。例如，一些农村老太太，见到寺庙就进去烧香、磕头，根本不问里面供的是哪位神灵。显然就不能视为信仰，而只能确认为迷信。

（二）信仰大都带有相当程度的感情色彩和理想成分

信仰不是一般的相信，而是高度相信、绝对相信，并由此生发出崇拜和敬仰。我们说一个人有信仰，不光是指他对某一思想学说有所认识和把握，同时也认定他完全赞同这一思想学说，对其深信不疑，推崇备至。能使人深信不疑、推崇备至的肯定不是一般的理论，除本身必须具备科学性、系统性、实用性外，还应该具有一定的超越性，即它能对人类尚未认知的领域加以预测，而这种预测又是人们目前的实践一时无法验证的。这也就是说，凡是信仰都带有一定的理想成分，其思想学说中总有部分内容是未经证实的，甚至是根本无法证实的。例如基督教描绘的天堂，谁也没去过；佛教理论提到的轮回，谁也不曾经历过；而共产主义社会，也是人们对未来社会的一种想象。正因为信仰的部分内容一时无法验证，可望而不可即，才需要引导人们去相信，才引发人们的敬仰。如果一种思想学说随时都可验证其正确与否，一试就知道了，那也就不需要人们去信仰了。日常生活中有不少学问绝对正确，百试不爽，但不能成为人们的信仰，道理就在这里。感情色彩和理想成分是信仰的主要特点，它对人们认识世界既有积极的、有利的一面，也有消极的、不利的一面。这个问题留待后面讲。

（三）信仰又是人们言行的指南

真正有信仰的人，都会自觉或不自觉地按自己所信仰的思想学说去观察和认识世界，去思考和处理问题。如果一个人自称信仰某某主义，而实际上根本不懂这一主义，不按这一主义的立场、观点、方法去分析问题。或者说归说，做归做，说一套，做一套，表里不一，言行不一，那就不能认定他确有信仰。不折不扣地按照信仰所要求的去做，难免会与个人利益发生冲突，有时甚至需要个人付出巨大的代价。所以，历史上信仰总是与奉献、牺牲联系在一起，因信仰而受益、而得救的人不多，为信仰而献身的却不少。真正有信仰的人，都是意志坚强，能够舍弃自我、战胜自我的人。我们判别一个人有没有信仰，一定要听其言观其行，重点看他是否真正在为所信仰的东西奋斗牺牲。如果一个人一门心思想从信仰中捞好处，那他肯定不是真信仰。

总之，信仰是一种人生态度，包括认知、情感、意志三种心理成分。首先是信，对某一系统完整的思想学说深信不疑；由信而敬，对其真信的东西极度敬仰，无限热爱；由敬又到行，自觉自愿地为之奋斗牺牲。知、情、意三合一，互相作用，融为一体。只要是信仰，不管是信马列、信基督，还是信真主、信如来，概莫如此。以往我们组织的一些信仰教育之所以未能收到预期效果，原因之一就在于过多地偏重于提高人们的思想认识，而对其他心理成分重视不够，所以才出现“共产主义好不好与我有什么关系”一类的问题。可见，正确的认识是基础、是前提，但仅有认识是不够的。要将认识上升为信仰，还有不少需要我们去研究和把握的特殊规律。

人的认识有深浅之分，人的情感有浓淡之别，人的意志也有强弱的差异，具体反映到信仰上，就形成了信仰坚定程度上的不同。为什么同样信仰一种主义，有些人历经磨难而痴心不改，虽九死而不悔，而有些人稍遇一点挫折就动摇放弃，其道理就在这里。

二、信仰与人生的关系

讲清楚什么是信仰之后，便可以谈谈信仰与人生的关系了。人为什么一定要有信仰？信仰在人的生活中究竟有哪些作用？我认为，至少有以下八个方面：

（一）信仰为人们认识世界提供了一套完整的解释系统

人与动物的根本区别，就在于动物只是靠本能被动地适应世界，而人是有理性的，能够主动地去认识世界，并且在认识世界的基础上改造世界，使世界更加适应人类的生存。理性是人类的特征，是人优越于、高贵于任何动物的地方。动物在行为前，从来不问为什么，而人则不同，人的大多数行为都是受理性支配的，不仅要知其然，而且要知其所以然。也就是说，理性思考是人的一种本质性的需求，正是这种需求驱使人们不断地去探求宇宙、自然以及人类自身的奥秘，并且将由此得到的知识保留下来。当人类的知识积累到一定程度，便有人出来加以整理，使之系统化、理论化，形成对世界的一套相对完整的解释系统。这种解释系统被神圣化后，就是我们所说的信仰。而信仰一旦形成，对人们进一步认识世界则有巨大的指导作用。

人类社会最早的信仰是原始宗教。在原始社会，由于社会生产力极度落后，人类在大自然面前被动无力，完全依靠大自然的恩赐生活，因而不得不对自然取祈求、讨好的态度。又由于当时人类的思维能力十分低下，既无法合理地解释变幻莫测的各种自然现象，也无法正确认识人类自身的社会生活和精神生活。于是，人们只好运用想象的力量，将支配自身命运的大自然加以神化，臆造出各种人格化的神灵，如日神、月神、地神、雷公、电母、风神等，认为世界就是由这些神灵创造的，各种自然现象、社会现象包括人类的精神现象都是神灵的旨意。既然世界归这些神灵管，人类当然只能匍匐在神的脚下，对他们顶礼膜拜，敬畏有加。这便是原始宗教的来源。用现代人的眼光看，原始宗教粗陋不堪，荒诞无稽，根本不能成立，可在当时，它的产生却有极大的认识价值。因为，不管怎么说，原始宗教毕竟为人们认识复杂多变的大千世界提供了一套相对完整的、初看上去互不矛盾的解释系统，暂时满足了人类认识世界的理性需求。

随着社会经济、政治、文化的发展，人类由原始社会进入到古代文明社会。知识的积累和认识能力的不断提高，使人们开始怀疑原始宗教对世界的粗陋解释，逐渐形成了对世界的新认识、新看法并使之系统化，这便是古典宗教，如基督教、佛教、伊斯兰教、印度教等。与原始宗教相比，这些古典宗教的解释显得比较合理、精细和可信。例如，关于世界的本质和人类的起源，原始宗教或者不予关注，或者只是简单地说是神灵决定的，而古典宗教就不同了。基督教提出，世界是全知全能的上帝创造的，一共用了七天，前五天造了自然界万物，第六天造了人。忙了六天后，上帝累了，休息了一天，这就是七天为一个星期，通常星期天休息的来历。上帝一开始只造了一个男人，取名亚当。后来看到亚当太孤独、太寂寞了，于是从亚当身上取下一根肋骨，将其变成女人，取名为夏娃。亚当和夏娃结合便有了子女以至子子孙孙，人类就是亚当和夏娃的后代。显然，这种解释比原始宗教的解释丰富多了，也精细多了。所以，古典宗教诞生后，很快即为世人所接受，成为人们认识和把握世界的新的思想体系。

古典宗教再精巧、再完备，毕竟还是采用异化的方法来解释世界。所谓异化就是因各种原因，一些本来是人自己想象出来、创造出来的东西如鬼神等，反过来统治人、主宰人。随着人类社会的进一步发展，人们开始摆脱鬼神的纠缠，力图按世界的本来面目直接认识世界，解释现实，于是便出现了各种思想、理论、学说乃至于主义。这些思想学说大都有一套关于世界的完整理论，能解释许多自然现象、社会现象和人类精神现象，满足人们不断探知未来世界的理性需求，因而被人们认可、信服、崇拜，逐渐形成了非宗教的信仰。总之，无论是宗教信仰，还是非宗教信仰，最初都起源于人们要认识世界以便指导行动的理性需求。只要这种理性需求存在，人类就不能没有信仰。

我们常说，科学是反映自然、社会和思维规律的知识体系，那么，信仰与科学又是什么关系呢？对此，我的看法是：人们对客观世界的认识有一个由不科学到科学的发展过程，任何时代的任何知识，其科学性都是相对的。出于实际生活的需要，人们常常自觉不自觉地将其中某些知识系统化、神圣化，于是，知识就转化为信仰。换句话说，信仰就是系统化、神圣化了的知识体系。一般来说，人类对客观世界认识到什么程度，就会形成相应的信仰。因此，随着人类的进步、科学的发展，人们对客观世界的认识不断发生变化，原有的信仰便会遇到挑战。有些信仰可以容纳新的科学知识，被新的科学发现进一步证实，从而为更多的人所信服；而有些信仰明显与新知识相悖，自然会引起人们的怀疑，以致被人们丢弃，或者被迫修改自己的思想理论体系，以求与新的科学知识相吻合。例如，基督教关于上帝创造世界的学说，千百年来一直被教徒们认定为颠扑不破的真理。可近代以来，随着托夫勒的日心说、康德的星云起源说和达尔文生物进化论等科学知识得到确认，上帝七天创造世界的说法明显站不住脚了，为了自圆其说，维护教义，罗马教廷只好换一种说法来解释《圣经》。如创世问题，提出世界仍然是上帝创造的，只不过《圣经》上讲的七天创世只是一种象征，是指上帝创造世界经历了一个过程，而不是常人理解中的七天。

科学的发展虽然能推翻或改变旧的信仰，更好地满足人们认识客观世界的理性需求，可科学特别是自然科学永远也无法代替信仰。无论科学多么发达，信仰都不会消亡。这不仅是因为信仰除了认识功能之外，还有许多更重要的功能，这些功能是科学无法取代的；即便是在认识领域，科学也难以完全代替信仰。因为，宇宙是无限的，宏观上无限广延，微观上无限可分，时间上无始无终。无论科学多么发达，人类已有的知识都不过是茫茫宇宙中的沧海一粟，总会有更多的未知世界摆在我们面前，这就给信仰留下了地盘。换句话说就是，科学知识的尽头就是信仰。科学永远不会完结，人类永远有未知领域，信仰也就始终保有自己的位置。还是以基督教为例。现代科学已经能够探明 200 亿光年范围内的宇宙空间，证明在这个范围内找不到上帝的影子，按说这能够从理论上驳倒基督教了吧。可罗马教廷神学院却提出：200 亿光年以外又是怎样的世界呢？谁能证明上帝不住在那里？

由此可见，作为一种系统化、神圣化了的知识体系，信仰对人们进一步认识世界有双重作用。一方面，它提供的理论学说，指导着人们去探索未知世界，并且在科学知识不足的地方，仍能形成对客观世界的合理解释和猜测；另一方面，信仰又因其神圣性，有时会干扰人们的理性思维，妨碍人们对未知世界的科学探索。而且不仅在宗教信仰中有这种情况，对主义的信仰也在所难免。例如，我们认为马克思主义是真理、是科学，它能指导我们认识世界、改造世界，可如果我们将马克思主义经典作家的论述神圣化、教条化，以为句句是真理，一个字都不能动，那也势必影响我们对客观世界的认识，进而犯教条主义的错误。这方面的事例太多了，大家都熟悉，我就不列举了。

（二）信仰能够直接影响人们观察处理问题的方式方法

人生如画，丰富多彩。即便是最普通的人生、最平常的生活，都会遇到数不清的矛盾和问题。面对这些矛盾和问题，不同的人会做出不同的解释，选择不同的应对，进而得到不同的结果。在影响人们思想方法和行为方式的诸多因素中，信仰无疑是最重要的一个。因为，信仰提供了一套完整的世界观、人生观、价值观，对信仰者观察和处理问题有决定性的影响。人一旦接受了某种信仰，便会自觉不自觉地以其指导自己的思想和行为。例如，对现实生活中的苦难，不同的信仰便有不同的解释。基督教认为，人类的苦难是原罪造成的，亚当、夏娃偷吃了伊甸园中的苹果，上帝为了惩罚他们，便让其子子孙孙受苦受难。佛教提出，人类的苦难是一种因果报应，人们前世不信佛、有过错，这辈子就要遭报应、受惩罚。而马克思主义则强调，在阶级社会中，带给广大劳动人民苦难的主要是剥削阶级和剥削制度。对问题的不同解释必然引出不同的结论。如果一个人信奉宗教，那就只有忍耐、修行，乞求神灵的保佑和赐福。如果信仰的是马克思主义，那就必然要奋起反抗，通过革命铲除人间苦难的根源。选择不同，结果自然大不一样。乞求神灵无助于改变世界，最多只能得到一点心灵的慰藉。而革命则有可能彻底砸烂旧世界，使人们脱离苦海，过上幸福的新生活。当然，闹革命也免不了带来短时间的暴力、流血和社会动荡等。

不仅在人生一些重大问题的认识和处理上，能看出不同信仰者之间的明显差别，就连生活中一些偶发的小事，有时也能反映出一个人有没有信仰，有什么信仰。举个例子。设想一个人走在大街上，突然有个陌生人冲上来，不由分说打了他一巴掌，这个被打者会怎么想？会如何反应呢？

如果被打者是一个虔诚的基督徒。震惊之后，他很快就会平静下来，默默地祈祷：主啊，这个人一定是你派来惩罚我的，难道我又有什么过错惹您生气，才让我遭受这无端的羞辱？陌生人虽然打了我，但我知道在万能的主面前，我们都是有罪的。我会遵从您的教导“不要与恶人作对，有人打你的右脸，将左脸也转过来由他打”，相信仁慈的主一定会记住这一切，当末日审判来临时，宽恕我的所有罪过。阿门。

如果被打者是个道行很高的佛教徒，面对飞来横祸，他可能心静如水，面色不改。一边继续念着般若波罗蜜心经，一边启动佛门大智慧：“万物皆有缘，是非由前定。”此人与我素不相识，今天出手打我，定是因为前世结下仇缘。“冤冤相报何时了”，还是“得饶人处且饶人”吧。于是垂首合十，喃喃自语，阿弥陀佛，善哉善哉。

如果被打者是个道教徒或信奉老庄哲学者，遇此无端羞辱，刚要动怒，忽转念一想，“万物齐一，谁短谁长”。表面上看，这人打了我，可打与不打，他打我与我打他，又有多大区别。再说即便挨打不是好事，可“祸兮福所倚，福兮祸所伏”，物极必反，事情总会变化的，不可能倒霉的事都让我摊上。保不准一会儿就时来运转，摔个跟头捡个大钱包什么的。想到此，怒气全消，心满意足地走了。

如果在“以阶级斗争为纲”的年代，被打者满脑子的阶级斗争，对此意外事件，他的第一反应可能是：世界上没有无缘无故的爱，也没有无缘无故的恨。我是劳动人民的一员，此人光天化日之下敢打劳动人民，八成是出于阶级报复。应该好好查查他的家庭出身和历史背景，看要不要对其实行“全面专政”。当然，现在的人可能另有一番分析：这个人肯定神经不正常，是社会转型期因政治、经济、文化多种因素，造成心理压力过大，导致了行为失控。所以，打我虽然是偶然的，可出现这种现象却是必然的。要解决这类问题，唯有加快改革步伐，大力发展生产力，促进两个文明共同发展。

当然，也许被打者什么都没想，二话不说，冲上去一把抓住对方的脖领子，破口大骂：干什么？你找抽啊！？敢打我，姥姥！今天，我跟你没完。走，到派出所讲理去，我要告你非法伤害罪，非判你个十年八年不可。你还得赔我医疗费、营养费、误工费，还有精神损失费……如此这般，此公八成什么信仰都没有，地道一个俗人。

此外，还有连俗人都不如的。刚想动手，一看对方膀大腰圆，身高体壮，真打起来恐怕自己不是对手。于是，手又缩了回来。一边怒目而视，摆出一副以死相拼、决一雌雄的样子，一边嘟嘟囔囔骂个不停，可又不敢骂出声来。直到对方转身而去，走的看不见身影，才恶狠狠地猛唾一口，骂道："什么东西？敢打老子！这年头真邪门了。哪儿冒出来的野小子，就敢到首都来撒野。想当年我在北京大街上横的时候，你小子还不知道在哪个旮旯角落里转筋呢。"活脱脱一副现代阿 Q。

总之，人们观察、处理问题的方式方法直接受信仰的影响。对同一件事，不同信仰的人会做出不同的反应。一般来说，只要一种信仰被社会承认，由此生发的各种行为就都能得到众人的认可。像基督教徒将左脸送上也让人打，虽不可取，却让人感到那是在崇高精神支配下做出的一种自我牺牲，从而被认作圣徒，平添几分敬意。唯独阿 Q 一类脱离信仰的乱解释、乱自慰，才显得愚蠢和可笑。所以，不妨将信仰看作为一个得到社会承认的解释系统。人需要信仰，也是因为对各种人生问题、社会问题都必须有一个被社会认可的、站得住的解释系统。否则，是要出洋相的。

（三）信仰能够向人们提供生存的意义

人和动物的另一个显著区别，就在于人总要追求生存的意义。所谓追求生存的意义，通俗地说，就是要为自己找到一个值得毕生为之奋斗，直至为之牺牲的最终目标，解决"为什么活着""活着干什么"的问题。动物显然不存在这类问题，因为它们是靠本能生存的，对动物来说，活着就是活着，活着就是一切，没有什么最终目标，也无所谓意义、价值。人就不同了。人的一切行为都是受意识支配的，大都有比较明确的目的性。不但做每一件具体事前，首先会考虑该不该干，要达到什么目标，而且人还要为自己整个人生确定一个总的奋斗目标，寻找一个判定各种行为是否值得的价值源泉。因为，每个人毕竟只有一次生命，而人生又是如此短暂，谁都不愿意糊里糊涂地过日子，白白地浪费生命，人人都希望在有限的时间里，干一点自以为有价值的事，让自己活得充实，活得有价值。所以，对生存意义的寻求是人的一种本质需求、基本需求。

既然对生存意义的寻求是人的基本需求，那么这一需求能否满足，对人来说便有了举足轻重的意义。如果一个人找到了生存的意义，确立了人生的总目标，那他的全部生活便可以围绕这一目标而展开，所做的每一件事情都可与之挂钩，从而产生价值。由此，他就有了奋斗的目标、前进的动力，有了幸福和欢乐的源泉。即便由于种种原因，一生的努力都没有达到预期目的，但他仍然会心安理得、无怨无愧，自认为一生没有白过。相反，如果找不到甚至不去寻找人生的意义，那么人的生活就会像一盘散沙，成不了任何大事；像一团乱麻，理不出任何头绪；像一摊死水，掀不起任何波澜。虽然也活一辈子，可与动物相比却没有了本质区别。所以，生存的意义是人全部精神生活的支柱，是使人得以安身立命的东西。有了它，人的各种思想、认识、情感、追求、希望才能有所依托，才能构建起壮美的人生大厦。

生存意义是完整人生的必要构件，可对生存意义的寻求却很难在日常生活中得到满足。因为并非所有事物都值得人们毕生追求，能给人生存意义的事物必须具备以下特点：首先，它必须是完美的，只有完美的东西，人们才会不懈地追求；其次，它必须是永恒的，有限的生命只有与永恒的事物相联系，才能获得超越个体生命的价值；再有，它必须是必然的，理性的人不会将某种仅仅是可能存在或可能实现的东西，作为自己终生奋斗的目标。显然，这种完美的、永恒的、必然的东西，在现实生活中根本不存在，也不可能存在，它只能来自信仰。只有在我们信仰的精神实体中，才有完美无缺的、永恒绝对的、必然实现的东西。换句话说，所谓信仰就是偶然出现的、生命有限的、不完美的人，将自己的生命与某一种必然的、永恒的、完美的精神实体建立起联系，认识它，接受它，信服它，仰望它，以它为人生目标，为之奋斗牺牲，以它为价值源泉，从中找到生活的意义。

强调只有信仰才能赋予生存的意义，乍一听似乎有些玄妙。不过，大家只要静下心来想一想，便会发现事实确是如此。在现实生活中，凡是真有信仰的人，不管是信教还是信主义，其精神世界一定非常充实，他们都有十分明确的人生目标，始终将自己所做的一切与这一目标挂起钩来，自觉自愿地按照教义所要求的去做，并从中找到生活的意义。相反，那些没有信仰的人，其精神世界则完全不同。虽然一些人也有追求，但所追求的都是金钱、地位、权力、名誉、个人情感、婚姻家庭等世俗的东西。这些当然也不是坏东西，可其价值却是相对的、有限的，不可能赋予人生永恒的意义。人若毕生追求这些东西，结局无非两种：追求不到或不成功，会感到白白浪费了一生，陷于极度痛苦之中；而追求成功了，想得到的全都到手了，又会觉得不过如此，进而怀疑当初的选择，陷于深度的无聊之中。正如一位著名的哲学家所说，人如果没有了信仰，为世俗生活所左右，那就会像钟摆一样，在痛苦与无聊之间来回摇摆。

不仅日常生活中的世俗事物不能提供生存的意义，严格地说，就连给人类带来无限福祉的科学，尤其是自然科学，同样无力承担这一重任。因为，自然科学虽然能够揭示物质世界发展变化的客观规律，为人们认识世界、改造世界提供依据，但它所解决的，只是如何去做的问题，并不能提出为什么要去做的根据；它可以极大地提高人们的工作效率，却不能为人们提供工作目的。自然科学作为人类的工具，既能造福于人类，也能毁灭人类。懂得了这个道理，我们也就不难理解为什么一些科学家，包括牛顿、爱因斯坦等最伟大的科学家，在科学事业上做出了巨大的贡献，却仍然要投入上帝的怀抱。懂得了这个道理，大家也才能真正理解，为什么我们一再强调专业技术人员不能整天埋头业务，还要关心政治、关注人生，不断丰富自己的精神生活。

信仰为人生提供终极目标，是人得以安身立命的根本所在，按说它应该是人须臾不可离弃的东西。可在现实生活中，却并不是人人都具有坚定的信仰，而且许多没有信仰的人，平时也并不觉得自己缺点什么，感觉不到信仰对生活有什么影响。这又是为什么？我认为，这主要是因为信仰为人生提供的终极目标与人们生活中的具体目标既有联系，又有区别。一般来说，人应该确立一个终极目标，终极目标统管人的一生，各种具体目标由终极目标派生出来，为实现终极目标服务。人通过达到一个个具体目标不断接近以至最终实现终极目标。可是，现实生活十分复杂，不能排除这么一种情况：受各种因素影响，人的信仰未能树立起来，或原有的信仰动摇了，终极目标模糊了，主宰人的生活的都是一些偶然产生的、互不并联的、不具有终极意义的具体目标。由于这些具体目标的存在，人们照样奔波操劳，忙忙碌碌，日出而作，日落而息，并不感到缺点什么，似乎信仰迷失了也没什么大不了的。可这只是表面现象。因为人的生活中难免会出现这样一种情况：一些偶然因素使我们得以跳出日常生活的圈子，站在一个更高的角度重新审视自己的人生，这时我们就会发现，自己的生活中似乎缺点什么。

例如，现在一些中年同志中出现了所谓的“中年危机”，即经常有一种“活得没什么意思”的感觉，不知道自己该追求点什么，干什么都提不起精神来。说工作吧，事业上已基本定型，一般任务已能胜任，可要想进一步发展，又受到诸多因素限制，既没有多少机会，也没有多大可能。说学习吧，一是早已失去了那份上进心，二是不知道该学点什么好，三是已过了求知的最佳年龄段，记忆力大不如前，有时学的还不如忘得快，所以干脆什么都不学了。说家庭吧，夫妻关系不好不坏，生活方面尚能互相照顾，可思想感情的交流却越来越少，爱人渐渐地变成了老伴。说子女吧，孩子们也已长大成人，不需要再整天为之操心，可又不是特别有出息，不值得寄予厚望，为之骄傲。他们有了自己的生活，两代人平时难得一见，更何况深入沟通了。总之，方方面面都还凑合，可又都很平淡。日子就这么一天天过下去，转眼间又是一年。对这种生活，平时不去想它倒也罢了，就怕触景生情，深入去想。因为只要一想就会感到空虚、无聊、焦虑、惆怅、失落，就会有一种无名的烦恼。我认为，这就是最典型的没有终极目标，又失去了具体目标而造成的精神危机。它表明，没有信仰，人不但难以承受生活之重，而且也难以承受生命之轻。

总之，提供生存的意义是信仰最重要的功能。我们每个人来到人世间都是极为偶然的，人的生命又是非常短暂的。就个体的人生来说，既没有目的，又没有意义。只有通过信仰，将个体生命与某种完美的、永恒的、必然的精神实体联系起来，我们才能超越自我、超越现实，找到终极目标和生存意义。用一位哲人的话说就是：“信仰就是相信人生中有一种东西，它比一己的生命重要得多，甚至是人生中最重要的东西，值得为之活着，必要时也值得为之献身。”如果把人生比作茫茫大海上的一条小船，那么信仰就是远在天边的海市蜃楼。它虽然虚无缥缈，可望而不可即，可能再怎么努力也永远无法到达，但它毕竟给了我们理想和希望，为我们指明了前进的方向。如果人生失去了信仰，那就像小船在大海中失去了方向，没有理想，没有前途，没有希望，等待它的只是最后的沉寂和死亡。

（四）信仰能够给人战胜各种艰难困苦的巨大精神力量

人生难免遭遇磨难，能一辈子无灾无病、无忧无虑、顺顺当当、平平安安的人并不多见。磨难有大有小，大到山崩地裂、国破家亡、飞来横祸、九死一生，小到考试落榜、事业受挫、家庭变故、身体欠安，林林总总，不一而论。这些还属于被动的。对于那些有理想、有追求的人来说，要想在有限的人生中成就一番事业，可能遭受的磨难、需要付出的代价肯定更多。辉煌的人生总是与巨大的苦难相伴随，谁也不可能轻轻松松、随随便便就获得成功。因此，如何面对磨难、战胜磨难，便成为一个重要的人生话题。

在生活磨难面前，每个人都希望自己成为强者，谁也不愿意当一个懦夫。可问题是，怎样才能成为生活中的强者？无数事实表明，强者之强主要在人的勇气、热情、信心、毅力等精神素质上，而信仰则是人类精神力量的主要源泉。无论什么人，只要真正有了信仰，就像装上了强大的精神发动机，能不断地将自己全部的思想、情感、意志、智慧凝聚起来，化成无坚不摧的巨大能量；就能忍受常人难以忍受的巨大痛苦，战胜常人无法想象的各种困难，无论在任何情况下，都不气馁，不颓唐，奋力进取，矢志不渝，始终保持旺盛的激情和高昂的斗志。一个人的信仰越明确、越坚定，所激发出来的精神力量就越强大、越持久。过去有一种提法叫“精神原子弹”，如果真有精神原子弹，那么信仰就是其中的铀。

由信仰激发出的精神力量能有多大？一部中国革命史就是最好的见证。一大批忠诚于马克思主义信仰的共产党人，为了多灾多难的中华民族的独立和振兴，为了普天下劳苦大众的翻身解放，不惜抛头颅、洒热血，前仆后继，奋勇牺牲，创造出无数感天地、泣鬼神的英雄壮举。在信仰的支撑下，从党的创始人李大钊到年仅十五岁的刘胡兰，有多少共产党员慷慨赴死，从容就义，昂首走向敌人的绞架和屠刀；在信仰的支撑下，以杨靖宇、赵尚志为代表的抗联战士冒着零下四五十度的严寒，忍饥挨饿，与日寇周旋，直至弹尽粮绝，为革命流尽最后一滴血；在信仰的支撑下，有多少像叶挺、江姐一样身陷囹圄的共产党员，坚贞不屈，面对敌人的酷刑拷打和身心摧残，为主义甘愿将牢底坐穿；在信仰的支撑下，又有多少黄继光、董存瑞一类的战斗英雄，在枪林弹雨的战场上，舍生忘死，奋不顾身，用自己的身躯为战友铺平通向胜利的道路。特别值得一提的是，在举世闻名的二万五千里长征中，几万名战士面对前有天堑、后有追兵、天上有敌机轰炸的恶劣环境，凭着坚定的革命信念，破重围，越天险，爬雪山，过草地，一次次绝路逢生，将信仰的力量发挥到了极致，以至多少年过去后，当人们追寻先辈的足迹，再次踏上长征路时，睹物思人，抚今追昔，仍能感到强烈的心灵震颤。可以毫不夸张地说，一部中国革命史就是共产党人用鲜血和生命谱写的信仰赞歌。

信仰不仅能帮助人们战胜肉体上的巨大痛苦，而且能使人承受心灵上的种种磨难。从某种意义上说，后者更不容易。土地革命战争时期，一些苏区和红军的领导人执行“左”倾机会主义路线，大搞肃反扩大化，“残酷斗争、无情打击”，错抓、错杀了大批忠诚党的事业，为革命立下大功的好党员、好干部。对于这些同志来说，既然参加了革命，就做好了随时牺牲的思想准备，能死在阵地前，死在阶级敌人的枪口下，虽有遗憾，可起码是件光荣的事。但时下却莫名其妙地被当作革命的敌人，要死在自己同志的枪口下，其心情可想而知。面对这奇耻大辱、不白之冤，这些真正的革命者又是怎么想、怎么做的呢？他们在走上刑场前，所提出的唯一要求竟是：用大刀把我砍了吧，留下一颗子弹还可以打白狗子。多么悲壮，多么难以置信。真是忠心耿耿，虽九死而无悔。这就是信仰的力量。

战争年代革命队伍中有一句喊得很响的口号，叫作“以苦为荣，以苦为乐。”历经磨难，身受痛苦，还自以为荣为乐，这在今天看来简直不可思议，可它确是历史的真实。每一个从战争年代过来的老同志，都可以举出许多这方面的事例。共产党人并不是苦行僧，为什么不求富贵、不图温饱，自觉奉献，甘愿吃苦，方志敏烈士的一段话是最好的答案：“为着阶级和民族的解放，为着党的事业的成功，我毫不稀罕那华丽的大厦，却宁愿居住在卑陋潮湿的茅棚；不稀罕美味的西餐大菜，宁愿吞嚼刺口的苞粟和菜根；不稀罕舒服柔软的钢丝床，宁愿睡在猪栏狗窠似的住所！不稀罕闲逸，宁愿一天做十六点钟工的劳苦！不稀罕富裕，宁愿困穷！不怕饥饿，不怕寒冷，不怕危险，不怕困难。屈辱，痛苦，一切难于忍受的生活，我都能忍受下去！这些都不能丝毫动摇我的决心，相反的，是更加磨炼我的意志！我能舍弃一切，但是不能舍弃党，舍弃阶级，舍弃革命事业。我有一天生命，我就应该为它们工作一天！”可见，在真正的革命者看来，苦难是信仰的代价，只有通过战胜苦难，人才能证明自己的力量，超越自我，超越肉体，实现精神升华。

有关信仰能给人精神力量的事例，我们还可以举出许多，如牛虻、保尔·柯察金等，这些大家都很熟悉。需要指出的是，能给人精神力量的，并不只是共产主义信仰。无论是信仰什么，只要是真诚的、坚定的，都有可能焕发出巨大的精神力量。我曾经读过诺贝尔文学奖获得者、波兰作家显克维奇的一本小说《你往何处去》，书中描写了早期基督徒受罗马帝国统治者迫害的故事。当时，暴君尼禄为了阻止人们信奉基督教，采取了血腥的镇压政策，凡是信教者，一经发现，立即钉死在十字架上。为了吓退信仰者，尼禄竟然下令将不肯放弃信仰的基督徒赶进角斗场，在众目睽睽之下，活生生地喂狮子、老虎。而那些基督徒面对死亡，无论老少都毫不畏惧，根本不为猛兽的咆哮和观众的咒骂所动，相反，神情自若，面色安详，唱着赞美诗，排着队，一批接着一批地走进角斗场，好像等待他们的并不是饿红了眼的虎豹豺狼，而是盛大的节日晚宴。这就是信仰的力量。

再举一个例子。去过西藏的同志可能亲眼见过信教的藏民是如何朝圣的。根据藏传佛教的教义，凡信教者不论住得多远，一生中都要步行去拉萨的布达拉宫进香，接受活佛的灌顶。并且这步行还不是一般的走路，而是走三步，退一步，跪下磕一个头，然后身向前驱，五体投地，用身体丈量每一寸土地。在青藏高原上，经常能见到这样的画面：茫茫雪域，渺无人烟，两三位结伴而行的朝圣者，三步一趋，两步一跪，默默地蠕动在崎岖的山路上，无人理会，更无人喝彩，是什么东西支撑他们做如此艰难的朝圣？答案只能是：对信仰的虔诚。这就是信仰的力量。

当然，必须指出，真诚的信仰虽能激发出巨大的精神力量，可这种精神力量的运用却并不总是积极的、建设性的。现实生活中不乏信仰引导人走向极端、走向破坏、走向毁灭的事例。例如印度、希腊等地的一些宗教就特别推崇苦行，认为只有摧残肉体，人的灵魂才能得救。为此信徒们不惜自虐、自残，想尽各种方法折磨自己，令局外人毛骨悚然。1988 年，印度少女鲁尼亚为报答神恩，竟剪下自己的舌头来敬神。再如，一些别有用心的宗教领袖，为了达到其不可告人的目的，利用信徒的狂热发动宗教战争，迫害异教徒，反对科学和科学家，摧毁人类文化及其成果。由于信徒们自认为是遵从神的旨意，是为整个人类谋利益，所以干坏事时没有任何良心负担，往往表现得毫无人性，特别凶残，给他人、给社会造成极大的危害。可见，对信仰的力量，我们不能盲目地赞美，必须加以区分和引导。

（五）信仰能够构建满足人们情感需要的精神家园

前几年，社会上曾流行过一首歌，歌名为《我想有个家》。歌中唱道："我想有个家，一个不需要太大的地方……" 这首歌朴实、真挚、缠绵、感人，充分表达了现代人渴望回归家庭的真实情感，让无数歌者、听者为之动容。是的，人人都想有个家，可不知大家想过没有，为什么人一定要有家呢？有的同志说，这还不清楚，家庭是社会的细胞，是最基本的经济单位，人们日常生活中的衣食住行都离不开家。我认为，这种回答虽不错，可并没有讲到点子上。因为，恰恰是现代社会使人们经济上越来越独立，生活上越来越方便，完全可以脱离家庭而独自生活。现代人歌唱家庭，赞美家庭，呼唤回归家庭，恐怕最主要的还是为了满足情感上的需要，包括认同归属的需要、交流沟通的需要、爱与被爱的需要、自我实现并被他人认可的需要，等等。这些需要都是人的基本精神需要，其能否得到满足，直接关系到人生的幸福美满，而家庭则是满足人们情感需要最主要的地方。

如果将能够满足人们情感需要的地方称作家，那么信仰就是人类一个十分重要的精神家园。对于真正有信仰的人来说，各种情感需要都可以通过信仰的渠道得到满足。例如，人都有认同和归属的需要，即希望能加入一个优秀的团体，通过努力被众人所接受，成为组织的正式成员，和大家一起同荣辱、共命运，为共同的事业而奋斗。当个人做出成绩时，能得到集体和他人的认可；而当个人遇到困难时，也能得到大家的全力帮助。显然，信仰即能满足人们的这种需要。世界上绝大多数宗教都在信徒中建立有各种组织，并且提供一定的场所，规定一些仪式，让教徒在其中活动，努力在组织内部营造一种家的氛围。人们入了教，就像加入了一个大家庭，有一种明显的认同感、归属感。对主义的信仰也有同样效果。拿我们共产党人来说，党组织也像一个大家庭，加入了组织就成为这个家庭中的一员。个人要相信组织，依靠组织，自觉服从组织安排，积极为组织的发展做贡献，必要时不惜牺牲个人的一切。而组织上也非常关心每个同志的成长进步和安危冷暖。找到了组织就像回到了家的情景，大家在革命历史题材的文艺作品中恐怕都见到过，我认为，那是非常真实的。

再如，人都有情感交流的需要，即希望有一些知己、挚友，能经常在一起倾心交谈，互诉衷肠，成功时有人分享喜悦，不幸时有人分担痛苦。对人来说，最可怕的就是孤独，而最可悲的是喧嚣中的孤独，即表面上看朋友很多，谁都认识，彼此之间礼尚往来，互相关照，称兄道弟，亲亲热热，可实际上却没有一个是知心朋友，没有一个能讲真话、讲知心话的地方。一般来说，人生难得一知己，好朋友往往是可遇而不可求的。可是，通过信仰，人却可以一下子获得一大批知音或知己。因为，在教友之间，在真正的同志之间是可以无话不谈的，共同的理想、共同的追求能够使他们之间的关系胜过任何朋友和亲人，甚至过去素不相识，一声“同志”的称呼就能将相互之间的关系拉得很近很近。这种现象近些年不多见了，我们已很难体味。可我认为问题并不在于信仰失去了这一促进情感交流的功能，而在于现在相当一部分人的信仰本身动摇了、模糊了，因而“同志”称谓中的情感分量大大减轻。

又如，人还有一种自我实现的需要，即希望自己的聪明才智能得到充分发挥，在有限的人生中干出一番不平凡的事业，并且得到社会的承认和众人的敬重。从表面上看，自我实现只是个人的事情，其实它也与信仰有关。因为现实生活中，虽然人人都渴望成功，可真正能够做大事、当大官、发大财、成为大学问家的只是个别人，绝大多数人都是平头百姓，仅从个人功利的角度看，很难获得社会的承认和众人的敬重，因而也很难找到自我实现后的满足感。可是，当人们真正树立起一种信仰，自觉地献身于一个神圣的事业后，情况就大不相同了。他的人生目标会与这一事业联系起来，只要是事业需要的，无论大事小事，他都将努力为之，并且从中获得满足。而且只要他全心全意奉献于信仰，不论地位高低、贡献大小，他都能得到相同信仰者的认可和敬重。这方面的具体事例也很多，如雷锋同志提出的螺丝钉精神。螺丝钉不起眼，单拿出来很难引人注目，当螺丝钉也很难令人自认为成功。可当螺丝钉被固定到机器上，成为整部机器正常运转不可缺少的一部分时，情况便不一样了。当一颗永不生锈的螺丝钉同样能使人产生自豪感，同样能赢得信仰者的敬佩。

又如，爱人与被爱的需要。爱是人世间最重要、最珍贵的情感。人生于世，时时刻刻都不能缺少爱，既需要得到爱，也需要付出爱。能得到爱是幸福的，同样，能真心实意地去爱也是一种幸福。而没有爱的人生才是悲惨的，缺少爱的心灵则是冷酷的。爱有许多种：父母之爱、夫妻之爱、师生之爱、儿女之爱、朋友之爱、手足之爱，等等，各种爱都很宝贵，但人世间最强烈、最真挚、最持久、最无私的恐怕还要数相同信仰者之间的同志之爱。在革命历史题材的文艺作品中，我们经常见到这样的场景：为了不出卖同志，有人咬牙忍受敌人的酷刑拷打；为了救助同志，有人甘愿拿出自己最后一点干粮；为了掩护同志，有人不惜牺牲个人甚至亲人的生命。而这些被救助者，有的甚至与救人者素昧平生，后者之所以拼命相助，只因为他们是同志。看到这些场景，我想每一个有良知的人都会感到心灵的净化。同志之爱真是太伟大了，能得到同志之爱是莫大的幸福。当然，只有真信仰者之间，才能产生这种强烈、持久、真挚、无私的同志之爱。

总之，信仰是真正信仰者最主要的精神家园，人们在情感方面的各种需要，都可以在这个精神家园中得到满足。这个家园比我们的小家庭大得多，它包括普天下所有共同信仰者；这个家园更纯真、更温暖，它不带任何功利色彩。随着现代社会传统家庭的解体和人们家庭观念的淡化，信仰这一人类精神家园的地位将越来越突出、越来越重要。从某种意义上说，人类失去了精神家园，就等于退回到与动物没有多少差别的境地，就会沦落为“孤魂野鬼”。

（六）信仰能够形成人们道德行为的内在依据

道德是调节个人与社会、与集体、与他人相互关系的准则和规范。道德生活是人生的重要组成部分。人活一世，有许多东西可以缺失、可以放弃，唯独不能缺德。否则，不论他个人事业上获得多大成功，当再大的官，发再多的财，仍免不了背后被人戳脊梁骨。如果他还有良知，内心深处也会感到十分内疚。所以，德者，得也。道德的人生未必完美，可完美的人生必有道德。谈人生问题不可能不讲到道德。

一般来说，道德由两大部分组成。一是道德规范，即明确人们该做什么、不该做什么的行为准则。如我们常强调的“五种革命精神”“六十四字创业方针”等。二是道德依据，即驱使人们按照道德规范去做的内在动因。两相比较，显然后者更重要。因为规范得靠人去执行，如果定了规范不执行，或者说一套、做一套，再好的规范也等于零。规范大都是约束人的行为的，有时遵守规范就意味着人们在个人利益方面要做出牺牲。因此，如果不解决内在动因问题，多数人不可能自觉自愿地按照道德规范去做。所以，加强思想道德建设，明确或重申一些道德规范是必要的，但更重要的是强化人们道德行为的内在依据。

驱使人们遵守道德规范的内在依据也可分为两大类。一类是外在的舆论压力，即人人都认为应该这么做，并且多数人切实去做了，客观上就形成了使人不得不从众的氛围。谁按规范去做了，就能得到大家的认可和好评，如若不做则会遭到众人的谴责和集体的唾弃。这种在舆论压力下的道德行为，相当程度上是在周围环境压力下不得不做出的“聪明”选择，严格地说还不能算完全自觉。一旦外在舆论压力不存在了，人是否能继续按道德规范去做，那就难说了。因此，有一些哲学家认为，它们还不能算真正的道德行为。另一类内在依据是个人的良心良知。既不是从众随俗，也不带任何个人功利色彩，只是因为内心觉得该这么做，就自觉自愿地去做了，哪怕行为结果对个人极为不利，也无怨无悔。相反，如果出于个人功利考虑没能去做或做得不好，内心会很不安，有一种负疚感。显然，这才是纯粹意义上的道德行为。可问题是，这些良心良知从何而来？通常情况下，这种纯粹意义上的道德行为大都与人的信仰有关。

世界上的成熟宗教大都劝人行善，要求信徒多做善事，提出做善事可以减轻个人的罪孽，得到神的褒奖。成熟宗教又都有一套以至上神的名义颁定的、要求教徒不折不扣执行的道德戒律，如基督教的摩西十戒，佛教的五戒、八戒、具足戒，伊斯兰教的教规等。真正信教的人，一般都会自觉地遵守这些道德戒律。因为，在教徒们心中，这些戒律都是神的旨意，是绝对不能违背的，违背了就会受到神的惩罚。而且，教义上还说，神是万能的，无所不知，无处不在，不但时刻关注教徒在干什么，而且知道他在想些什么。信徒别说是干坏事了，连坏念头都不能有。所以，虔诚的信徒大都具有很高的道德修养，以至于西方社会常以是否信教来判定人的道德水准。不管信的是什么，凡是真正的信徒大都是讲道德的，道行多高，德行多高。相应来说，不信教的人德行上大都靠不住，因为他们不信上帝，不惧怕神的惩罚，什么坏事都可能干得出来。

不仅宗教信仰能够驱使人们止恶扬善，就连一些不成熟的宗教甚至迷信色彩很浓的野狐禅，也有劝人向善的作用。例如，旧社会中国老百姓大都相信因果报应，认为抬头三尺，即有神明，善有善报，恶有恶报。人做了善事就能积德，有德者将来必得好报，福禄双全，名利兼收，封妻荫子，长命百岁；而如果做了恶事，轻则伤身折寿，破财遭灾，重了还要断子绝孙，不得好死，甚至死后还要被打入十八层地狱，上刀山，下油锅，剥皮，抽筋，拔舌，等等。那么，谁具体掌管这些事呢？那就是老天爷。他老人家最英明，始终在冥冥之中观察并记录下人们的一言一行一举一动，他老人家又最公正，无善不奖，无恶不惩，锱铢必较，不差分毫，即便现实生活中存在好人遭殃、坏人得道的情况，那也是暂时的，早晚会有老天爷开眼的那一天，现世不报来世报，在当事人身上不报，则必在其后人身上报，可谓天网恢恢，疏而不漏。这一套说教虽然很粗陋，用今天的眼光看是典型的迷信，可在当时却是最管用的道德教育，对普通老百姓有相当大的诱惑力和威慑力。它使做好事、善事的人，物质利益上吃点亏，却能从心理上得到安慰，找回些平衡，使坏人做缺德事时，不敢把事情做绝了，或多或少还惦记着为自己积点阴德，留条后路。由此可见，不管信仰的是什么，只要是真信，对人的行为都是一种规范和约束。

对主义的信仰同样可以形成人的道德依据。例如，马克思主义就要求所有共产党人以解放全人类为最高目标，以全心全意为人民服务为人生追求，为此就必须公而忘私，先人后己，始终以党和人民的利益为重，做一个高尚的人、纯粹的人、脱离了低级趣味的人、有益于人民的人。一个人若真正信仰马克思主义，就应该自觉地按这些道德要求去做。不但有人知道时做，而且没人知道时也做，做了好事不留名。不但受到鼓励、赞扬时这样做，遭到讽刺、打击时也这样做。做到了，做好了，并不感到自满，也不图回报，认为是应该的。相反，如果做不好，则认为是失职，是耻辱，良心上极为不安。大家所熟悉的雷锋、焦裕禄、孔繁森，就是我们共产党人的道德楷模。他们高尚的道德情操，直接来源于坚定的共产主义信仰。

弄清楚上述道理，我们就不难理解为什么信仰的迷失会引发道德的滑坡。不论是一个社会还是一个人，如果没有了信仰，便失去了使人遵守各种道德规范，抑恶扬善的驱动力量。这时，虽然人人都清楚怎么做道德，怎么做不道德，可许多人出于对自身利益的考虑，却选择不道德的行为，或者碍于身份和脸面，嘴上讲一些冠冕堂皇的东西，实际上做的却是另一套。近几年，媒体上公开曝光的一些贪官，在陈述自己失足的原因时，都谈到信仰动摇的影响，我认为是比较可信的。一个人的信仰动摇了、缺失了，道德上就没有了底线，为了达到个人目的，便可以肆无忌惮、不择手段，只要不被抓住，什么坏事都敢干，直到东窗事发，走向毁灭。弄清楚上述道理，我们也就找到了这些年思想道德教育效果不佳的原因。加强道德建设，不能就道德讲道德，总是提要求，反复强调那几条道德规范，而必须从信仰抓起，切实解决世界观、人生观、价值观问题。人只要有了信仰，特别是有了对共产主义的信仰，道德修养自然就会提高。

（七）信仰能够帮助人们战胜对死亡的悲哀和恐惧

我们每个人在自己的青少年时代都经历过这么一个时刻：在此之前，只是一个孩子，天真活泼，无忧无虑，或虽因家境不好，吃过一些苦，过早地知道了生活的不易，可并不懂得生命的真实含义。有一天，因某种机缘，突然意识到自己也会老，也要死，最终将离开这个世界，进而产生一种巨大的悲哀和恐惧。从这一时刻起，我们才算长大了，有了完整的自我意识和生命意识，真正开始了自己的人生。同时，也正是从这一刻起，死亡便如影随形，与我们的生存欲望紧紧缠绕在一起，再也挥之不去。

死亡是人生的必然归宿。对任何生命体来说，死都是悲剧，而人的死亡更是悲剧中的悲剧。因为动植物虽然也会死亡，高等动物甚至还能意识到自己行将死亡，但它们并不懂得死亡的含义。唯有人才能认识到在有限的个体生命之外，还有一个时空无限的世界，从而领会人生的短暂。也只有人才能真正体会到生活多么美好，生命如此宝贵，而这美好的生命终有一天会随风而去。所以，相对而言，人的死亡更具悲剧色彩。

对于人生必死的悲剧，古往今来，诗人们发出过无限感慨："人生易老天难老"；"对酒当歌，人生几何？譬如朝露，去日苦多"；"人生忽如寄，寿无金石固。万岁更相送，圣贤莫能度"；"寄蜉蝣于天地，渺沧海之一粟。哀吾生之须臾，羡长江之无穷"；"人生代代无穷已，江月年年只相似"；"年年岁岁花相似，岁岁年年人不同"；"事如芳草春长在，人似浮云影不留"……哲人们也曾用各种类比加以描述。有人将主宰人们命运的冥冥上苍比作猫，而将个体生命比作猫捉弄的老鼠，不管老鼠如何努力、如何挣扎，最终也难逃猫的锋牙利爪。有人将人生比作在崎岖山路上奋力向上攀登的汽车，司机又是躲闪，又是急停，一路上排除了各种险情，不时为自己高超的驾驶技术洋洋自得，殊不知所走的根本是条绝路，汽车最终还要坠入悬崖。还有人将人生比作在海滩上做沙雕，人可以尽情地发挥自己的聪明才智，巧妙构思，精心施工，搭建起各种美轮美奂的亭台楼阁，可过不了多久，随着海水涨潮，一切的努力都将化为虚无。应该承认，这些比喻都颇富哲理。

面对人生必死的悲剧，人会本能地产生悲哀和恐惧。这种悲哀是彻底的悲哀，因为死亡无人能免，不可抗拒，任何挣扎都无济于事。这种恐惧也是深度的恐惧，因为谁也不知道死是什么滋味，一想到不再拥有明天，眼前的一切都失去了意义。所以，如何化解对死亡的悲哀和恐惧，就成为人生的一大问题。

常人战胜死亡的办法十分简单，那就是尽量少去想它。既然生命短暂且只有一个人生，与其整天愁眉苦脸，担心生命的结束，还不如强作欢颜，充分地占有人生，抓紧分分秒秒，去生活，去享受，去创造。活一天，算一天，高兴一天，哪怕有一天死神突然降临，也算没白来人世一遭。再说，人人都得死，怕也没有用，死后什么都不知道了，也就不可能有痛苦了。应该承认，普通人对死亡的这种态度很现实，在大多数情况下也挺管用。但这只是暂时回避了问题，并没有从根本上解决问题。死亡的威胁如同人的身影，我们可以有意不去看它、想它，但它却始终存在，并不时闯入我们的脑海。且不说当我们参加亲友的遗体告别仪式时，当我们祭扫先人陵墓时，当我们自己身患重病时，当我们因年龄到线退出工作岗位时，死亡的阴影会随情随景不时笼罩我们的心头。就是在一些十分喜庆的场合，死神的影子都可能不期而至。例如，儿女们成家立业，喜结良缘，按说应该是最高兴的时候吧，可当父母的为新人大喜大庆地操办完婚事后，却会突然想到，孩子们真是长大了，而自己却老了，该进入人生之剧的尾声了，不由得感慨万千，悲上心头。再如，通过毕生的努力，事业上获得巨大成功，达到了人生的顶峰，在那最辉煌的一刻，也许会想到“这辈子值了”，而“这辈子”三字一出，难免又带出一丝悲凉。由此可见，用回避的办法去应对死亡的问题，虽然有效，但作用有限。

战胜死亡最管用的办法还是确立某种信仰，或者是相信某种宗教，或者是追求某种主义。所有的宗教都设想在现实世界之外，还有一个由神灵主管的更加美好的彼岸世界。人死后，肉体虽然灭亡了，而灵魂则不朽，将在神灵的引导下，走向那个更加美好的彼岸世界。当然了，前提是你必须信教且不折不扣地按照教义去做，否则，你的灵魂就去不了好地方了，甚至有可能下地狱。不管是进天堂还是下地狱，人的灵魂总是不死的。既然人的灵魂不死，那肉体的死亡也就没什么可怕了，无非是换一个世界、换一种活法而已。宗教应对死亡的这套办法，在常人看来既荒谬又可笑，认为那都是迷信，理由是谁也没有进过天堂，见过上帝，彼岸世界根本无法证实。可问题恰恰在于，无法证实的东西往往也无法证伪，现实生活中没有人去过，并不能说明天堂不存在。对相当一部分人来说，有一个彼岸世界总比没有好，所以宁肯信其有，不愿信其无，哪怕只有百万分之一的可能性，也要将宝押在有神灵、有天堂这一边。这大概也是各种宗教迷信几千年来屡遭批判但却长盛不衰的原因之一吧。

对主义的信仰又是另外一套思路。凡能成为人们信仰的主义，大都推出一个宏伟的事业，要求人们将自己有限的生命与这一事业联系起来，为这个事业而奋斗、献身。个体的生命虽然是短暂的，可事业却是永存的。只要将有限的生命投入到无限的事业之中，坚信自己的努力将长留在千秋万代的事业里，人就能战胜对死亡的恐惧。从古代人的“人生自古谁无死，留取丹心照汗青”，到现代人的“将有限的生命投入到无限的为人民服务中去”，都是遵循着这一套思路。所以，对主义的信仰也能帮助人们战胜死亡。

（八）信仰有助于人们找到幸福的感觉

以上从不同的侧面分析了信仰与人生的关系，最后谈谈幸福问题。幸福是一个美好的字眼，人人都向往幸福、追求幸福，渴望自己的一生过得幸福。因此，谈人生问题不能不谈到幸福。可究竟什么是幸福，怎样才能得到幸福，人们的看法并不相同，也并非所有的人都能说出个所以然。依我看，幸福是人对自身境遇的一种感觉。作为一种对客观的反应，幸福自然离不开客观实际，一些好的外部条件，如事业成功、生活富裕、身体健康、家庭美满等，容易使人感到幸福，否认了这一点，就不是唯物主义。但是，绝不能简单地以为这些外部条件就是幸福。感觉毕竟是主观的东西，与人的精神世界和心理状态有直接关系。人的境遇相同，感觉可能完全不同。而人的感觉相同，境遇亦可能完全不同。现实生活正是如此。一些人各方面条件很好，看上去应该很幸福，实际上自己并不感到幸福；而一些外人看来很不幸的人，恰恰自我感觉很幸福。记得有人举过一个小例子。说美国纽约一位亿万富翁的千金，住在宫殿一般的房子里，晚上因失恋而睡不着，在金镶玉嵌的大床上辗转反侧，痛不欲生，自言自语地说："天啊，我是世界上最不幸的人！"与此同时，离富翁豪宅不远的地方，一位露宿街头的叫花子却很惬意地睡在马路上，想到当天的乞讨遇上那么多好心人，要到了不少钱，今后一段时间可以不饿肚子了，很快便幸福地进入了梦乡。这个故事虽然是虚构的，但我认为，它揭示的道理却是真实的。幸福确实是一种感觉，要追求幸福，不能只注意改善人的外部条件和境遇，更应关注人的精神世界。

如果上述观点成立，那就可以十分肯定地说，信仰与幸福正相关，有信仰的人一定幸福，信仰越坚定，幸福的感觉便越明显。因为信仰能给人明确的生存意义，使人感到生活有目标，人生有价值；信仰能够给人完整的世界观、方法论，指导人正确地认识世界，妥善处理生活中的各种问题；信仰能够大大提高人的精神境界和道德修养，使人获得良心的满足和世人的敬重；信仰能够给人满足各种情感需要的精神家园，使人得到来自他人的无私关怀和帮助；信仰能够给人战胜各种艰难困苦的巨大精神力量，使人始终保持一种乐观向上的生活态度；信仰还能帮助人们战胜对死亡的悲哀和恐惧，使人超越自我，超越生命，走向永恒……人有了这样的精神境界和心理状态，能不感到幸福吗？

近一时期，举国上下都在欢庆建党80周年，电视上播放了大量革命历史题材的影视作品，集中反映了先辈们为了新中国浴血奋斗的艰难历程。看过之后，不禁使我想到一个问题：与战争年代的革命先辈比，现在的年轻人是否幸福呢？我认为，从物质生活条件上，现在肯定比过去好得多，岂止是好得多，简直是一个天上、一个地下，根本无法相比。可要论幸福的感觉，恐怕就不能简单地下结论。战争年代条件虽然艰苦，可先辈们大都具有坚定的共产主义信仰，知道自己从事的是人类解放的伟大事业，是在为亿万劳苦大众谋幸福，因而精神上都非常充实，哪怕再苦再累也心甘情愿。如果那时搞一项民意测验，问先辈们是否感到幸福，我想大多数人的回答都会是肯定的。如今，生活条件确实好多了，可如果我们搞同样内容的调查，问人们是否感到幸福，恐怕相当多的人，特别是年轻人的回答将是否定的。为什么？就是因为受各种因素的影响，现在相当一部分人的信仰动摇了、迷失了，有些年轻人甚至从来没有过信仰，不清楚人活着到底为了什么，自己究竟该追求什么，因而很难找到幸福的感觉。想到这些，有时我挺同情现在的年轻人，他们虽然有了非常好的物质生活条件，可却在一定程度上丧失了感受这些条件的内在素质，所以始终找不到幸福的感受。这就像人吃了许多好东西，可却没有了味觉一样。现在不少老同志经常感叹时下的年轻人身在福中不知福，可光感叹又有什么用？有些家长试图通过忆苦思甜、今昔对比解决这一问题，据我所知，效果大都不理想。可见，问题的症结还在信仰上。

信仰与幸福之间的密切关系，还可以通过反面的例子加以证明。“法轮功”问题暴露后，许多同志都感到不理解，一些“法轮功”痴迷者原本都是挺好的人，家庭条件与本人境遇也不错，可自从修炼上“法轮功”，就像中了魔一样，整个儿变了一个人，学业荒废，无心工作，抛妻别子，六亲不认，全部心思都集中到李洪志的所谓法轮大法上，这究竟是为什么？我认为，这也是信仰的力量，是信仰改变了这些人对幸福的认知和感受，以致外人眼中痛苦不堪的修炼，他们却从中找到了幸福。正因为他们从修炼中感受到幸福，所以一般的劝说对他们根本不起作用。有时，他们还会反过来做工作，向劝说者大谈修炼的种种好处。再说多了，个别人甚至会怀疑劝说者是专门来破坏他幸福的“魔”，以致向亲人举起屠刀。“法轮功”之所以能诱惑人，一旦迷上了“法轮功”之所以难以解脱，道理就在这里。为什么我们党要将“法轮功”定为邪教，而不是简单地定性为反动组织，其原因也在这里。

认清了信仰与幸福的上述关系，也就不难理解信仰教育的价值。既然幸福是对个人境遇的主观感受，要使人感到幸福，办法无非是两种：一是改善人们的物质生活条件，进而改变他们的人生境遇；二是帮助人们树立某种信仰，从而改变他们对幸福的感受能力。二者相辅相成，缺一不可。而我们所进行的理想信念教育，则是使二者结合的最佳渠道之一。因为人们一旦树立起为共产主义事业奋斗的远大理想，一方面能够积极投身于建设有中国特色的社会主义伟大事业中，通过发展生产力，不断提高人们的生活水平，改善个人境遇；另一方面亦能通过树立信仰，形成感受幸福的能力，从事业中、奋斗中找到幸福的感觉。

三、信仰危机带来的问题

前面，我们分析了信仰与人生的关系，从不同的侧面阐明了树立正确的信仰对人生幸福是多么重要。应该说，这些还只是从一般意义上讲的。人类进入现代社会后，对信仰的需求越来越旺盛、越来越急迫，信仰问题更加突出了。这主要是因为：（1）现代社会使人们的物质生活条件获得极大改善，生活水平不断提高，大多数人不再终日为衣食所愁，如何活着基本不成问题了，为什么活、怎样活等问题便凸现出来，而这类问题只有通过信仰才能解决；（2）现代社会使人们的劳动时间不断减少，闲暇时间大量增加，更加需要通过信仰，找到一个超越现实的生活目标，以便围绕这一目标安排自己的业余生活，丰富自己的精神世界；（3）现代社会明显减弱了人们之间直接的相互依赖，使个人在政治上、经济上、思想文化上以及生活道路选择方面有了更多的自由，可同时又使人相互隔膜，产生无依无靠的孤独感，迫切需要通过信仰，与社会、与集体、与他人重建一种新型的交往关系；（4）现代社会中的不确定因素越来越多，生活节奏明显加快，人们普遍缺乏安全感和稳定感，更加需要通过信仰，获得精神支柱，提高承受能力，以应付随时都可能出现的矛盾、挫折和烦恼。

总之，科学技术越发展，物质生活越进步，人们对信仰的需求便越迫切。可恰恰是在人们最需要信仰的时候，人类的信仰世界却出了问题，而且是大问题。无论是在东方，还是在西方，无论是发达国家，还是发展中国家，无论是资本主义社会，还是正在探索中的社会主义社会，原有的信仰无一例外地遇到了严峻的挑战，有的甚至完全崩溃，而新的信仰却始终未能确立起来，以致社会上出现了巨大的信仰真空，并由此带来一系列严重问题。

关于西方发达国家的信仰危机，过去经常被人提及，这里不妨再扼要地介绍一下。大家都知道，西方文明发源于古希腊。从古希腊著名哲学家柏拉图起，西方人就接受了关于“两个世界”的构想。即认为在人们肉体生存的现实世界之外，还有一个灵魂所在的精神世界。这两个世界截然不同，前者是感性的、丑恶的、相对的、暂时的，而后者是理性的、美好的、绝对的、永恒的，因而后者高于前者。人生的意义、价值只能来自精神世界。后来，基督教将这一思维模式神秘化、神学化，进一步将其演化为一套完整的教义。即认为柏拉图所说的精神世界就是上帝的世界，世间的一切都是上帝创造的，因此，人生的目的就是皈依上帝，做上帝忠实的仆人，按照上帝的旨意去行事、去赎罪，上帝是人世间一切价值的源泉，上帝及其使者基督的言行是判断一切是非的标准。两千多年来，就是这么一套东西构成了西方人的信仰，成为他们安身立命的精神支柱。

到了近代，随着科学技术的发展，建立在“两个世界”构想基础上的基督教信仰遇到了极大的挑战。不少资产阶级思想家运用自然科学的最新成果对基督教进行了无情的揭露和彻底的批判，支撑了西方人精神大厦两千多年的基督教信仰开始动摇了。特别是随着马克思主义的创立，革命导师们运用历史唯物主义做武器，不仅深刻批判了基督教的反动本质，而且揭示了宗教现象产生的认识根源、阶级根源和历史根源，给了传统基督教信仰致命的一击，使基督教的秘密大白于天下，动摇了其作为信仰的根基。于是，有人站出来大声宣布“上帝死了”。

作为21世纪的东方人，我们很难体会“上帝死了”对西方人精神世界造成的冲击。既然上帝死了，那也就没有彼岸世界了，每个人只有一个短暂的人生，死意味着一切都彻底结束；既然上帝死了，人的灵魂生活便失去了依据，或者说根本就没有灵魂生活，人和动物没有质的区别，任何精神追求都是徒劳的；既然上帝死了，那也就没有了价值的本源，人只是极偶然地来到这个世界，根本没有什么人生目的，所谓生命的价值、人生的意义都是一些人编出来的，都是骗人的；既然上帝死了，那也就不用担心末日审判了，人不再需要对任何人负责，什么事情都将是容许的，想干什么就可以干什么，怎么对自己有利就可以怎么做。总之，现代西方社会在精神生活领域所暴露出的所有问题，几乎都可以追溯到这个“上帝死了”。

西方思想家对“上帝死了”的后果早有认识，深知人类不能没有信仰。于是，一些人提出用人来代替上帝，用人本主义来取代神本主义。他们认为，上帝虽然死了，或者说根本就是不存在的，可人却是实实在在的，人本身就是目的，人的需要就是一切价值的源泉。既然没有了来世，没有了彼岸世界和永恒，那就抓紧有限的生命，多多地赚钱，尽情地享乐，把这辈子过好。而要想增加消费和享受，首先必须提高生产力，通过发展科学技术征服自然，充分利用各种资源。于是，便有了占据西方人精神世界几百年的人本主义、享乐主义和科学主义。

以人本代替神本，以物质消费代替精神追求好像是解决信仰问题的办法，可实际上却经不起深入推敲。首先，以人为本的人究竟指的是什么？是指作为整体的人类，还是指单个的人？对建立在个人主义基础上的西方文化来说，显然是后者。即以人为目的就是以每个人为目的，个人是最重要的，个人的需要是一切价值的源泉，个人利益加起来就是集体的利益、社会的利益、人类的利益。可继续追问下去，个人又是什么？若不讲集体、社会、人类，答案只能是：一个有欲望、有意识和自我意识的有限生命体。人的欲望、意识都是流动的，一个欲望满足后便会产生新的欲望，一种意识闪现后又会出现新的意识，从某种意义上说，人就是一束不断变化、极不确定的欲望流、意识流。这也就带来一个问题：这种有限的生命，这种本身就不断变化、极不确定的欲望流、意识流，真能代替上帝，成为新的本体，成为一切价值的源泉吗？西方现代哲学家深入地探讨了这一类问题，他们的结论是：在现代社会中，不仅上帝死了，作为主体的人也死了。

上帝死了，人也死了，理性、真理、意义、价值、理想、信念等所有与本体有关的东西统统不存在了，那么，这个世界还能剩下什么呢？显然，只剩下了欲望和对欲望的满足。人活着就是为了个人的享乐，为此，就必须想方设法去赚钱，去征服自然，战胜同类。赚钱机器加消费动物，这就是西方社会现代人生活的全部内容。所以，从某种意义上说，西方社会在精神信仰领域已走上了绝路，再也提不出能被人们奉为信仰的东西了。如果说人还有一点精神生活，那也只是一些毫无意义的“语言游戏”。理解了这一点，我们对西方社会生活和精神生活领域中出现的自杀、吸毒、性放纵及各种光怪陆离的现象就不会感到奇怪了。

以上介绍的是西方发达国家精神信仰领域的状况，我们中国的情况有所不同。一般来说，从古代起，中国人就很少有明确的“两个世界”的概念，不大在意人死后魂归何处，而特别关注现实的人生。所以，中国人大都没有西方人那么虔诚的宗教信仰。虽然从表面上看，中国也有宗教，包括土生土长的道教，从国外传来、一度影响很大的佛教，主要在少数民族中传播的伊斯兰教，以及近代随帝国主义枪炮而来的基督教、天主教等，但从总体上看，历史上还没有哪一种宗教能长时间地占据中国人的精神生活，社会上真正虔诚的宗教徒并不多，绝大多数中国人不信教或者说没有宗教信仰。虽说有些人也参加宗教活动，常去庙里烧香拜佛，显得一些宗教场所香火很旺，很热闹，可严格地说，他们大都不是为了精神上的信仰，而是为了现实生活利益而去求助于神灵，所以，其实质上是一种迷信。记得好像是鲁迅先生说过，中国农村一些老太太去庙里烧香，先供上二两猪头肉，恭恭敬敬地磕几个头，然后便开始向菩萨祈愿了，要求菩萨保佑她无灾无病，身体健康，保佑她的子孙个个出息，升官发财，保佑她的家庭平安和睦，添丁进口，以至国泰民安，风调雨顺，五谷丰登，六畜兴旺，但凡她能想到的好事，都要向菩萨求一求。祈愿完了，再磕几个头，起身回家，随手把二两猪头肉拎上，拿回家给老头子下酒去了。鲁迅先生说，若我是菩萨，断不会去保佑她，上那么一点贡，祈那么多的愿，做买卖都不能这么干，何况是拜佛。由此可见，烧香拜佛和宗教信仰是两回事。

中国人大多不信教，可又不能没有信仰，那么这几千年多数中国人都信仰些什么呢？学术界比较一致的看法是：儒家的思想长期以来一直统治着中国人的精神世界。儒家有一套相当庞大的思想体系，在此不可能展开介绍，只强调一点，即儒家学说虽然不是宗教，但却能够提供宗教信仰所具有的绝大多数功能。例如，凡是宗教都推行教主崇拜，将教主的论述奉为经典，要求信徒不折不扣地执行。儒家虽然不拜上帝、真主、佛陀一类的人格神，但却要求人们供奉天地君亲师，并将儒家代表人物的著述作为自己的经典。在宗教典籍中，教主们大都提出并阐述一些终极价值，作为芸芸众生的人生指南。儒学虽然没有神灵世界的假设，但也提出了一套立足于尘世生活的最高价值，如忠君爱国、光宗耀祖等，要求人们去认同、去追求，并在追求中体会生命的意义和价值。正因为儒学具备了上述功能，所以千百年来虽然中国没有普遍的宗教信仰，可中国人却并未感到信仰的缺失。换句话说，在传统文化的熏陶下，中国人将自己的人生与一定的社会理想联系了起来，以此作为安身立命的根基。社会信仰、政治信仰被用来弥补中国人宗教信仰的不足。

儒家具有准宗教的性质，统治了中国两千多年，一直满足着人们对精神信仰的需求。可儒家思想毕竟是封建地主阶级的意识形态，随着近代以来中国社会性质的逐渐演变，儒家思想的正统地位开始受到冲击。特别是辛亥革命推翻帝制和“五四”新文化运动的兴起，彻底地动摇了儒家正统地位的根基。人们开始怀疑儒学提倡的那一套价值观念体系，不再将儒家思想作为自己的信仰了。

旧的信仰动摇了，可当时进步的中国人并不感到信仰危机。因为随着新文化运动而来的，是马克思主义传入中国。马克思主义是新兴无产阶级的世界观和方法论，它有一个相当完整的思想体系，能解答从世界本源到人生价值等各种与信仰有关的问题，完全有条件成为人们新的信仰。马克思主义传入中国后，立即与中国人民反帝反封建的新民主主义革命运动相结合，在实践中获得极大成功，迅速改变了中国革命和中国社会的面貌，因而迅速为追求进步的中国人所认识、所接受，越来越多的中国人开始学习马克思主义，宣传马克思主义，以马克思主义作为自己的信仰。特别是 1949 年中国革命的胜利，使马克思主义的威信达到了最高点，一段时间里几乎成为全社会共同追求的信仰。在随后的 30 年，虽然我们党犯了一些错误，社会主义革命和建设遭受了挫折，甚至发生了“文化大革命”这样严重的内乱，可马克思主义在人们心目中的地位却始终没有动摇，仍然是大多数人追求的信仰，整个社会并不存在信仰危机。那时的中国人，在物质生活方面几乎是啥都缺，唯独不缺信仰，信仰危机一词是专门用来描绘西方世界的。

可是，只要我们敢于正视现实，恐怕就不能不承认，改革开放20多年来，人们的信仰世界出现了许多新情况。一是国家实行对外开放，建立社会主义市场经济，整个社会的经济结构、利益格局和阶级关系都发生了深刻的变化，对人们的思想观念包括信仰追求产生了决定性的影响；二是东欧剧变、苏联解体、国际共产主义运动和社会主义事业遭受重大挫折，使人们对马克思主义的真理性产生了怀疑；三是在改革开放的新形势下，相当一批党员领导干部未能经受住考验，以权谋私，脱离群众，直到走上腐败犯罪道路，极大地败坏了马克思主义的威信；四是随着我国对外交往的扩大和信息技术的发展，原有的思想屏障已失去作用，国外各种政治思潮不断涌入，对马克思主义的正统地位提出了挑战；五是全党对新形势下思想领域的斗争重视不够，出现了明显的“一手硬、一手软”的现象，放松了思想政治工作，未能用马克思主义及时回答和解决人们思想上的各种困惑。由于以上这些情况的出现，社会上相当一部分人不再信仰马克思主义了，我们国家第一次出现全社会性的信仰危机。

总之，正常的人生需要信仰，现代社会进一步增强了人们的这种需求。可现实生活中，信仰世界却是一片混乱，传统的信仰无一例外受到严峻挑战，而新的信仰又未能及时确立起来。供需如此不平衡，导致了一系列严重的社会问题。具体说，当前人们在信仰方面出现了四种情况。

1. 最常见的情况是不再追求信仰了，转而追求个人事业上的成功。

既然人世间的一切都不可信，那就只有相信自己了；既然人生本无目的，那么自我就成为目的，自我就是一切；既然没有了来世和彼岸世界，那就抓紧时间，充分占有、利用和享受这有限的人生。而所谓个人事业上的成功，无非是三个方面，或者说三条路。一是走仕途，谋求当大官；二是去经商，力争发大财；三是做学问，著书立说，成名成家。这也就是人们常说的红、黄、黑三道。

从表面上看，追求个人事业的成功是非常现实的选择。红、黄、黑三道无论哪一条走通了，都可以名利双收，无愧人生。一方面能得到社会的承认，获得可观的经济收入，使自己及家人过上富足、体面的生活；另一方面，又能得到个人心理上的满足，感到自己的聪明才智得以发挥，自我价值得以实现。人有了事业追求，生活中就有了奋斗目标，有了前进动力，精神上一般也不会空虚。而且，个人事业的发展永无止境，天下的钱赚不完，当官的瘾过不够，做学问更是没有尽头，足够让人们为之奋斗一辈子的。物质上很实惠，精神上也不颓废，追求事业似乎是人们失去信仰后解决安身立命问题的最佳选择了。为什么现在社会上那么多的人鼓吹个人奋斗，渴望事业成功，其道理就在这里。可是，对个人事业的追求真能够取代信仰吗？我认为，至少有四个问题是难以解决的。

一是对个人事业的追求不可能总是一帆风顺，难免会遭遇困难，经受挫折，付出代价，甚至出现事业停滞不前的时候。如做生意有赚就有赔，不可能有常胜将军，商场如战场，处处有陷阱，稍不留意就可能让你倾家荡产；走仕途如同爬金字塔，越往上位置越少，竞争越激烈，每个人都会有职务再也升不上去的那一天；做学问的路虽宽一些，可人的创新精神也是有限的，再伟大的科学家也有学术水平停滞不前的时候，不可能源源不断地拿出高水平的科研成果。一旦出现上述情况，如果没有信仰做支撑，人就会陷入巨大的痛苦之中，觉得自己过去白干了，得不偿失，认为自己全完了，走到头了，今后没希望了。一些商人之所以破产后自杀，一些官员之所以离任后异常烦恼，一些学者之所以落伍后一蹶不振，原因就在这里。相反，有信仰的人就大不一样，他会以一种出世的精神去做入世的事业。在他看来，为信仰而奋斗是神圣的、不图回报的，奋斗中遇到困难和挫折非常正常，付出代价也在所难免。正因为有困难，所以才需要去奋斗，正是因为奋斗有牺牲，才显示出信仰的价值。能看到奋斗的结果固然好，即便看不到也无怨无悔，因而永远不会有灰心失意的那一天。

二是对个人事业的追求容易造成人际关系的紧张。因为在为个人事业奋斗的过程中，人们的利益往往是直接对立的。商场上，一个人的所得很可能是许多人的所失；官场上，一个人升上去了，就意味着其他人上不去了；做学问的人之间也会有竞争，也难免有门户之见、文人相轻。如果每个人都只考虑个人的利益，追求个人的成功，势必造成相互关系的对立和紧张，引起嫉妒、猜疑、钩心斗角、相互算计，给人生带来无穷的烦恼。即便通过心机加上机遇，个人在竞争中得到了成功，可同时也会失去做人的一些基本的东西。与个人奋斗不同，信仰一定是集体的事业，要靠众人共同努力去实现。在为共同信仰而奋斗的过程中，人与人之间最容易同生死、共患难，结下深厚的友情。而这种基于共同事业的、不带任何功利的友情，恰恰是人最需要的东西，是多少钱也买不来，多少知识也换不到，多大权力也无法占有的。

三是对个人事业的追求很容易导致以个人为中心，个人至上，为达目的，不择手段，从而走上邪路。例如，现在商场竞争激烈，生意越来越难做，走正路子赚钱很不容易，一些人一心想发财，可又没有真本事，加上没有信仰支撑的道德底线，于是就去搞邪门歪道，搞造假、走私、行贿那一套。又如现在当官也不容易，工作上要求很高，可规定内的物质待遇却比较低，二者不成比例。在这种情况下，一些人会心理失衡，用权力为自己捞好处，一而再，再而三，胆子越来越大，直到把自己送进去。这方面的例子太多了，举不胜举。而在有信仰的人中，这种情况是绝不可能出现的。

四是追求个人事业的成功还有一个重要问题解决不了，那就是“成功以后又怎么样”。在人们未成功时，成功就是目的，可一旦成功后，人们才发现，成功本身并不是人生的目的。例如，当人们下海时，赚钱就是目的，一切都为了赚钱。可一旦人发了财，有了几辈子都花不完的钱以后，就会面临赚钱为什么的问题。如果他有信仰，便会把钱用在信仰所要求的方面，如果他赚钱只是为了个人生活享受，照理他就该不干了，或想方设法将到手的钱挥霍出去，于是便讲排场，比阔气，花天酒地，一掷千金。从表面上看，这种生活很潇洒，令人羡慕，实际上他们只是挣钱机器加消费动物，其内心的感觉并不好。用一些人的话来说，穷得只剩下钱了。

总之，个人事业的成功很有诱惑力，似乎可以取代信仰成为人们新的追求，似乎外在的匆忙和喧嚣能麻痹内心的不安，财产和知识的富裕可填补精神的贫困。但实际上这是不可能的。因为，个人是有限的，个人的事业也是有限的，再辉煌的个人事业也会随着个体生命的结束而结束。与人的生命相比，任何个人名利都显得太轻微，都不足以耗尽生命为之奋斗。可如果什么都不追求，都不去做，岂不更是对生命的浪费。这就是为个人事业奋斗中最深刻的、靠自身根本无法解决的悖论。

2. 现实生活中真正能干成一番事业的人只是少数，多数人受主客观条件限制，即使有这份心，也未必有这个命。于是，社会上出现了一大批自甘平庸、讲求实际的小人物。

他们精神上没有追求，物质上又追求不到，只好沉沦在平凡琐碎的日常生活中。对他们来说，生活就是养家糊口过日子，就是柴米油盐、“三饱两倒”、家长里短、鸡毛蒜皮。生活本身如此艰难，上有老，下有小，上学、治病、买房、养老，事事处处都要钱，而自己却随时都有下岗的可能，能凑合地活下去已属不易，岂敢对生活抱过高奢望，只求能找一个相对稳定一点的职业，想办法多挣一点钱，尽量将生活安排得好一些，无灾无病，平平安安。如有空闲，那就看看电视，打打麻将，走亲访友聊聊天。他们在生活中有数不清的苦恼，对社会不公和各种丑恶现象也非常不满，可又无力改变现状，只好反过来提高自身的心理平衡能力，比上不足，比下有余，凑凑合合，得过且过，跟着感觉走，没事偷着乐。他们非常讲究实际，对信念、理想、主义一类的东西一点不感兴趣，“什么信仰不信仰的，信仰又不能当饭吃，没有信仰照样过日子”，“什么灵魂得救、彼岸世界，这辈子的事都还忙不过来呢，哪有工夫考虑下辈子的事。”如果说第一类人还有个人理想、事业追求，还有对未来的美好期望，那么这些生活重压下的小人物，大都实际得连这方面的幻想都没有了，唯一的希望就是自己的孩子能有点出息，长大后出人头地，能过上好日子，自己好多少沾点光。追求个人事业如能成功，还有机会潇潇洒洒地享受人生，可对这些小人物来说，每天只是打发时光，消磨岁月，活着就是活着，活着就是一切。

每个人只有一个人生，谁也不愿意过这种平淡无奇、毫无希望的生活。所以，一般来说，小人物最相信命运，最希望生活中能有奇迹发生，别看他们钱不多，可对彩票一类的东西却十分着迷，买起来大方得很。小人物也最容易受宗教包括各种邪教的影响。如果因某一偶然的机会，他们碰上一位自称“大师”“高人”的神秘人物，为他表演一套神奇的功法，讲述一番玄而又玄、似是而非的理论，允诺只要拜其为师，并不折不扣地遵从师父的教导，就能够彻底改善自己的生活，小人物们很容易为之心动，信以为真，稀里糊涂地投入“大师”的怀抱，以至深陷其中而不能自拔。这方面的事例太多了，“法轮功”及其他一些邪教组织的大多数信徒，都是这种生活平淡又不甘于平淡，缺少信仰又渴望得到拯救的小人物。

3. 现实生活中还有一种人，他们缺少干一番事业的本领和信心，可又不甘心沉沦，看到了社会上大量丑恶现象，却又说不清原因及解决办法，精神上实在找不到出路，既痛苦又无奈，于是自暴自弃，玩世不恭，干脆放弃对一切美好事物的追求，彻底否定理想、信念、价值、意义、道德、责任、使命等精神追求，走上一条游戏人生的道路。

著名作家王朔笔下的人物就是其典型代表。王朔是 90 年代最走红的作家之一，他的代表作有《顽主》《橡皮人》《一点正经没有》《玩的就是心跳》《过把瘾就死》《千万别把我当人》《我是你爸爸》等，仅从这些书名，就不难看出作者的创作倾向。王朔在作品中大量塑造了这样一种人，他们自以为看破红尘，不相信人世间还有高尚的、美好的东西，赤裸裸地追求金钱、追求享受、追求个人的利益。为了达到个人目的，他们吹牛撒谎，坑蒙拐骗，无所顾忌，不择手段。有了钱后，就纵情声色，放荡不羁，花天酒地，胡作非为。对于社会舆论和他人的谴责，他们根本不放在眼里，自甘堕落，满不在乎，没皮没脸，没心没肺，以致将人的尊严彻底抛在一边，以痞子、无赖、流氓、恶棍的面孔出现，用胡说八道来调侃、消解、嘲弄一切正统的价值观念，亵渎所有美好、高尚、神圣的东西。一句话，他们不把别人当人，也不把自己当人，把所有人之为人的东西统统消解掉，使人彻底地粗俗化、非道德化、动物化。

应该承认，从塑造人物的角度看，王朔的作品还是相当成功的，目前，社会上确有一些人持这种游戏人生的生活态度。所以，90 年代以来，围绕王朔及其笔下人物，文学界、思想界曾展开了一次有关人文精神的大讨论。相当一批有社会责任感、有良知的作家、学者对王朔及其作品持批判态度。指出王朔笔下的人物是信仰迷失后的社会怪胎，是人类精神堕落的产物。他们不但自己彻底垮掉了，躺在污浊中不起来，而且还想方设法把其他人都拉倒。说得难听一点，就是自己沾了一身大粪，还硬要往人堆中挤，想把大家都弄得臭烘烘的。王朔现象的出现不是偶然的，它是社会信仰危机的必然结果。从反面告诉人们，一个社会的精神支柱是多么重要。当然，讨论中也有不同意见。也有一些人包括曾担任过文化部门领导的著名作家对王朔及其笔下人物持肯定态度，认为他们具有消解传统意识形态束缚的积极作用。这里暂且不去评论谁对谁错，只想强调一点，即社会发生信仰危机后，势必出现王朔笔下“我是流氓我怕谁”式的痞子英雄。

4. 最后一种情况是转向宗教，以宗教作为自己新的信仰。

据国务院宗教事务管理局领导同志介绍，改革开放 20 多年来，受各种因素影响，国内信奉道教、佛教、伊斯兰教、天主教、基督教等传统宗教的人数大幅度增加，现已达到一亿多人，大约占全国人口的8%~10%。这个数字还只是比较正式的教徒人数，不包括有一定宗教倾向，偶尔参加各种宗教活动者，后者的数目肯定大得多。香港一份杂志分析，中国的佛教徒大约有1.3亿人，天主教、基督教徒约6000万人，伊斯兰教徒4000万人，道教徒和信仰各种民间宗教的也在1亿以上。加在一起，信教者大约占总人口的四分之一。当然，这一数字可能不准确，但近些年社会上宗教影响不断扩大却是不容否认的事实，全国各地的各种宗教场馆越修越多，而且香火都很旺就是有力的证明。参观这些宗教场所时我们常能发现，信徒的成分也已发生变化，一些衣冠楚楚、显得很有身份的人，一些风华正茂的莘莘学子，甚至个别党政干部、现役军人，也加入了虔信者的行列，这就更加突出了信仰问题的严重性和紧迫性。

问题的严重性还不在信教人数的增加，而在于现在有不少人包括一些很有影响的学者对宗教信仰公开持肯定、鼓励的态度。他们提出，既然人总要信点什么，而原有的那一套正统的东西又不能令人信服，与其什么都不信，还不如让人们信奉宗教。一个人若真信了教，精神便有了寄托，道德就有了根基，最起码不会去干坏事了。有人甚至说，中国的所有问题都与国民没有虔诚的宗教信仰有关，因此，要想拯救中国，造福于中国百姓，当前最需要做的是想办法让人们尽可能地去信教，而且佛教、道教等太中国化的宗教都不一定行，最好是信天主教、基督教等洋教。这种看法虽然有些极端，不能代表思想舆论界主流，可它能提出并公开发表，本身就能说明一些问题。

更值得注意的是，在传统宗教影响不断扩大的同时，近些年社会上各种邪教包括以功法面目出现的邪教也大量滋生蔓延。仅媒体上公开披露的就有主神教、三元教、灵灵教、门徒会、新约教会、天父的儿子、观音法门等，而其中影响最大、破坏性也最大的要数“法轮功”了。中央将“法轮功”定性为邪教，我认为非常准确。邪教也是教，凡邪教一般都具有宗教的某些特征，能满足人们对精神信仰的需求，所以才能欺骗人、吸引人，使人痴迷其中而无法自拔。定“法轮功”为邪教，是因为它反科学、反社会、反人类，直接影响社会稳定，损害信徒的身心健康，破坏人们的幸福生活。正是因为“法轮功”的欺骗性和危害性都很大，所以才需要我们高度警惕并与之做坚决的斗争。

本课开始时，我曾经提出一个问题：李洪志这么一个文化素质并不高的江湖骗子，靠东拼西凑编出一套荒诞无稽、漏洞百出的歪理邪说，竟能使那么多人，包括一些文化层次很高的人上当受骗，为之倾倒、痴迷，直至做出伤害亲人、对抗政府、跳楼自焚一类的事情来，这到底是怎么回事？我认为，讲清了信仰与人生的关系，认识到信仰生活对人的重要意义之后，这个问题也就有了答案。“法轮功”之所以能够迷惑人，是因为它满足了人们对信仰的部分需求。而“法轮功”之所以如此猖獗，则是因为我们社会在信仰方面遇到了问题，出现了信仰危机，以致这个社会太需要信仰了，有些人已开始饥不择食。我曾经“专研”过李洪志的所谓“法轮大法”，发现在人生需要信仰的各个方面，“法轮功”几乎都有所涉及，有所满足。例如，人们希望认识世界，需要一套解释各种自然现象、社会现象和人类精神现象的知识系统，李洪志就提出“多层空间论”，妄说宇宙有许多空间，人类所能感知的是最低层次的空间，并试图用这一理论去解释自然科学特别是人体科学中的种种悬案，从史前文化现象、飞碟一直到所谓人体特异功能，宣称只有他才能将“人类物质存在的空间、生命及整个宇宙圆满地讲清”。再如，人们需要一种理论来解释个人的境遇，来排解生活中的各种烦恼，李洪志就偷用了佛教的“业力说”，提出人之所以遭受磨难都是因为前世做了不好的事，形成了业力，故遭报应。要想彻底摆脱烦恼，只有修炼“法轮功”，练功之后，人遇到的所有困苦，都将转化为德和功。这样，人再苦再累，心理也能平衡。又如，人们需要寻找生存的意义，为自己确定一个值得毕生为之奋斗、牺牲的最高目标。李洪志就提出人都是因为违背了真善忍的特性，从高层次空间掉到最低层次空间的，所以才会受苦受难。因此，人生的目标就是通过修炼“法轮功”，重获真善忍，使自己离开人世，逃离苦海，进入上一层次空间。此外，在提供战胜各种艰难困苦的精神力量，构建满足人们情感需要的精神家园，形成人们道德行为的内在依据，帮助人们战胜对死亡的悲哀和恐惧，以及帮助人们找到幸福的感觉等方面，“法轮功”都有一套行之有效的办法。所以，我认为，认清了信仰与人生的关系，了解了当今世界信仰领域的真实情况后，再去看李洪志的那一套法轮大法，就会发现李洪志还是很有心计的，虽然他编出来的东西漏洞很多，经不起推敲，但却很有针对性。一些在信仰方面饥不择食的人因此而上当受骗，是一点儿都不奇怪的。

信了邪教后会有什么后果，我想不用多说了。我们党同“法轮功”的斗争虽然取得了决定性的胜利，但我认为，光批倒批臭一个李洪志，取缔“法轮功”一类的邪教组织还是不够的，这些仅是治标。关键还是要想办法帮助人们树立正确的信仰，这才是治本。治标是必要的，但只能管一时一事，治本才能从根本上解决问题。否则，今天我们破解了一个“法轮功”，今后保不准又会有新的邪教组织冒出来。

今天的课就讲到这里。概括今天所讲的内容，其实就是两句话：信仰很重要，信错了不得了。至于我们应该树立什么信仰，怎样才能坚定地树立起正确的信仰，留待下次再讲吧。

读书漫谈（上）[1]

来所工作后，根据机关安排，在不同场合讲了几次课，得到大家许多鼓励。不少同志希望我继续讲下去。讲什么？一些同志提出，从你的讲课可以看出读过一些书，就给我们谈谈读书吧。这些同志的用意和心情，我很理解，按说也该尽力满足，但要我来向大家讲读书，确有点力不从心。因为，这个题目实在太大了，不知该从何说起，更主要的是资格不够，历来都是名人、大学问家才谈这个话题。我虽然比在座的各位年长几岁，可能多看过几本书，但毕竟阅历有限，学识浅薄，实在不敢不自量力，枉为人师。所以，这个题目曾几次提起，又几次放下。前不久，组织科安排今年全所的大团日活动，又重提此事，并说上级机关要求开展读书活动，加强对团员、青年读书的具体指导。我所一些年轻同志平时很喜欢读书，但也遇到不少疑难，迫切需要帮助。话已讲到这个份儿上，一时又请不到高人，只好由我来滥竽充数了。

① 本稿写于 1997 年。

接受这个任务后，翻阅了名人名家谈读书的一些材料，发现大师们一般都是从三个角度来谈这个问题的：一是读书目的，二是读书方法，三是读书内容。所以，下面我也就依样画葫、东施效颦了。

今天，先谈读书目的。

为什么要读书？按说这根本不应成为问题。书籍是知识的载体，人类要生存，要发展，就必须著书、读书、藏书，以此来完成经验的传递和知识的积累，实现社会的不断进步。不能想象如果没有了书，人类的今天会是什么样子。对于个人也是一样，读书是学习知识技能，接受社会规范，进而成为合格公民的基本途径。社会越是向前发展，成为一名合格公民所需要学习的东西就越多。所以，要讲读书有什么好处，可以说的话太多了，几天几夜也讲不完。为了方便说明问题，不妨按直接目的来划分，将读书分为带功利性的和不带功利性的两大类。

所谓带功利性的读书，是指为了学业、职业或其他明确目标而进行的读书。功利又分个人的功利和国家、民族、社会的功利，因而带功利性的读书又可划分为为个人而读书和为国家、民族、社会而读书。

为个人而读书是很常见的。我们从小到大，读小学、中学、大学以至读研究生、博士生，很大程度上都是为了个人的生存和发展。书读得好，就能考个好学校，毕业后找份好职业，将来事业有成，出人头地，名利双收，光宗耀祖。眼下，相当多的家长就是以此来教育子女的：好好读书，长大后才有出息，当这个家、那个长，否则将来只有扫马路、捡破烂、挑大粪去。

这种劝人为个人功名而好好读书的情况古已有之，最典型的莫过于宋真宗赵恒的《劝学诗》：

富家不用买良田，书中自有千钟粟。

安房不用架高堂，书中自有黄金屋。

娶妻莫恨无良媒，书中自有颜如玉。

出门莫恨无人随，书中车马多如簇。

男儿欲遂平生志，六经勤向窗前读。

古时读书的这诸多好处，大都是通过科举及第来实现的。科举是隋唐以后封建统治者用以选拔人才，补充官吏队伍的一种考试制度。在科举制度下，“学而优则仕”，读书人寒窗苦读经书，经过乡试、会试直至皇帝亲自主持的殿试，考取了进士以至状元之后，便可以直接当官。而一旦当上了官，“千钟粟”“黄金屋”“颜如玉”等就都有了。读书成了年轻人平步青云、登堂入室，进入上层社会的敲门砖。

封建教育从小就强化人们读书做官的观念。旧时念私塾，先生教的第一首诗就是：“天子重英豪，文章教尔曹，万般皆下品，唯有读书高。”当然，读书高那是在科举及第，当了大官之后，如果考不上秀才、举人、进士，当不了官，那就是另外一种境遇了。鲁迅先生写的《孔乙己》，在座的同志可能都看过，它反映的就是封建社会读书人科举失败后的悲惨命运。清代写《聊斋志异》的作家蒲松龄，年轻时热衷功名，可时运不济，总也考不上。到老了，才把功名参透，写了一首发牢骚的诗：“文章相沿几千秋，令人一见皱眉头。世间万般皆上品，唯有读书是下流。”

为个人读书好不好？我认为，似乎不宜简单地下结论。因为，存在决定意识，人类社会发展到今天，还不可能做到人人平等，共同富裕。既然总会有差异，那么该由什么来决定个人的社会地位和经济状况？显然，鼓励年轻人好好读书，长大后凭真才实学来建功立业，相对说还是比较合理的。科举制度有弊病，但总比跑官、买官好；“学而优则仕”不全面，可总比“闹而优则仕”好；凭考分上大学对部分人可能不公平，也总比走后门上大学强。所以，尽管为个人目的而读书不是我们的最高理想，不值得倍加赞赏，大力提倡，但也不宜一概加以排斥、反对。

与为个人读书相对应的是为国家、民族、社会而读书。典型的事例是少年周恩来提出的“为中华崛起而读书”。那是在 1911 年秋，12 岁的周恩来随伯父来到沈阳，转到奉天东关模范小学读书。在一次修身课上，老师提出一个问题：“读书为了什么？”当时，同学们的回答五花八门，有的回答为了将来能当官，光宗耀祖；有的回答为了学数学，好帮父亲记账；还有的说不知道为什么，是我爸爸叫我来的。轮到周恩来发言，他站起来坚定地说：“为中华之崛起”。显然，比起为个人而读书，周恩来的境界要高得多，因而能产生更饱满的热情、更刻苦的精神、更坚强的毅力，进而取得更大的成就。因为，读书是很艰苦的事情，要想读出点名堂，常常需要战胜自己，付出代价。如果只是为个人而读，很容易产生值不值得的疑虑，稍有所获，又容易满足。只有树立远大的目标，才能产生无穷的动力。在这方面，青年毛泽东也为我们做出了榜样。

毛泽东出生在湖南长沙一个普通农民的家庭。父母都没什么文化，送他上私塾，原本指望他识几个字，好帮父亲记账。可毛泽东从小爱学习，不满足于识字算账，总想多读一点书，为此父子俩经常发生争执。有时为了晚上偷偷看会儿书，少年毛泽东要用蓝布被子遮住窗户，不让父亲看见灯光。毛泽东十二三岁时，就把当时乡下能找到的书全读完了，为了继续求知，他经常起早贪黑，跑几十里崎岖的山路，到有书的人家借书看。稍大一些，毛泽东读了一本关于帝国主义列强如何瓜分中国的小册子，思想上受到很大震动，深深地为国家、民族的前途担忧，产生了“国家兴亡，匹夫有责”的观念，开始把读书与救亡图存联系起来。青年时代的毛泽东以天下国家为己任，如饥似渴地读书学习。他认为国难深重，时局危急，迫切需要苦学求知，以赴国难。平时与朋友交往，他只谈大事，谈人类社会的发展、中国的前途出路，长期坚持“三不谈”，即不谈金钱物质，不谈家庭琐事，不谈男女私情，把全部精力都用到读书学习上。有一段时间，毛泽东在省立第一图书馆自修，总是一开门就进去，中午买几个烧饼充饥，一直到闭馆才离开，天天如此，风雨无阻。在那里，他不仅阅读了大量中国文化典籍，而且将当时翻译过来的几乎所有西方名著都读遍了。青年毛泽东读书非常认真，写了大量读书笔记和眉批，现在保存下来的一本当年他读过的《伦理学原理》，10万字的书上就写了12000字的批语。正是通过刻苦读书，不断探索，青年毛泽东逐渐接受了马克思主义，走上了为中国人民的解放事业奋斗终生的革命道路。

将带功利性的读书分为两种，某种程度上是为了说明问题的方便，实际上现实生活中二者往往是分不开的，也没有必要搞得一清二楚。在读书这一点上，为个人和为国家、社会、民族是可以统一起来的。认真读书，学好本领，既为大家，也为小家，有百利而无一害。而且人的思想境界也是不断发展变化的，像毛泽东、周恩来那样从小读书目的就十分明确的恐怕只是少数，多数人是通过读书明理，不断提高觉悟，逐步学会处理为个人与为社会的关系的。所以，我认为应该大力提倡为国家的富强、社会的发展、人类的进步而读书，但也不反对为个人目的而读书。只要是读书，都应该鼓励。正如古人所说：“天下之事，利害常相半，有全利而无少害者，惟书。不问贵贱、贫富、老少，观书一卷则有一卷之益，观书一日，则有一日之益。故有全利无少害也。”

关于带功利性的读书，没有更多的话要讲。下面，我重点谈谈不带功利性的读书，即不是为了个人升学、就业、评职称等直接目的，也不是为了增长才干以实现某种目标而进行的读书。简单地说，就是读闲书。这种读书不是迫于外在压力，而是出于一种兴趣、一种爱好、一种习惯。为什么着重讲这部分内容？因为，对前一种读书，不用多说，各人自会努力，而读闲书则完全凭个人自觉自愿，不带任何强制性，可读可不读，伸缩性很大。我们讲一个人爱不爱读书，主要是指这方面。所以，提倡读书应特别讲清利用业余时间读点闲书有什么好处。

不带功利目的读点闲书有什么好处呢？我认为至少有三点：一是可以增长知识，启迪思维，明白为人处世的道理；二是可以陶冶情操，培养气质，提高人的整体素质；三是可以丰富生活，充实人生，从中获得精神享受。

一、读书可以明理

这个道理很简单。人生在世，总有数不清的问题要去处理，若想处理得好，就需要经验。经验又分为直接经验和间接经验。由亲身实践得来的直接经验虽然最宝贵，但毕竟有限。据有关专家统计，人的经验中百分之八十以上是间接经验。而读书则是获得间接经验最主要的方式和渠道。学校教育固然要向学生传授知识，灌输道理，但根据我自己的体会，要想真正认识社会，认识人生，课堂上和教科书上的东西是远远不够的，还需要读点历史、文学等闲书。举个例子："文革"期间，林彪等人大搞对毛泽东的个人崇拜，什么"四个伟大""顶峰"，把好话都讲绝了。而且"语录不离手，万岁不离口"，毛泽东走到哪儿，林彪便紧跟到哪儿，蒙骗了不少人，大家都以为他真的是毛泽东的好学生、接班人。所以"九·一三"事件发生后，许多人大吃一惊，如梦方醒。相比较而言，当时一些阅历较深的老同志头脑就清醒得多，早就对林彪及其一伙有所怀疑。因为他们读过史书，知道历史上"当面说好话，背后下毒手"的事很多，总是讲过头话的人，往往都别有用心。再如，现在不少年轻人很憷与人打交道，总感到社会复杂，人心叵测，许多人表里不一，变幻不定，不知道在想些什么，远不如数理化公式那么好把握。这实际上是对人情、人性的认识问题。而要想认识人情、人性，特别是中国人的国民性，鲁迅先生的文章是最好的教材。如鲁迅先生说中国人比较保守，大压力下才肯有小进步。一间阴暗的屋子，你若提出开扇窗子，改善一下照明条件，可能会有不少人站出来反对，提出种种理由证明这窗子开不得。可如果你嚷嚷着要将整个房顶拆掉，这些人马上就软了下来，说你还是开扇窗子吧。

读书明理不仅指掌握各种科学知识，明白一般的人情世故，更主要还是要通过读书懂得做人的道理，使自己成为一个有理想、有道德的人。这是我们传统文化对读书的基本要求，是中国文化有别于西方文化的一个特点。在《论语》中，孔子说，"古之学者为己，今之学者为人"。初读时我不太理解，为什么古时候人们学习为自己，孔子还要加以肯定，这不是太自私了吗？后来才明白，这句话的真实含义是，古时候的人学习是为了充实自己、提高自己，而后来的人学习只是为了装潢门面、炫耀于人。

如果用现代语言来表述，就是读书的目的应该是为了丰富和改造自己，解决立场观点方法的问题，这比一般意义上的掌握知识更重要。关于读一点闲书可以影响人的思想感情和精神境界，我自己便有切身感受。例如，我非常喜欢看关于周总理的回忆文章，每读一本，每读一遍都禁不住掩卷长思，感慨万千，深深地为周恩来高尚的人格所感动，真是“长使英雄泪满襟”。我虽然做不到像周总理那样为人处世，但由衷敬佩，心向往之。有时，遇到一点不平、委屈或人际关系方面的烦恼，读一读有关周恩来的书，很快便心平气消了。

再如，前些年我个人在事业发展上也碰到一点挫折，开始总感到委屈，较长一段时间内心里不平衡。后来读了一本《儒家治世箴言》，发现自古以来忠臣良将都是仕途坎坷，命运多舛，比起他们，我的境遇好多了，所碰到的那点挫折根本算不得什么。《史记·孔子世家》中的一段话，也给我很大启发。原文太长，我就不引述了，大概意思是说：有一天，孔子和他几个最好的学生谈话，提出一个问题：这几年我们的境遇不佳，所到之处都不受当权者欢迎，难道是因为我的思想主张错了吗？学生子路回答道，并不是先生的思想主张不对，是因为我们宣传得不够，当政的人都不了解。孔子听后不以为然，举了伯夷、叔齐、比干等人的例子来反驳他，说这些人的思想主张都很明确，可下场不也十分悲惨吗。子贡接着回答，因为老师的思想主张太伟大了，所以天下不能容，要想改善境遇，应稍自贬抑一下。孔子更不满意，认为子贡不坚持自己的思想主张，一味追求当政者的容纳，志向太不远大了。最后颜回说了一段话：“夫子之道至大，故天下莫能容。虽然，夫子推而行之，不容何病，不容然后见君子！夫道之不修也，是吾丑也，夫道既已大修而不用，是有国者之丑也。不容何病，不容然后见君子！”孔子对颜回的回答非常满意。

读书明理更深一层的含义是通过读书，认识真理，坚定信念，进而成为一个自觉的革命者。真理、信念、革命这些词，近些年不时髦了，除了领导同志在一些特定场合提到外，多数人已很少谈及。可我始终认为，作为一个有理想、有抱负的青年，还是应该关心政治，钻研理论，以期深刻认识人类社会的发展规律，自觉地将个人的追求与社会的发展、人类的进步联系起来。而要真正做到这一点，成为一个自觉的而不是盲目的、坚定的而不是随波逐流的革命者，就必须认真读书。列宁早就说过，只有用人类全部知识武装自己，才能成为一名真正的共产主义者。过去，我们对这句话理解不深，有些同志甚至对其正确与否都有所怀疑，认为年轻人单纯一些，懂得少一点，凭着朴素的阶级感情，更容易接受革命的道理。相反，书读多了，疑问必然就多，有时行动起来反而不那么坚决。发展到“文革”期间，竟出现了“知识越多越反动”的口号。我是经过那个时代的，那时的年轻人确实都富于理想，向往革命，为此不惜上刀山、下火海，发誓要海枯石烂不变心。可就是在这非常革命的旗帜下，却干出了多少荒唐事啊！历史翻过了这一页，当年那些狂热的革命者们，而今又如何呢？恐怕有相当多的人已经“告别革命”了吧。现在回过头来理解列宁的话，深感其意味深长。

从我个人的思想经历看，与同龄人一样，也是生在新社会，长在红旗下，从小接受正统的革命教育，立志献身共产主义事业。可年轻时，由于读的书少，对共产主义的理解非常肤浅。后来经过“文化大革命”、拨乱反正、改革开放、市场经济、“六四”风波，一直到东欧剧变、苏联解体，头脑中原来学的那些理论，已无法解释复杂多变的客观现实，信念的根基一度发生动摇。好在这些年来，我对理论问题的兴趣一直没减，总想从理论上解答各种现实问题，重新确立自己的思想根基，所以，读了大量政治理论书籍。除上级规定的《邓小平文选》和各种理论学习材料外，还重读了一些马列经典著作，看了西方马克思主义的代表作，看了近年来国内马克思主义研究的新成果，并联系实际，作了认真的思考。现在，自己感到对人类社会的发展规律，有了更深一层的认识，既不背离马克思主义的基本原理，符合有中国特色社会主义理论，又可以解释当前的一些实际问题。虽然不敢说绝对正确，但确是我多年来努力读书、独立思考的结果。换句话说，通过多年的理论学习和思考，我感到自己的信念比过去更坚定了。

总之，读书读进去后，确实可以改变一个人的政治信仰、人生态度和处世原则。不知大家如何，反正我读书时是很投入、很带感情的，读到开心之处，不禁哑然失笑，看到悲愤情节，也会泪流满面。我感到，自己的精神境界常在默默的读书中得到升华。

二、读书可以脱俗，改变人的素质

现代社会是一个充满激烈竞争的社会，竞争的实质是人才的竞争、人的全面素质的竞争，而读书则是陶冶情操，培养气质，提高人的综合素质最主要的途径。对此，历代学者、名人都有许多精辟的论述。宋代著名诗人黄庭坚就有一个说法：“每相聚，辄读数页《前汉书》，甚佳。人胸中久不用古人浇灌之，则俗尘生其间，照镜觉面目可憎，语言亦无味也。”

一段时间不读古书，自己就会感到面目可憎，语言无味，这是相当高的境界，一般人恐怕做不到。但一个人若长时间不读书，不看报，将导致知识贫乏，思维枯竭，语言无味，进而俗不可耐，则是必然的。如今社会上就有不少这样的人，因偶然机遇发了点财，便掉进钱眼里出不来了，或者干脆不想出来了，除了钱，其他一概不认不知。你对他谈什么，他都不感兴趣，无话可说，唯独说到钱，精神一下子就来了，像打了吗啡针一样。前两年倪萍和冯巩合演过一个小品，名字我忘了，就是专门讽刺这种人的。在这个小品中，冯巩扮演了一个从小不好好学习，后来成了暴发户，手里有了几个钱，就不知道自己姓什么的年轻人，倪萍演的是他的小学同学。暴发户有了钱后，也想附庸风雅给自己的大客厅买点书，可他不知道该买什么，于是向倪萍请教。倪萍让他买一些世界文学名著，如大仲马、小仲马的作品。暴发户说，我对畜牧业不感兴趣。谈到后来，他想了一个既省钱，又能达到目的的绝招：把客厅的墙面都画上书和书架，让人听后哄堂大笑。在这个小品中，冯巩把不读书、没文化的暴发户演活了，什么叫铜臭，什么叫俗气，看看这个小品就知道了。而要想脱俗，唯有读书。黄庭坚就曾说过：“子弟诸病皆可医，惟俗不可医”。后人补充道：“医俗独有书耳”。

现在的年轻人都十分讲究气质，交朋友、找对象都要求对方气质好。气质是什么？恐怕相当多的同志给不出准确的定义，只是隐隐约约感到有这么一种东西。不管如何定义，气质好坏和读书多少有直接关系。俗话说“腹有诗书气自华”，读书多了，身上不知不觉地便会有一种书卷气，给人以好感。现在不少年轻人，很注意外在仪表美，也舍得投资，走在大街上，一身名牌，仪态万千，俊男靓女，回头率还是蛮高的。可就是不爱读书，没什么文化，像绣花枕头一样，金玉其外，败絮其中，典型的中看不中用，中看不中听。拿一句北京土话说是，“看打扮儿，倒饬得不赖，可一张嘴就露怯”。

多读点书对找对象有好处，结婚之后仍然有用。因为两口子在一起过日子，总得有共同语言，如果一个爱读书，另一个不读书，这日子肯定过不好。听别人讲过一个秀才娶妻的故事，说古时候有个穷书生，娶了个不识字的乡下姑娘做老婆，平时俩人话就很少。有一天晚上，秀才看书入了迷，兴致很高，给老婆讲了起来，讲了半天，他老婆一声不吭。秀才急了，说“你倒是说句话呀！”老婆憋了半天，说了一句“我肚子饿。”秀才惨然，索然无语。由此可见，夫妻文化差异过大，双方都会很痛苦的。

如果家庭中有了孩子，那么家长读不读书的影响就更大了。旧社会大户人家的门口常贴一副对联：“忠厚传家久，诗书继世长”，表明人们很推崇认真读书的家风，认识到要想家业长盛不衰，必须培养子弟读书。即所谓“人生至乐，莫如读书，至要，莫如教子”。宋代黄庭坚有两句诗：“藏书万卷可教子，遗金满籯常作灾”。就连皇帝也持同样看法。明朝的永乐皇帝就说过：“置书不难，须常览阅乃有益。凡人积金玉欲遗子孙，朕积书亦欲遗子孙。金玉之利有限，书籍之利岂有穷也。”那时候，人们评价一个家庭，常常是看其有无读书声，“人家不必问贫富，但有读书声便佳”。把读书声特别是子弟的读书声，视为人世间最美的声音。宋代有一位人品、文章都不错的大臣叫倪思，他提出：“松声、涧声、山禽声、夜虫声、鹤声、琴声、棋子落声、雨滴阶声、雪洒窗声、煎茶声，皆声之至清者也。而读书声为最。闻他人读书声，已极可喜；更闻子弟读书声，则喜不可胜收矣。”可惜的是，我们民族的这些教子读书的好传统有些失传了。现在有一些做家长的，自己不读书，下班回家后就打麻将、看电视，却要求孩子在一边好好学习，长大后有出息，这怎么可能呢？

三、读书可以丰富生活，充实人生，获得精神享受

人都有物质和精神两方面的需求，物质需求依靠一定的物质条件来满足，而精神需求的满足则离不开书本。我们中国文化历来将幸福分为两种，一种是洪福，升大官，发大财，福禄双全，光宗耀祖，儿孙满堂，为此就要积极入世，刻意功名，辛苦劳作一生，历史上不少人走的就是这条路。但也有一些读书人将这些看透了，认识到不管当多大的官，还是皇帝的奴才，不论发多大的财，死的时候也是一分钱也带不走，因而转为追求一种清福。所谓清福就是清静之福，它总是和读书相联系的。在历史上，确实有一些抛弃功名利禄，甘愿清贫，静下心来读书的人，他们留下的一些话，至今仍有余味。

陈眉公曰：“幽居之中，修竹名香，清福已具。如无福者，定生他想；更有福者，佐以读书。”

江保若曰：“心无机事，案有好书，饮食晏眠，时清体健，此是上界真人。”

沈攸之晚好读书，常叹曰：“早知穷达有命，恨不十年读书。”

李永和杜门却扫，绝迹下帷，弃产营书，手自删削，每叹

曰："丈夫拥书万卷，何假南面百城。"

薛文清曰："万金之富，不以易吾一日读书之乐。"

赵季仁谓罗景伦曰："某生平有三愿：一愿识尽世间好人；二愿读尽世间好书；三愿看尽世间好山水"。罗曰："尽则安能？但身到处莫放过耳。"

说读书是一种精神享受，一些同志可能接受不了，在他们的印象中，读书是一件苦差事，以至一拿起书本，头皮就发胀。我认为，这是被带功利性的读书吓怕了的缘故。带功利色彩的读书确实是很苦的，不管你有无兴趣，是否喜欢，都要硬着头皮读下去，不读或读不好，就通不过考试，进而影响一辈子的前程。不少人就这样从小学读到大学毕业，十五六年下来，难免给读怕了。这当然谈不上享受，简直是受罪。但我前面讲到的读书，是指在没有任何外在压力之下的读闲书，本身则是一件很惬意的事。特别是在养成习惯，形成嗜好之后，读书会成为生活的一种需要，一天不读点书就像缺点什么似的，何苦之有？我自己就深有体会：能读书是人生的一大享受。一些同志曾问我，一天工作下来，晚上还看那么多书，不累吗？其实，我看书就像别人打牌、看电视一样，本身就是消遣。而且从中获得的欢愉，是那些平时不大读书的人很难感受到的。我认为，真正的读书人，一旦失去了读书的条件，那才是最大的痛苦。

我有一个战友，和我在一间宿舍里同住了好几年。他是真正的书香门第出身，文化基础非常好，据说从小就可以背诵几百篇古文。后来他转业下海了，当了一个大公司的总经理，干得也相当不错，自己开上了本田车。有一次我们在一起吃饭，谈起这些年的变化，他对我说，现在什么都有了，可就是没时间读书了。

他很留恋在部队工作的时光，表示有朝一日能从总经理的位置上退下来，一定重新回到书桌旁。这种心情不知在座的各位能否理解，如果能理解，肯定也是读书人。这十几年，书价暴涨，至少翻了十几倍，据我所知，一些爱读书的人买不起书了，而大部分买得起的人却没时间读书或根本不想读书。我常想，自己有幸介于二者之间：经济上还不十分拮据，每月都能添点新书，工作又没有忙到不可开交的程度，总能挤出一些自由支配的时间，可用来读喜爱的书，真是太难得了。每念及此，我都十分知足。

以上简单介绍了读闲书的三点好处。其实，读闲书的功用远不止这些。读书一旦上了瘾，还会有许多奇效妙用。最近，为了备课，看了几本古人讲读书的著作，如《读书训》《读书止观录》《读书纪事》《先正读书诀》《朱子读书法》等，发现了许多很有意思的事例，如：

读书可以“四当”。南宋与陆游、杨万里、范成大并称“中兴四大家”的著名诗人尤袤，一生喜爱读书，曾提出读书可以“四当”，成为读书史上的名言佳话。即“饥以当肉，寒以当衣，孤寂以当朋友，殷忧以当琴瑟”。后来曾有读书人将自己的书房题名为“四当斋”。

读书可以下酒。读书史上有一个“汉书下酒”的故事：苏子美客外舅杜祁公家，每夕读书，以酒一斗为率。密觇之，子美读《汉书·张良传》，至良与客椎击秦皇帝，抚掌曰：惜乎，击之不中，遂满饮一大白。又读，至“良曰始臣起下邳，与上会于留，此天以臣授陛下”。又抚案曰：“君臣相遇，其难如此”，复举一大白。公笑曰：公有如此下酒物，一斗不足多也。不知在座的朋友，谁有如此雅好。

读书可以交友。读书交友有两层意思。一是见书如友。明末著名学者陈继儒提出："吾读未见书，如得良友。见已读书，如逢故人"。读好书特别是名人的名著，就像直接聆听伟人们的教诲，与他们交朋友。二是以书会友，读书人经常在一起交流切磋，形成书友。

读书可以治病。宋代文学家欧阳修谈道："每遇体之不康，则取六经、百氏，若古人之文章，诵之。爱其深博闲雅，雄富伟丽之说，则必茫乎以思，畅乎以平，释然不知疾之在体"。今后，哪位若有了病，不妨试试这个偏方。

读书可以拒贼。《录雪亭杂言》上记载：吴中有老儒沈文卿。读书至宵分，灯火荧荧欲灭，忽见盗在室中掏物，无所得，从容呼之曰："穿窬君子虚劳下顾，某辄有小诗奉赠。"乃长吟曰："风寒月黑夜迢迢，辜负劳心此一遭。只有破书三四束，也堪将去教儿曹"。穿窬含笑而去。

听了读书的上述神奇功效，不知大家做何感想。我相信这些都是真事，但要指出，只有读书到了入迷的程度，才会出现这些现象。而对一些平时很少摸书本的人，读书大概也有一种奇效，那就是催眠。记得一位科学家说过，他晚上不想睡觉时，就找一本特别难懂的书来读，看着看着就兴奋起来，不困了。我们常人大概没有这个本事，有些人还正相反，晚上睡不着的时候，拿起书看两眼，眼皮马上就打架，迷迷糊糊了，形成了条件反射。

以上讲了读书特别是读闲书的种种好处。按说这些道理都很浅显，开卷有益的事实也是明摆着的，可为什么真正爱读书的人却总是少数呢？我认为，主要是有一些思想障碍，成为一些人不读书的理由或借口。因此，要提高大家认真读书的自觉性，仅从正面讲重要性和必要性是不够的，还需要有针对性地解答在读书问题上常见的一些疑虑。

最常见的一种说法是读书没时间。一些同志说，我也想读点书，知道学习的重要，可就是挤不出时间来。平时白天上 8 个小时的班，回到家就够累的了，有时晚上还要加班。到了双休日，本想看会儿书，可不知哪儿来的那么多杂事，总也坐不下来。好不容易拿起了书，很快又被其他事打断了。我认为，这些同志说的情况是存在的。现代社会的生活节奏明显加快，每个人都会感到时间的紧张，但这些都不能成为不读书的理由。时间实际上最公平，每个人的一天都是 24 小时，不管有多么忙，挤出点时间来读书是完全办得到的，关键在你是不是真想读书。

大家都知道“开卷有益”这个成语，但恐怕清楚这个成语出处的同志并不多。“开卷有益”实际上出自宋朝皇帝宋太宗赵光义之口。宋太宗非常喜欢读书，“日进《御览》三卷，宋琪以为劳。帝曰：‘开卷有益，不为劳’。”赵光义的哥哥宋太祖赵匡胤不但自己喜爱读书，也要求大臣们认真读书。他手下最有名的文臣叫赵普，在陈桥兵变中带头拥戴立了大功，后来做了宰相。可赵普就是不喜欢读书，有一次，宋太祖责备赵普说，你手下的大臣们一个个才能出众，卓然特立，自己却不读书，就不感到羞愧吗？赵普听后受到触动，从此用功起来，手不释卷，并留下了“半部《论语》治天下”的佳话。

看过《三国演义》的同志，可能对东吴的吕蒙这个人会有点印象。吕蒙是孙权一手培养起来的年轻将领。据《三国志·吕蒙传》记载：起初，吕蒙读书不多，也不太喜欢学习。有一天，孙权对吕蒙和蒋钦说：“你们现在一同执掌大权，应该经常学习，增长见识。”吕蒙说：“我在军旅之中经常苦于事务烦冗，恐怕军务不容许我再来读书。”孙权说：“我难道是希望你研究经学而成为博士吗？只不过想让你多读一点书而了解历史罢了。你说事务烦冗，怎么能和我相比呢？我年少时遍读《诗经》《尚书》《礼记》《左传》《国语》等书，唯独不读《周易》。自从统领国家大事以来，省察《史记》《汉书》《东观汉纪》这三史，还有各家兵法，自以为收益很多。像你们二人，生性聪敏，只要学习，必有所得，难道就不想学习了吗？你们应该尽快读一读《孙子》《六韬》《左传》《国语》和三史。汉光武帝刘秀戎马倥偬而手不释卷，曹操也称年老后喜欢学习。你们为什么不自相勉励呢？”吕蒙从此开始发愤学习，矢志不倦，他读书之多，一些老儒生也比不过。后来，鲁肃替任周瑜之职，经常到吕蒙处与他交谈。谈论中鲁肃每感理屈词穷，有一次不禁抚着吕蒙的背说：“我总认为老弟不过懂点武略罢了，而现在学识渊博，再也不是吴下阿蒙了。”吕蒙说：“士别三日，当刮目相看。”“文革”期间，毛泽东巡视大江南北，曾对陪同的张治中将军谈起这段历史，说吕蒙是行伍出身，没有文化，很感不便。后来孙权劝他读书，他接受劝告，勤学苦读，以后当了东吴的统帅。我们现在的高级军官，百分之八九十都是行伍出身，参加革命后才学的文化，他们不可不读《周瑜鲁肃吕蒙合传》。

翻翻史书，可以发现历代开国皇帝和有作为的皇帝都十分喜欢读书，就连大字不识几个，顶看不起读书人的汉高祖刘邦，也要求手下多看点书。对此，后人评论说：“今之不读书者，每自诿家务沓杂，容知事有逾于君相者乎？曰御万机，犹谓开卷有益，况号称学士，而束书高阁，自甘面墙，抑欲何也？余尝谓读书则无日不闲，不读书则无日不忙，是读书又却事之第一法也。”读书是却事第一法，这句话很有道理，值得深思。

所以，工作忙，没时间，绝不是不读书的理由，而只是借口。人如果不想读书，总是可以找到借口的。过去有人编过一个顺口溜："春天不是读书天，夏日炎炎正好眠，秋多蚊虫冬多雪，收拾书包好过年。"

由这个顺口溜，我想起当战士时经历过的一件事。那时，政治教育比较多，有个老兵一上课就睡觉，指导员把他叫醒，问他为什么睡觉，他说"春困秋乏夏打盹"。指导员说，可现在是冬天。那个战士又接了一句，"睡不醒的冬三月"。瞧，一年睡觉都有理了。

有些同志之所以感到读书没时间，恐怕还与他们总想找到大块时间，能坐下来集中精力静心读书有关。可现实生活中，大块时间是很难找到的，读书必须学会挤时间。鲁迅先生曾有一个形象的比喻，说时间就像海绵一样，表面上看没有水，可只要用心去挤，便能够挤出许多来。雷锋也说读书学习要发扬钉子精神，有一股挤劲儿，一股钻劲儿。怎么挤？古人强调的是"三余""三上"。"三余"是三国时期的董遇提出的，他认为读书应主要利用"三余"，即"冬者岁之余，夜者日之余，阴雨者时之余也"。大文豪苏东坡很欣赏这种提法，认为"此生有味在三余"。"三上"是宋代的欧阳修提出的，即读书、写作、思考问题，要利用"马上、厕上、枕上"。我认为他们讲的都很有道理。从自己近些年的实际情况看，上班时间能用于学习的十分有限，读书主要是在"三余""三上"。如果不写东西，我每天的读书时间加起来总在三四个小时之上，一天能读五六万字，每周读一两本书，一年下来就能读百十本。年轻人精力更充沛，只要学会挤时间，一定能比我读得更多。

第二种说法是读书没条件。有些同志一谈到读书，就强调客观条件，什么宿舍太吵静不下心呀，找不到合适的书呀，读不懂时没地方问呀，等等。以此作为不读书的理由。我认为，希望有一个好的读书环境是人之常情，可以理解，但并不是必须具备优越的条件才能读书。曾国藩在写给子侄的信中，曾专门讲到这个问题："苟能发奋自主，则家塾可读书；即旷野之地，热闹之场，亦可读书；负薪牧豕亦可读书。苟不能发奋自主，则家塾不宜读书，即清净之乡，神仙之境，皆不能读书。"我们现在虽然没有生活在清静之乡，神仙之境，但基本的读书条件还是具备的。即便有一点困难，也应该想办法克服，而不能因此打退堂鼓。我国古代就有许多克服困难、发愤读书的事例。古时候人们读书最大的困难有两条，一是没有书，二是晚上看书没有灯。围绕解决这两个困难，留下许多动人的故事。关于没有书。古时候印刷条件差，因此书籍很少，只有大户人家才买得起书，藏得住书，一些穷苦书生常苦于没有书读。过去形容一个人有学问，常用的一个成语叫学富五车，意思是说读过的书能装满五辆车。可如果以竹简为书写材料，五辆车的书加起来不过十多万字，现在来印刷，也就是薄薄的一本小册子。由此可见古时候的书是多么珍贵。穷苦人家的子弟为了能读到书，有的去给人家打柴、帮工、种田换书读，有的到书肆上"蹭"书看，有的专门为别人抄书，边抄边读，有的站在教室的窗户外听先生读书，还有的甚至主动到有书的人家去当佣人，都非常不易，至今讲起来仍令人为之动容。好不容易借到了几本书，不但抓紧时间阅读，而且要想办法抄下来。古时候读书人的基本功就是抄书，有的每天都要抄几十页，作为一门功课。很多名人都抄过书，如明末清初的著名学者，提出"天下兴亡，匹夫有责"的顾炎武就认为，抄一遍书，书就一分为三了，原有的一份还给主人，抄的一份留在家中备查，更重要的是有一份记在了自己的脑子里。

关于没有灯。读书只用白天时间是不够的，秉烛夜读是古代读书人的老传统，可许多穷书生却买不起油，点不起灯。为解决照明问题，他们想了很多办法。囊萤凿壁的故事想必大家都知道，我不再复述。明代有一本书叫作《读书灯》，写了12个贫苦读书人解决夜间读书照明的故事。有宋代朱昂的桐油子，南朝宋延之的松明，东晋葛洪的薪，梁代刘峻的麻炬，汉代任末的蒿，梁代刘琦的荻，宋代邵雍的花猪油膏，晋车胤的萤，齐江泌的月，齐顾欢的糠，齐孙康的雪，汉代刘向的太乙藜杖等，都十分感人。古时候的读书人对读书灯都十分挚爱，十年寒窗，夜夜与书灯相伴，感情自非一般。元代叶颙曾专门写过一首诗《书舍寒灯》：

青灯黄卷伴更长，花落银釭午夜香。
异日长桑珠翠处，苦心寒焰莫相忘。

当然，关于读书灯，也有一些不可信的传说，如《晋书·佛图澄传》记载："佛图澄，天竺人，本姓帛，少学道，妙通天术，腹旁有一孔，常以絮塞之，每夜读书，则拔絮，孔中出光，照于一室。"显然，这种特异功能太离奇了。不管怎么说，听了以上这些事例，该不会有人再强调什么读书没条件了吧？

第三种说法是读书太晚了。按说这种话不应出自团员青年之口，但我确实听到不少同志在这么说。他们的意思是：小时候不懂得读书的重要，学习不刻苦，文化根基未打牢，错过了求知求学的最佳年龄。随着年龄的增长，精力不容易集中了，记忆力也开始下降，读点东西很快就忘，再想学有所成，为时已晚。少数同志更悲观，感到自己这辈子就这样了，准备集中精力教育下一代了。对此，我的看法是，早一点发愤读书固然好，可任何时候开始都不迟。《三字经》中有一句话“苏老泉，二十七，始发愤，读书籍”，讲的是宋朝著名文学家苏洵的故事。苏洵年轻的时候不爱学习，整天酗酒作乐，行为荒唐，到了 27 岁时才幡然醒悟，开始发愤读书。读了一年半以后，他进京考进士，考茂才异等，都没有考中，一气之下把以前所写的几百篇文章统统烧了。从此，闭门谢客，取《论语》《孟子》等诸子百家的文章，潜心攻读了七八年，文章学问都大有长进。到了 47 岁时，自认为学问有成了，才带了两个儿子苏轼、苏辙来到汴京，也就是现在的开封，向大文学家欧阳修献上了所写的二十多篇文章。欧阳修看后大加赞誉，又向宰相韩琦推荐，韩也极为欣赏，上奏朝廷，任用苏洵为秘书省校书郎。从此苏洵名闻天下，特别是他的散文，以豪健见长，质朴厚重，奇峭雄俊，长于炼字，精深有味。苏氏父子三人的文章都很好，并称“三苏”，与韩愈、柳宗元、欧阳修、王安石、曾巩等一起，被誉为唐宋八大家，在文学史上留下了重重的一笔。苏老泉发愤读书是为了考进士，我们现在读书特别是读闲书又不为考试，更不存在什么晚不晚的问题。再说，即便是真晚了，也不应该自暴自弃，既然“荒疏于前”，更应“恶补于后”，通过加倍的努力补上逝去的年华。正是：

三更灯火五更鸡，正是男儿读书时，
黑发不知勤学早，白首方恨读书迟。

第四种说法是读书够用了。持这种想法的主要是一些农村籍战士，他们在读书问题上总有一种自卑感，认为作为农民的儿子，父母都没什么文化，自己能读到初中或高中毕业就很不错了，已经差不多了。如果将来能考上军校，多读点书还有用。如果考不上军校，退伍后继续当农民，读那么多书干什么，还不如学点实际的。我没有农村生活的经历，对这个问题没有多少发言权，但想引述一下别人的看法。为了准备今天的课，我曾翻阅了上百位名人谈读书的体会文章，总的感觉都不错，有的隽永，有的幽默，有的晓畅，有的深刻，各讲出了部分道理，读后都有收获。可真正打动了我，令我难以忘怀的是作家贾平凹写给他妹妹的一封信。大家知道，贾平凹是一个地地道道的农家子弟，他小时候的生活环境恐怕比今天在座的大多数同志都要差，可他硬是通过发奋读书，刻苦自学，成长为当代最有名的作家之一。贾平凹成名后，有一次他的小妹妹过生日，贾特意买了一套书作为生日礼物，并写了一封长信，在信中回忆了少年时代读书求学的经历，告诫小妹要自尊自强，刻苦读书。这封信写得非常感人，下面我读其中的一部分：

七月十七日，是你十八生日，辞旧迎新，咱们家又有一个大人了。贾家在乡里是大户，父辈那代兄弟四人，传到咱们这代，兄弟十个，姊妹七个。我是男儿老八，你是女儿最小。分家后，众兄众姐都英英武武有用于社会，只是可怜了咱俩。我那时体单力孱，面又丑陋，十三岁看去老气犹如二十，村人笑为痴傻，你又三岁不能言语，哇哇只会啼哭，父母年纪尚老，恨无人接力，常怨咱们这一门人丁不达。从那时起，我就羞于在人前走动，背着你在角落玩耍，有话无人可说，言于你你又不能回答，就喜欢起书来。书中的人对我最好，每每读到欢心处，我就在地上翻着跟头，你就乐得直叫，读到伤心处，我便哭了，你见我哭了，也便趴在我身上哭。但是，更多的是在沙地上，我筑好一个沙城让你玩，自个躺在一边读书，结果总是让你尿湿在裤子上，你又是哭，我不知如何哄你，就给你念书听，你竟不哭了，我感激得抱住你，说："我小妹也是爱书人啊！"东村的二旦家，其父是老先生，家有好多藏书，我背着你去借，人家不肯，说要帮着推磨子。我便将你放在磨盘顶上，教你拨着磨眼，我就抱着磨棍推起磨盘转，一个上午，给人家磨了三升苞谷，借了三本书，我乐得去亲你，把你的脸蛋都咬出了一个红牙印儿。你还记得那本《红楼梦》吗？那是你到了四岁，刚刚学会说话，咱们到县城姨家去，我发现柜里有一本书，就蹲在那里看起来，虽然并不全懂，但觉得很有味道。天快黑了，书只看了五分之一，要回去，我就偷偷将书藏在怀里。三天后，姨家人来找，说我是贼，我不服，两厢骂起来，被娘打过一个耳光，我哭了，你也哭了，娘也抱住咱们哭，你那时说："哥哥，我长大了，一定给你买书！"小妹，你那一句话，给了兄多大安慰，如今我一坐在书房，看着满架书籍，我就记想那时的可怜了。

咱们不是书香门第，家里一直不曾富绰，即使现在，父母和你还在乡下，地分了，粮是不短缺了，钱却有出没入，兄虽每月寄点，也只能顾住油盐酱醋，比不得会做生意的人家。但是，穷不是咱们的错，书却会使咱们位低而人品不微，贫困而志向不贱。这个社会，天下在振兴，民族在发奋，咱们不企图做官，以仕途之路作功于国家，但作为凡人百姓，咱们却只有读书习文才能有益于社会啊。你也立志写作，兄很高兴，你就要把书看重，什么都不要眼红，眼红读书，什么朋友都可抛弃，但书之友不能一日不交。贫困倒是当作家的准备条件，书是忌富，人富则思惰，你目下处境正好逼你静心地读书，深知书中的精义。这道理人往往以为不信，走过来了方才醒悟，小妹可将我的话记住，免得以后悔之不及……

这封信写得多好，多有志气。“穷不是咱们的错，书却会使咱们位低而人品不微，贫困而志向不贱。”“你就要把书看重，什么都不要眼红，眼红读书，什么朋友都可抛弃，但书之友不能一日不交。”我希望来自农村、家境不好的年轻朋友，永远记住这些话。

第五种说法是读书用不上。这主要是一些年轻的科技干部，认为自己是搞技术的，只要钻研业务技术就行了，没必要看那么多闲书。据我了解，有这种想法的同志还占相当比例。前面我已从正面讲了课余时间读点闲书的好处，这里不再重复，只想从高科技与高情感关系的角度，再补充一点意见。我们的科技干部都是搞高科技的，高科技研究有许多特点：它研究的问题越来越深，要求科研人员具备很专门的知识，每个人精通的领域越来越窄；它需要各专业的科研人员相互配合，集体攻关，单枪匹马越来越难以取得重大成果；它需要科研人员持续不断地努力，进行高强度的创造性脑力劳动，关在试验室连续干多少天的情况是很常见的；它始终处于激烈的竞争之中，风险很大，科技人员面临着巨大的精神压力。高科技研究的这些职业特点，要求研究人员必须高度重视情感生活，通过丰富情感生活，来缓解精神压力，恢复身体疲劳，保持昂扬斗志，获得创新灵感，协调人际关系。而要丰富情感生活，重要途径之一就是利用业余时间看点专业范围以外的书。这对事业的发展有好处，对科技干部个人的身心健康也有益。人的一生应该是丰富多彩的，不应活得过于单调。古今中外许多著名的科学家，热爱生活，情感丰富，兴趣广泛，具有多方面的才能，在不少领域都有所建树，个人及家庭生活也十分美满。当然，科技发展史上也不乏相反的例子。亦有一些科学家思想孤僻，行为古怪，不善于与人沟通，除专业以外对什么都不感兴趣，虽然在科学研究中取得了一定成绩，但个人及家庭生活却十分悲惨。两相比较，孰优孰劣，恐怕不用多言。

第六种说法是读书没毅力。曾有好几位年轻同志对我说，他们很想多读点书，也十分清楚在现代社会中不断学习求知的重要性，可就是缺乏毅力，坚持不下来。经常是受某种事物启发，感到不学习不行了，马上抓本书来读，可学了没几天甚至读了没几页，出现了一些情况或遇到点困难，又泄气了，忙别的去了。过了一段时间，又因某种缘由感到学习重要，于是重新拿起书，几天后又放下了。就这样，周而复始，反反复复，一本书老也读不完，而且总在读第一章。对这些同志，我能说的只是，读书是需要一点精神的，要想取得成绩和进步，必须学会战胜自己。古时候人们读书有头悬梁、锥刺股的说法，有将自己关在楼上，让家人撤去梯子，一待多少年，天天用篮子送饭的故事，其具体做法虽不足取，但其精神却值得我们学习。现代社会中，对年轻人的诱惑比以往多得多也大得多，很容易使人浮躁起来，难以静心读书，所以战胜自己就更加重要。说到这里，可能有些同志会想，老是靠战胜自己去读书，不是太苦了吗？对此，我的看法是：人们读书大概可分为三个阶段或三种境界：第一个阶段，知之。知道了读书的重要性，开始有意识地要求自己读点书，这个阶段读书的自觉性还不高，是需要不断战胜自己的。第二阶段，好之。从读书中尝到了甜头，逐渐地喜欢上读书了，强迫自己读书的成分越来越少，从读书中得到的欢乐越来越多。第三阶段，乐之。读书养成了习惯，就会成为一种嗜好，成为生活中不可缺少的一部分，一天不读书就觉得少了点什么，浑身不自在。读起书来如醉如痴，废寝忘食，外人看来十分辛苦，而本人则感到其乐无穷。这时就不是战胜自己拿起书了，而是经常要战胜自己放下书。总之，读书也是“知之者不如好之者，好之者不如乐之者”。我希望今天在座的各位朋友，将来都有发展到乐之阶段的那一天。

最后一种说法是读书不实惠。有些同志说，你讲的读书好处我承认，但那都属于精神方面的东西。现在的人都讲实惠，你看那些当大官的，有几个人真读书，只要懂厚黑学，善吹善拍，敢收敢送，就能步步高升；再看那些发大财的，有些人根本就没文化，靠坑蒙拐骗，投机钻营，照样获得了成功。所以，说到底，读书还是没有用。我认为，这些同志的话虽然点出了一些社会现象，可却有相当的片面性。且不说当大官、发大财的是否都不读书，我们不应以偏概全。即便真有个别这样的事例，是否值得我们效仿，大家从此都不读书了呢？其实，何止现在，历史上哪朝哪代都有一些不学无术之徒，靠各种关系，因各种缘由，升官发财，鸡犬升天，也有不少将读书当作敲门砖，一当上官就再不摸书本的人物，但这些都不是我们传统文化的主流，不值得我们羡慕。为我们这个民族的生存发展特别是文化事业做出贡献的，是一些真读书人。什么叫真读书人？我给大家讲几个故事：

南宋爱国诗人陆游，一生酷爱读书，写过大量有关读书的诗文。读书史上比较有名的，是他在《上执政书》中的一段话：“见其雅正则缨冠肃衽，如对王公大人；得其怪奇，则脱帽大叫，如鱼龙之陈前，枭卢之方胜也”。到了晚年，陆游退居家乡，筑室读书，将自己的书室命名为“书巢”，终日端坐其间，写下这样一些诗句：“掩关小屋动经旬，蠹简如山伴此身。”“两眼欲读天下书，力虽不逮志有余。”“白发无情侵老境，青灯有味似儿时。”“老人世间百念衰，唯好古书心未移。”读懂这些诗句，理解其中的情感，便可明白什么是真读书人。

明代有一位很有名的大臣叫杨溥，被人陷害关进了监狱，一关就是十几年。当时被关押的犯人都靠家里每天送饭，杨溥家贫，关押的时间又长，经常无饭可送。可就是在这种环境下，杨溥仍每天读书不止。难友中有人劝他，你都这样了，能不能活着出去还难说呢，看什么书呀？杨溥回答说：“朝闻道，夕死可矣”。后来杨溥被释出狱，成为翰林学士，进少保、武英殿大学士，做了许多好事，死后谥文定。后人评论说，人们都知道杨溥辅佐帝王很有业绩，而且著述等身，却不知道他是在监狱里用的功啊！在朝不保夕，吃了上顿不知道下顿在哪里的情况下，仍能一如继往认真读书，这就是真读书人。

清代有一位著名的诗人叫袁枚，他一生也是著作等身，毛泽东生前要的最后一本书，就是袁枚写的《随园诗话》。晚年，在回忆自己的读书生涯时，他写了一首《对书叹》：

我年十二三，爱书如爱命，
第过书肆中，两脚先立定。
苦无买书钱，梦中犹买归。
至今所摘记，多半儿时为。
宦成恣所欲，广购书盈屋。
老矣夜犹看，例秉一条烛。

诗中描述的少时家贫，无钱买书；中年有成，拼命购书；晚年有暇，挑灯夜读的经历，是无数真读书人的共同经历。在另一首《读书》诗中，袁枚这样写道：

掩卷吾亦足，开卷吾乃忧。

卷长白日短，如蚁观山丘。

秉烛达夜旦，读十记一不。

更愁千载后，书多将何休。

吾欲为神仙，向天乞春秋。

不愿玉液餐，不愿蓬莱游。

人间有字处，读尽吾无求。

“人间有字处，读尽吾无求”。这就是真读书人的心愿和追求。

同是清代，浙江杭州有一位书生叫童铨，他家境贫寒，终身不仕，但非常爱读书藏书，临终前赋了一首诗，其中两句是：“亡魂愿化庄周蝶，只恋书香不恋花”。庄周蝶取自《庄子》，说有一天庄周做了一个梦，梦见自己变作一只蝴蝶，醒来后不知是自己变成蝴蝶，还是蝴蝶变成了庄周。童铨希望自己死后能化作蝴蝶——一只恋书香不恋花的蝴蝶，以此来表示自己至死不渝的恋书情怀。令人惊奇的是童铨死后，他的藏书遭蠹虫蚀食，其形状竟酷似蝴蝶，须翅俱全。这是一种巧合，还是童铨的冥灵真起了作用？后来的文人以此为题，写下许多动人的诗章。

谈到真读书人，不能不说说毛泽东。毛泽东是中国人民的伟大领袖，同时又是学识渊博的大学问家。他一生酷爱读书，孜孜以求，好学不倦。在条件艰苦、军情紧张的战争年代，他坚持读书，手不释卷，行军打仗都带着书，经常想方设法托人从国民党统治区购买各种报刊书籍。国民党重点进攻陕北时，党中央从延安撤退，毛泽东把其他东西丢了不少，唯独舍不得丢书，除一部分就地埋藏外，特别珍爱的仍带在身边，边走边读。新中国成立后，读书条件好了，毛泽东更是与书形影不离，他的办公室、卧室、休息室到处是书，每次外出都要带大量的书，每到一地都要向当地图书馆借书，以了解当地的历史情况、地理沿革、文物掌故、风土人情，以及古人写的有关当地的诗文。毛泽东读书范围十分广泛，哲学、经济学、政治、军事、文学、历史、地理、自然科学以及各种杂书，几乎无所不读，他一生读了多少书，谁也说不清楚。仅就中国历史一个领域来说，4000万字的二十四史，他通读了一遍，有些重点章节读了多遍。400万字的《资治通鉴》，毛泽东一生读了17遍，由此可见一斑。到了晚年，毛泽东身体衰老了，走路都需要别人搀扶，说话也吐字不清了，书更成了他须臾不离的伙伴。他的视力严重衰退，小字本的书看不了，就看大字本的，没有大字本的，就用放大镜看。有一次发烧39度多，两三天不大吃东西，还躺着看书。为了保证他的健康，医生规定每天只准看15至30分钟的书，毛泽东满口答应，可一拿起书就放不下，医生来了，他就急忙把书往被子里藏，医生一走，他又贪婪地读起来。后来，他的眼病越来越严重，实在看不见了，就请身边的同志读给他听。毛泽东经常爱说的一句话是“活到老，学到老”，在延安时，他曾说过，“年老的也要学习，我如果再过十年死了，那么就要学九年零三百五十九天。”毛泽东是这么说的，也是这么做的。他最后一次读书是1976年9月8日，也就是临终的前一天，是在医生抢救的情况下请别人读的，读的是鲁迅先生的著作，共读了7分钟。

不知大家听了这些故事后有何感想，我认为，这些故事反映了我们中国文化的一种精神，是值得为此骄傲的。历史发展到今天，我们有责任将这种文化精神继承下来，传递下去，做一个真读书人。过去有一种说法，认为真读书人不但自己一生一世要读书，而且应该做一粒读书种子，意思是说历代的读书人都要像种子一样，将前人读书的好风气继承下来，并一代代地传下去。我衷心地希望今天在座的各位，都能成为中国文化的一粒读书种子。

读书漫谈（下）[1]

今天，主要谈读书方法。

读书须讲求方法，这个道理不言而喻。可读书方法却不好讲。因为：一是读书方法与读书目的、内容密切相关。所谓正确的或好的读书方法总是相对于特定的读书目的、内容而言的，不存在放之四海而皆准，用到哪里都有效的方法；二是读书方法因人而异。每个人的人生经历、社会经验、文化水准、聪慧程度不同，因而所适宜的读书方法也有所不同。别人的读书方法再科学、再有效，简单地照搬过来，未必能取得理想的效果。

如此说来，好像今天的课不用讲也没法讲了。当然不是这个意思，我想申明的只是，读书方法带有很强的针对性和个性色彩，不宜将其做绝对化的理解。下面将给大家介绍的，只是一些读书人（包括我自己）在阅读社会科学和人文科学书籍方面自认为比较成功的方法。摆出来的目的是供大家比较、鉴别、思考，以利同志们博采众长，最终形成比较适合于个人的最佳读书

① 本稿写于 1997 年。

方法，而绝不是要大家盲目效仿，照抄照搬。不然的话，哪位同志听完今天的课，学了其中的一招半式，在日后实践中未收到成效，可能会抱怨了：“李某人介绍的什么破方法，一点都不管用”。一笑。

方法都是用来解决问题的。在读书方面，大家经常遇到哪些问题呢？我认为，主要问题有三个，即博与精、学与思、知与行。下面，分别谈谈。

一、关于博与精

读书目的明确后，首先遇到的问题就是：为达到目的，是多读一些书好呢？还是精读一两本书好？有些同志可能在想，这算什么问题，读书又多又精最好。但实际上，兼顾常常很难。因为，每个人的读书时间都是有限的，求精就难求多，多了也难求精。如何在有限的时间里取得事半功倍的效果，正是大家讲求方法的目的。对博与精，我的看法是：先精读，打好基础；再博览，扩大知识面；最后，再精读，以求加深理解，融会贯通，在吸收精华的基础上逐渐形成系统的个人看法。

一般来说，读书贵精不贵多。因为读书的目的全在于应用，要想应用，就须精熟。哪怕只掌握了很少一点，若能用上，那也算收效。如果读书很多，但都是蜻蜓点水，浅尝辄止，好像什么都知道，无所不通，可到用时却一无所长，没有一样能真正拿得起来，样样通又样样稀松，那只能是徒有虚名，自欺欺人。为了说明这个道理，古人曾经打过两个比方：一是提出读书就像将军带兵一样，要有一批亲兵。领兵十万，若一样看待，平时倒看不出什么，可真到了战场上的紧要关头，人人都只顾自己活命，没有一兵一卒拼死相助，便会出现兵败如山倒的局面。所以，有经验的将领一定要培养几百名亲兵，这些人忠心耿耿，能与统帅同生死、共患难，危急时刻不惜以命相搏、舍身救主，这样就可以稳定军心、扭转战局。二是说读书犹如交朋友，要有几个挚友。有些人相交满天下，却没有几个知己好友，真遇到困难时，就可能得不到任何帮助。因此，朋友不在多，关键是要交几个能为你两肋插刀，赴汤蹈火在所不辞的铁哥们儿。我认为，这两个比喻都很形象，充分说明了读书贵精不贵多的道理。

在准备这次课时，我曾向一些同志了解在读书方法方面有什么问题，大家提得最多的是：读书记不住，平时好像也看了不少书，可真到用时却不知道跑哪儿去了，写文章、说话总是没词儿。我认为，读书后记不住有许多具体原因，但主要还是用功不够，读得不精。只是粗粗地浏览一遍，就想都记住、能用上，这怎么可能？非得是神童不可。人世间过目不忘的神童确实有，但恐怕只是极个别的，绝大多数人还是智力平平，要靠熟读强记来增强读书效果。记得我们当兵时，战士们的文化程度普遍不高，可政治学习发起言来却都是一套一套的，不像现在有些战士，正经发言说不出几句话来。为什么？主要是那个时期强调“突出政治”，部队大部分时间都用于政治教育，还有“天天读”雷打不动。学习的内容又很集中，不是《毛主席语录》，就是“老三篇”，几乎每个战士都能背上几段。所以，讨论发言时才不至于没有话说，一些政治名词、术语才能脱口而出。当然，这并不正常，更不能够宣扬，但却从一个侧面说明了精读的效果。

精读首先要选准书，并不是所有的书都值得精读。根据我的体会，初次接触某一知识领域时，最好能选读一两本公认为写得较好、有代表性的书籍。例如，学理论，一定要下功夫啃几本经典著作；学历史，应先读一套比较权威的通史或通史简编；学哲学、经济学等社会科学，可挑一本通用的教科书做启蒙读物；学文学，最好是读一两本编得较好的文学史，等等。精读的书一定要选好，既要能反映这一学科的概貌，又不能过于深奥。否则，读起来尽是看不懂的问题，也会索然无味，失去兴趣和信心的。如果自己选书没把握，可以向内行人或专家求教，请他们帮助推荐。对这些基本读物，一定要下功夫研读，逐章逐节，逐字逐句，务求读懂弄通。该做笔记的要认真做笔记，千万不要怕费时间。我至今还保存着当战士时做的十几本读书笔记，虽然具体内容早已过时，但正是这些扎扎实实的学习为我以后的发展打下了基础。

精读时最好是诵读。中国的词汇很丰富，读、看、阅、览、观、诵……大概意思都差不多，可仔细分辨却有差别。古人读书特别讲究诵读，也就是读书时要默默地念出来，边念边体会、边感受，而不能只用眼睛扫描一下，明白个大概意思便满足了。为什么要诵读？因为古人写作非常讲究“文气”，即通过文字表达的提、放、断、连、疾、徐、顿、挫，形成一种气势、一种意境、一种神韵，以达到感染人、教育人的目的。这种“文气”，往往是作品的精华，可在字里行间却找不到，只有通过反复诵读，用心体味，你才能感受到它的存在，体会到文章之美，美在何处。若只看不读，满足于了解个大意，文章中最有价值的这些东西便可能擦肩而过。从古代题材的影视作品中，我们常能看到一些书生读起书来摇头晃脑，口中念念有词，一副陶醉其中的样子，原因就在这里。不但读古文要诵读，现代的许多好文章也是有“文气”的，简单浏览和用心诵读的感觉很不一样。当然，并不是所有的书都值得诵读，有些消闲读物也不妨一目十行地随便翻翻。

对基本读物应精读到什么程度？我认为起码应做到，对全书内容要能够从总体上加以把握，对主要观点要能够充分理解消化，对基本概念要能够准确地运用。如有可能，最好能将书中的主要观点、精彩语句背下来。说到背书，一些同志可能会有不同看法，认为死记硬背是一种过时的学习方法。现在是信息时代了，知识爆炸，传媒发达，新思想、新观念层出不穷，紧着学都跟不上，哪有工夫去背书。再说，想背也背不过来呀。的确，背书是一种传统的教育方法，我国旧式教育确有过于强调背诵的弊端。特别是旧私塾，其教育方法概括起来就是“念、背、打”。学生正式拜师后，先生拿出三（三字经）、百（百家姓）、千（千字文）、千（千家诗），告诉小孩子每个字怎么念，会念后便让学生自己去背，背不上来就打。背完了“三、百、千、千”，再背“四书五经”，背完了“四书五经”，有的还要去背诸子百家、前四史。按这种方法去教学，有些小孩子书背得滚瓜烂熟，可一句话都不理解，甚至将书上的字单个拎出来，就都不认识了。显然，这不符合注意启发、鼓励创新等现代教学思想。可话又说回来了，小时候背下来但不理解的东西，可能长大以后自然就理解了，一遇到适当场合，许多格言警句会脱口而出；而长大后所读的东西，理解方面问题不大了，记忆却发生了困难，一般能记住个大概意思就不错了，很难一字不差地复述出来。最近，我读了一套书话文丛，收有近两百位著名学者谈读书、写书、藏书的体会文章。发现许多经历过新旧两种教育的文化名人，晚年回忆自己的治学经历时，都谈到启蒙阶段死记硬背的苦恼及后来不期而至的好处。可见，不能一概地反对死记硬背，应该具体问题具体分析，年轻人还是要趁着记忆力好，多背一点有用的东西。

说起背书，一些同志可能会说，现在脑子不行了，记东西太困难了，再说何必一定要背，多读几遍不同样可以加深印象吗？对此，我的看法是：人的记忆能力确实有个体差异。随着年龄增长，记忆力将逐渐衰退，也是自然规律。但不要忘记，记忆力是可以培养的，越是经常背点东西，记忆力就会越强。相反，总不锻炼，记忆力也要衰退。据专家研究，经过刻苦训练，人的记忆能力可以增强三到五倍。再说，要论年纪，说句不客气的话，我比在座的诸位都要年长不少，可我今年还利用三个月的早上时间，将一部《论语》背了下来。可见事在人为，非不能也，实不为也。至于不专门背而代之以多读几遍书，当然也有好处，特别是对理解有帮助。可即使全都理解了，如果不有意识地去记一点东西，真正到用的时候，搞不好仍会出现“茶壶里煮饺子，肚里有货，倒不出来”。

当然，精读的重点还是应放在理解消化上。根据我的体会，初次接触一门新知识时，要想彻底掌握、弄得很通也不容易。有时下了很大功夫，仍会感到似懂非懂。遇到这种情况，既不可轻易放过，也不要一味强攻，不妨将问题记下来，留待今后学习中继续研究。明代学者陆桴亭曾打过一个比方，说读书思考如同做饭一样，需要细火慢慢煮，功到自然成。太着急了不行，火大了饭就糊了；时断时续也不行，那样饭会不熟；只有锲而不舍，持续努力，才能取得较好的效果。

精读又要理解又要背，肯定会占用大量时间，可能有些同志会问，在一两本书上下这么大的功夫值得吗？我的看法是：既然要打基础，就不能怕费功夫。将一两本书读懂记住，好像事倍功半，实际上正相反，很可能出现事半功倍的效果。因为，精读头一本书时，虽然用去了十分力，但只要真正读懂了，再读同一知识领域的第二本书，可能只需八分力就够了，再往下读第三、第四、第五本，只需六分力、五分力、四分力了。所以，从总体效果上看，这还是比较经济的。相反，如果读第一本书时舍不得下功夫，没有真正读懂弄通，再往下读疑难问题会反复出现，要想读懂还要花时间，且不说读书效果受影响，从效率上来说也是不划算的。

通过精读打好基础后，便可以广泛涉猎，博览群书了。博览不仅可以使自己知识渊博，而且有助于加深对一些基本原理的理解。博和精都是我们的读书目的，而且本身也是相辅相成的。如果把事先精读比作打基础，那么博览就像盖高楼。打基础固然重要，只有打好地基才能盖起高楼。可盖高楼更不可缺，如果不通过博览建起知识的大厦，下那么大功夫打基础又为了什么？没有精，就不可能博；同样，没有博也不可能精。因为人总是在比较中认识事物的，任何一个正确观点的形成都有一个过程。最初的看法大都是模糊的、不确定的，只有弄清了它的来龙去脉，分清了它的左邻右舍，才能得出准确、深刻的见解。所以，博览群书有助于加深对基本原理的理解。一句话，“为学要如金字塔，要能广大要能高。”（胡适语）

博览要有计划，泛读不是乱读。比较好的读书方法是：一段时间内围绕一个主题，选读一批有关书籍，这样精力集中，便于思考，而且也可以将各位作者的观点相互比较，相互印证，从而增强读书效果，实现集中兵力打歼灭战。现在，一些同志读书之所以效率不高，很大程度上是因为读书无计划、没目标，找到什么看什么，或者一本书社会上有人说好，自己也赶快去找一本来翻翻。这样读书，东一榔头，西一棒槌，用的时间不少，却很难形成比较系统的知识。特别是在市场经济条件下，有的出版社为了赚钱，大搞炒作和包装，将一些本来质量很一般的书通过媒体炒得世人皆知，纷纷扬扬。读书若赶时髦，难免要上当。所以，要想真正学到点东西，而不是武装嘴巴，添点谈资，读书就不能太滥、太杂。

在与青年朋友的交谈中，我发现一些同志虽然喜欢读书，但不大吃“正餐”，只爱吃“零食”。平时看书不少，但大都是些马路新闻、明星逸事、武侠传奇，甚至更等而下之。若只从消遣的角度看，这当然无可非议，每个人都有权决定自己的生活方式。别说读闲书了，就是根本不读书，业余时间全用于打扑克、钻桌子，谁也不能把他怎么样。可如果读书是为了长知识、学本领、谋发展，那我可以明确地告诉大家，看这些东西没用。俗话说，“宁吃鲜桃一个，不嚼烂杏半筐”。读好书就如吃鲜桃，不仅有营养，受益大，而且是一种真正的享受。而毫无目的地东翻西看，就相当于吃一大堆烂杏子，味道和营养都不必说了，搞不好还会拉肚子的。

泛读的方法多种多样，可以专心致志，也可以随便翻翻，可以通读全书，也可以选读部分章节，应根据自己的爱好、工作的需要、可用的时间及书刊本身的优劣，灵活地加以确定。泛读最重要的是，要善于将书中的新知识融合到自己原有的知识结构中去。如果说精读的目的是建立起知识结构的主干，那么泛读就要注意往主干上添枝加叶。枝叶只有长在主干上才能存活，主干有了枝叶，进而枝繁叶茂，才能透出勃勃的生机。那么，究竟怎么融合呢？以学习党史、军史为例。年轻时，我曾认真读过几本党史、军史教科书，对我们党和军队几十年的光辉历程有了一个总体的把握。以后，我就很少成本成本地读党史、军史了，而是阅读了大量的回忆录和传记。由于有了党史、军史的系统知识，再看具体人物和事件，就能明白其历史背景，使各种历史人物、事件在头脑中联系起来，加深了对许多历史问题的认识和理解。又由于有了这些具体的历史知识，头脑中的中国革命史也不再是几条干巴巴的结论，而成为一幅幅生动的历史画卷。如果现在让我讲党史、军史，只要稍加准备，就可以讲上半天一天，而且能讲得有血有肉，有声有色。之所以如此，就是将精读与泛读较好地结合了。

在博览群书的同时，对新发现的一些特别有价值的好书，亦应该下功夫精读。若一时找不到这样的好书，不妨“炒炒回锅肉”，将过去研读过的书重读几遍。“好书不厌百回读”，每读一遍都会有新的收获。重读不仅可以加深记忆，而且随着个人阅历的增长，还会发现一些过去不曾意识到的内容，获得许多新的启示。我就有这方面的切身感受。如读《鲁迅全集》，80年代初曾通读过一遍，当时就感到收获很大，印象最深的是鲁迅先生的文才，可以说拜服得五体投地。但也有一点感觉，就是先生似乎有点偏激，如反对吃中药，不主张读中国书等。去年，抽空将《鲁迅全集》重读一遍，同样是所获甚丰，但具体感受却有很大的变化。我现在最佩服的是鲁迅先生的思想和人格。联系到近些年所读过的有关鲁迅的生平传记，才开始真正理解为什么人们说鲁迅的骨头是最硬的，称他为“中国魂”。再将鲁迅作品与近代中国其他思想家、文学家的论著做比较，进一步认识到鲁迅确实是思想深刻，高人一筹。原先读书时产生的误解，主要是未能深刻认识作者生活的那个时代。当然，尽管通读了两遍《鲁迅全集》，我感到自己对鲁迅思想的理解仍远远不够。如有时间，我还想读第三遍，并认真做些笔记，写点东西。

那么，精读到什么程度才可告一段落呢？宋代著名学者朱熹曾提出过这样的标准：

大抵观书先须熟读，使其言若出于吾之口；继以精思，使其意皆若出于吾之心，然后可以有得尔。然熟读精思即晓得后，又怀疑不止如此，庶几有进。

使书中的道理都像自己讲出来的，并且意犹未尽，还有许多话要说。读一本书若真能读到这种程度，可能就差不多了。

二、关于学与思

历代学人谈读书方法，都会讲学与思的关系，而谈起学与思，又总要引用《论语》中的一句话："学而不思则罔，思而不学则殆。"孔子的这句话确实讲得很精辟。只读书不思考，就会陷于迷惘而无所收获；但只空想而不读书，那也是非常危险的。书一定要读，但应边读边思考。只有通过思考，才能理解书中的内容，取其精华，弃其糟粕，引发个人思想、情感的积极变化，使书上的好东西真正变为自己的。关于这个问题，清代学者袁枚在《随园诗话》中写道：

蚕食桑，而所吐者丝也，非桑也；蜂采花，而所酿者蜜也，非花也；读书如吃饭，善吃者长精神，不善吃者生疾瘤。

袁枚不愧为才子，比喻得非常贴切。就像蚕吐丝、蜂酿蜜一样，思考可以帮助读者提取书中的精华，吸收书中的营养。如果一味读书而不思考，轻者毫无所获，吃得再多也都排泄出去了；重的还可能消化不良，生出食瘤。

那么，读书时应如何思考？我认为，可以从以下四个方面努力：

（一）钩玄提要

钩玄提要作为一种读书方法，典出唐宋八大家之一韩愈的一篇散文《进学解》。文中，韩愈在介绍自己的读书方法时这样写道："记事者必提其要，纂言者必钩其玄。"意思是说，读记事一类的文章时，一定要做出提要；阅读说理一类的文章时，一定要探索文中的精义。说通俗一点，所谓钩玄提要，就是强调读书时一定要将书中的要点和精华提炼出来。

读书思考首先要钩玄提要，这个道理不难理解。要想读书有收获，一定得将书中最有价值的东西找出来，然后才可能去思考，去记忆。如果不钩玄提要，读完一本书后脑海中模糊一片，感觉写得不错，却想不起来作者都讲了些什么，那么跟没读差不多。正如清末著名人物张之洞在《书目答问》中所说："读书不知要领，劳而无功。"特别是读理论书籍，看完一章一节后，一定要停下来，想一想在这一部分中作者究竟讲了哪些意思，是怎样进行分析论证的，使自己跟上作者的思路，然后才好继续往下读。否则，前面的内容未消化，往下看就会越看越糊涂。

钩玄提要并不容易。要想把书中的要点和精华真正找出来，读书时就必须非常仔细，反复琢磨，真正理解和把握住作者的思路。若只是浮皮潦草地翻一下，不有意识地去思考，肯定钩提不出来。钩玄提要还需要一定的逻辑思维和理论概括能力，要在充分理解作者原意的基础上，删繁就简，去粗取精，将书中的要点和精华高度地浓缩出来。人们常说，会读书的人能将厚书读薄，所谓读薄就是将书中的要点和精华提炼出来。这种逻辑思维和理论概括能力不是天生的，只要在读书实践中注意锻炼和总结，钩玄提要的本领是能够不断提高的。

至于钩玄提要的具体方法，每个人都不相同。我的习惯做法是：读书时拿一支红蓝铅笔，发现重要的观点和精彩的词句就划出来。读过一章或一节后，停下来看看自己画上线的内容，看是否将这一部分的要点精华都概括出来了，并顺势理一下本章本节的文脉。一般的政治理论著作，逻辑性都是较强的，找出作者的主要论点、论据及论证方法并不难。有些文学作品以及古人的一些著作，文、史、哲融为一体，内容也比较庞杂，条理可能不大清晰，阅读时可采用苏东坡的“八面受敌法”。即多读几遍，每次阅读只关注一个方面的内容，将书中这方面的内容概括提炼出来，其他内容哪怕再有价值也暂不去理它。这样，读几遍下来，书中的精华之处就会尽收囊中了。苏东坡的原话是：

但卑意欲少年为学者，每一书皆作数过尽之。书富如入海，百货皆有，人之精力，不能兼收尽取，但得其所欲求者尔。故愿学者每次作一意求之。如欲求古今兴亡治乱，圣贤作用，但作此意求之，勿生余念。又别作一次，求事迹、故实、典章、文物之类，亦如此。他皆仿此。此虽迂钝，而他日学成，八面受敌，与涉猎者不可同日而语也。甚非速化之术。

在钩玄提要的基础上，做读书笔记就比较容易了。要想增强读书效果，写读书笔记十分必要，古人就有“不动笔墨不翻书”的说法。要求读书时，“凡耳之所闻，目之所见，口之所诵，心之所得，随手抄记”。做到“四到”：“眼到，口到，心到，手到”。

这确是经验之谈。可我发现，现在一些年轻人读书时很少动笔。原因无非两条：一是懒，二是不知道该怎么记。前者是个学习态度问题，不在这里讲了。后者属于读书方法欠缺。确实，一本书那么多内容，该记哪些，不记哪些，不入门的读书人一时搞不清楚。可钩玄提要后，这个问题就迎刃而解了，做笔记就是要记书中的要点和精华。不但记笔记的问题解决了，该背点什么也明白了。如果读一本书后，能够将书中的要点和精华提炼出来，摘记下来，背诵过来，我认为读书思考的第一个目的就算达到了。

（二）融会贯通

读书思考的第二步是融会贯通。它包括两层含义：一是全书内容的融会贯通。经过钩玄提要，书中每一章节讲了些什么虽然清楚了，可对全书的内容还需要从总体上加以把握。否则，只见树木，不见森林，是不可能深刻领会作者写作意图的。所以，在逐章逐节读完全书后，一定要通过思考将各章节的内容融会贯通。包括：分析全书的框架结构，找出各章节之间的内在联系，理解作者在书中着意强调的问题，比较各部分论证和写作上的优劣得失，等等。二是将本书的内容与自己原有的知识融会贯通。这一点更重要。因为从人的思维规律来看，新知识只有与原有知识建立起广泛联系，充分融合到原有的知识结构中去，才能在头脑中生根，真正成为个人知识结构的一部分。所谓记忆，实质上就是将新知识分门别类地储存到大脑原有的知识框架中去。

根据我的体会，要想读书后融会贯通，比较好的办法是合上书，将书中的主要内容复述一遍。因为，要想复述，你就必须从总体上把握书的内容，就需要记住书中的要点和精华。能够复述出来，说明你对该书基本理解和消化了。即便一时复述不上来，也能发现哪一部分内容自己还没有读明白或没有记住。讲一遍下来，记忆会牢固得多。不信，大家可以试试。复述时可以自言自语，但最好是有一些好朋友作为听众。因为有听众时，谈话者容易兴奋，还可以从听众的表情中感觉出自己对哪些问题讲清楚了，哪些还没讲清。复述之后，还可以谈谈自己读书的收获、感想，和朋友们一起讨论交流，互相启发，以求不断加深对书中内容的理解。为什么古人读书特别强调要交书友，认为“独学而无友，则孤陋寡闻”，道理就在这里。

复述通常是讲一本书的内容，若有可能，最好是结合工作，将所看过的关于某一内容的若干本书串起来讲，其学习效果会更佳。我自己就是这么做的。近两年结合为部队讲课、备课，一段时间内集中阅读某一方面的书籍，少则十几本，多的几十本。然后将各书的内容融会贯通，分析比较，形成比较系统的看法，并下功夫将其落到文字上，写成讲课提纲。这样读书最辛苦，不仅要钻进去，切实掌握每本书的精华，还要能跳出来，根据讲课的需要，形成一个新的体系，确实非常不容易。但我感到，有了讲课的压力，读书目的更明确了，钻研精神也增强了，读书效果明显提高。虽然用时间多了一些，但学得扎实，每搞完一个专题，都可以自信地说，对这方面的知识心中有数了，有点发言权了。所以，我很赞同胡适的一句话：“发表是吸收的利器，手到是心到的法门。”

（三）质疑求解

这是思考的第三步，也是最关键的一步。在融会贯通，充分理解作者原意的基础上，就要深入思考，大胆质疑，多问自己几个为什么。例如，书中的观点究竟对不对？还有哪些需要补充和完善的？为什么作者要这样写？和其他人的看法有什么异同？等等。读书一定要质疑。读书收获的大小全在于读后能不能提出问题，提出并解决了多少问题。如果读完一本书提不出任何问题，那只能说明自己未真正看进去，最起码是领会得不深。读书的过程就是由无疑到有疑，由有疑再到无疑。朱熹的《朱子读书法》说得好："读书无疑者，须教有疑；有疑者，却要无疑，到这里方是长进。"

质疑要贯穿于读书的全过程。初读时，就应随时注意发现问题。读完部分章节和全书后，亦应结合钩玄提要和融会贯通，深入地想一想，多问自己几个为什么。读书中发现的问题，可以随手记在本子上，也可以写在书上，或者画一个问号，留待复读时做进一步的思考。对提出的问题，应力争通过读书、思考自行解决。这是有可能的。特别是读前面章节时遇到的疑惑，有时作者在书的后面已给出了答案。书中找不到答案的，经过融会贯通和深入思考，也许自己也能想明白。即便一时解决不了也不要紧，还可以请教他人或通过日后阅读其他书籍来加以解决。古代有一位学者，读书遇到一时解决不了的问题时，便抄成纸条，贴在墙上，日后解决了就撕下来，有了新的问题再贴上去。我认为，这倒是一个督促自己不断努力的好办法。在许多情况下，一些原来看上去很难，百思不得其解的问题，随着阅历的增长，说不定哪一天就迎刃而解了。朱熹曾写过一首《读书有感》，专门描述这种现象：

昨夜江边春水生，艨艟巨舰一毛轻。
向来枉费推移力，此日中流自在行。

（四）举一反三

举一反三是一个成语，典出《论语·述而》。原话是：子曰

“不愤不启，不悱不发，举一隅不以三隅反，则不复也”。大意是说，教育学生，不到他想把问题搞通而还没有搞通时，不要去开导他；不到他想要说又说不出来时，不要去启发他；告诉他一个角，他若不能由此推知其他三个角，就不再教他了。教学生应遵循这一规律，个人读书也存在这个问题。如果读一本书，只掌握了书上写明的内容，那收获是十分有限的。只有举一反三，触类旁通，由此联想到书上没有写的一些问题，并形成自己独特的看法，那才算是真正读懂读通了。过去人们常说，会读书的人不但能把厚书读薄，而且还要能将薄书读厚。所谓将书读厚，指的就是这个意思。

举一反三，形成自己的观点，显然要比质疑求解又高一个层次。它要求读者看书时大脑高度兴奋，能够跳出本书的范围，广征博引，浮想联翩，在知识的海洋中恣意遨游，不断寻找真正的宝藏。显然，没有一定的知识积累，没有丰富的生活经验，没有想象力和创造性，很难做到这一点。可恰恰这又是最有价值的。因为，书上的东西写得再好也是别人的，只有读书观感才真正属于自己。前一时期，一些出版社编辑出版了毛泽东读《二十四史》《资治通鉴》等书时做的批注。看看这些批注，才能明白什么叫真正的会读书，什么是读书的高层次。我自己也有这方面的切身感受，读书若真读进去后，思想会特别活跃，不时产生一些极富创意的想法，连自己都很得意，对日后的学习工作也很有帮助。事后回想，真不知道这些好想法是从哪里冒出来的。

既然读书时的个人观感这么宝贵，自然应想办法将其保存下来。特别是读书时无意中产生的“思想火花”，更是稍纵即逝，当时若不赶紧记下来，很快就会消失得无影无踪，再怎么想也找不出来了。所以，读书还是应强调做好笔记。记个人读后感也有两种形式：一是作眉批，随手记在书中相应的地方。其好处是方便，不用另备笔墨。问题是现代装订的书空白处有限，观感多了可能会写不下。二是另找一个本子记个人读书心得，这样想写多长便可以写多长了。如果一本书读后确实感触颇多，有许多话想说，还可以写读书札记。这种文体不像读书心得，不需要考虑文章的总体框架，有话则长，无话则短，结构上虽然松散，可内容却很充实。作为读书的收获，既可供今后读书、写作时翻阅，也可拿出去发表——若确有价值的话。现在书店里经常能见到一些学者的读书札记，应该说绝大多数都相当不错，读起来真是“沉浸浓郁，含英咀华”。

三、关于知与行

知与行是中国古代哲学的一对基本范畴，关于二者的关系，历代学者做过许多精辟的阐述。有的主张知难行易，有的认为知易行难，有的提出知先行后，有的强调知在行中，都讲得头头是道，引人入胜。不过，今天我在这里提出知与行问题，并不是打算向大家介绍中国古代哲学史，而是想借用这一对概念，来阐述读书求知与使用的关系，讲一讲读书时应如何联系实际，学用结合，使书中的精华真正进入思想、进入工作，达到改造主观世界，增强改造客观世界能力的目的。

每个同志读书都希望有所得，有所多得，要想达到这一目的，就必须正确处理读书中知与行的关系。如果把知理解为通过读书获取知识，将行理解为知识获取后的实际应用，显然，行比知更重要。这首先是因为读书的目的全在于应用，检验一个人的读书效果，不仅要看他掌握了多少知识，更重要的是看他会用不会用。如果一个人读了不少书，掌握了一些知识，可就是不会用或用不好，那肯定不能说他会读书。其次，从认识论的角度看，行也是获得真知、深知的必要途径。因为，毕竟实际生活才是知识学问的根本来源，书本上的东西不过是实际生活的反映和记录而已。人只有通过实践，才能加深对所学知识的理解，才能将书本上的知识转化为自己的能力和素质。宋代大诗人陆游提出："纸上得来终觉浅，绝知此事要躬行"，讲的就是这个道理。

在现实生活中，处理不好知行关系的大有人在。其主要表现为读书后不会用，却自认为懂得很多，总爱拿书本知识来裁判生活，把书本上的一些原则、信条原封不动地照搬到实际工作中，结果屡屡碰壁，甚至碰得头破血流。这样的人，说轻些是书呆子，严重的会发展为教条主义。21 世纪以来，中国的革命和建设吃教条主义的亏太多了，教训太深了。因此，毛泽东等老一辈革命家关于正确处理知行关系，树立马克思主义学风问题有过许多精辟的论述，并将理论联系实际上升为党的三大作风之一。特别是毛泽东，他一生读了很多书，堪称大学问家，可最瞧不起的就是书呆子。他反复强调要理论联系实际，明确提出"读书是学习，使用也是学习，而且是更重要的学习"。他坚决反对读死书，死读书，认为那样会越读越蠢。

孟子有一句名言，"尽信书不如无书"，讲得很有哲理。大到确定革命和建设的路线、方针、政策，小到日常生活的微言末行，都存在这个问题。人不读书是不行的，读书后一点不信，全然排斥，肯定一无所得。可如果读书后不加分析，盲信盲从，全盘照搬，那更是要不得。有人曾把这种读书态度描述为跪着读书，比喻得非常形象。关于这个问题，鲁迅先生在《读书杂谈》一文中曾引用过一个来自印度的寓言。说一个老翁和一个孩子用一匹驴子驮着货物出去卖，货卖完后，孩子骑驴回来，老翁跟着走。但路人责备了，说这孩子真不懂事，让老年人徒步走；他们听后互换了一下，可旁人又说老人，怎么能自己骑驴让孩子走；老人忙将孩子也抱上鞍来，可后来看见的人又说，太残酷了，俩人骑一头驴；于是都下来，走了不久，又有人笑他们了，说真是呆子，空着现成的驴子不骑。最后，老人对孩子叹息道，看来我们只剩一个办法了，那就是抬着驴子走。鲁迅先生在讲完这个故事后说："无论读，无论做，倘若旁征博访，结果是往往会弄到抬驴子走的。"可见，正确的读书态度是，对书上的东西既信又不信，始终持一种分析的眼光，既要看它本身讲得是否有道理，更要看其在实践中能否行得通。也就是说，要在行的过程中消化知、检验知、巩固知。

读书贵知更贵行，但对行却不宜作片面理解，不能从一个极端走向另一个极端。这方面的教训也是有的。例如，"文化大革命"中，林彪曾提出过一个学习毛主席著作的"二十二字方针"，即"要带着问题学，活学活用，学用结合，急用先学，立竿见影"，在当时造成了很大的影响。且不说林彪鼓吹这一套东西的政治目的，从读书方法上讲，它也是十分片面的，要不得的。特别是所谓立竿见影，强调读书后马上就用，并且要立刻见到成效，更是荒谬至极。因为读书学到的东西，有些马上能用，有些则进入思想，潜移默化地发挥作用。要求读书后立竿见影，不符合人的认识和行为规律，也根本做不到。我经历过那个荒唐的时代，对林彪鼓吹的这一套实用主义的读书方法，可以说是深受其害。那时，全国上下大“革”文化的命，社会上什么书都见不到了，只有毛主席著作可读，而且主要是毛主席语录，基本上是人手一册。遇到问题便从语录中找相应的段落，读完后马上照着做，这叫作“红宝书，随身带，遇到问题学起来。”读完了要用，用了以后还要讲。当时最时兴开活学活用毛主席著作讲用会，都是讲带着哪个问题学了哪篇文章的哪一段，学完后怎么用的，马上见到什么成效，形成了一种套路。就这样全党全军全国上下折腾了好几年，马克思列宁主义、毛泽东思想的精髓一点没学到，反而越学人越傻，以致在庐山会议上，党的许多高层领导都上了陈伯达一类政治骗子的当。在此之后，毛泽东号召全党要认真读马列原著，彻底批判林彪鼓吹的实用主义学习方法。应该说当时取得了一定效果，但林彪这一套的消极影响却远没有肃清，所以后来才出现了“两个凡是”的错误。直到小平同志重新工作后，提出要完整准确地理解马列主义、毛泽东思想，组织全党广泛而深入地开展真理标准的大讨论，重新确立党的实事求是的思想路线，这个问题才得到了较好的解决。由此可见，在知行关系上，应该反对两种倾向，既要反对教条主义，理论脱离实际，又要反对实用主义，把读书学习和应用简单化、庸俗化。

读书后不用不行，太实用了也不行。那么，应该怎样理解和把握读书中的知行关系呢？我的看法是：读书的应用（也就是行）可分为递进的三个层次，各个层次的知行关系是不一样的。第一个层次是知识的吸收。读书的目的首先是为了求知，通过读书，原先不知道的事情现在知道了，过去不明白的道理如今明白了，这就是收获。掌握了知识可以直接用于指导实践，因而其知行关系也比较简单。例如，通过读史书，我们可以增长许多历史知识，以后在与朋友的交谈中，当谈到某一段历史时，自己大概知道是怎么一回事，不至于懵懵懂懂，这就是一种应用。如果在工作实践中，能够恰当地引用这些历史知识，说明一些道理，给他人以启示，那在一定意义上可以说用得就比较好了。再比如写文章，需要掌握一定的语法、修辞知识，熟悉常用的行文格式。如果你不懂这些知识，文章肯定写不好，搞不好还会闹笑话。而读一两本有关写作的教材或书籍后，便可了解写作的基本知识，掌握写作的一般规律，提高自己的写作水平。这也属于知识的吸收和应用。显然，这个层次上的读书应用比较简单，无须多讲。

读书应用的第二个层次是能力的提高。能力建立在掌握知识的基础上，能力的提高比简单地吸收知识更重要。我们读书的一个重要目的，就是要将书本上的知识转化为自己认识世界、改造世界的能力。而要达到这一目的，就必须加强读书后的实践和思考。仍以写作为例。有关写作的书籍告诉我们许多写作常识，这些知识很重要，但光有这些写作知识还不行，还必须将这些知识转化为写作能力。否则，你就是把一本写作教程全背下来，仍然写不出文章来。而要提高写作能力，关键是要将写作知识运用于实践，多写多练，并且在写作实践中反复体验和总结。不多写不行，写完后不认真总结也不行，凡是能写点东西的同志，大都是在多写多总结的过程中锻炼出来的。

读史书同样有一个提高能力的问题。古代学者谈读史，一贯主张既要了解史实，更要增长史识。所谓史识简单地说就是对历史问题的正确认识。它来源于丰富的历史知识，又明显高于具体的历史知识，其实质是对历史发展的规律性认识。增长了史识，我们就能够正确地认识历史，既知其然，又知其所以然，就能够提高我们对现实问题的洞察力和预见性，从而更好地指导工作实践。相反，如果读史书不注意增长史识，只是记住了一大堆具体的人物、事件，那就是丢了西瓜，捡了芝麻，没有达到读史的真正目的。过去，人们常把那些读了不少书，掌握了大量知识，可就是不会用的读书人戏称为“书簏”，说他们知识渊博得就像百科全书一样，无论你问什么都难不倒，可就是没有多少自己的见解，头脑中装的都是书上的东西。所以，这样的人再博学，也不过是装书的柜子，会说话的“两脚书簏”。而要增长史识，读书时就必须深入思考，多问几个为什么，钻进去，跳出去，从纷繁复杂的历史现象中概括出一些东西来。心有所得后，还必须自觉地将其运用于实践，在实践中检验其是否正确。显然，这比简单地吸收和运用一些历史知识要困难得多，也重要得多。

读书应用的第三个层次是素质的培养。现代教育理论特别强调素质培养，无论是正规教育还是继续教育，无论中小学还是大学，都把培养人的综合素质作为主要目标。那么，什么是素质？素质有许多定义，比较公认的看法是：素质是人们经过学习而形成的内在素养和品质，它包括思想道德素质、科学文化素质、专业素质、心理素质、身体素质等。从定义上看，素质是一个综合概念，它包括了知识和能力，但其核心却不是具体的知识和技能，而是使知识和技能发挥作用的东西。也有人说，所谓素质就是在所学的知识淡忘后、掌握的技能生疏后剩下的东西。显然，它比知识、能力更重要。现实生活中有无数事例能够证明这一观点。例如，有些人学历很高，也很能干，可就是不好好工作，聪明用不到正地方。或者顺利情况下表现还可以，却经不起挫折，遇到点困难就打退堂鼓。这样的人哪个单位都不欢迎，其个人也难有发展。

读书的一个最重要的目的就是培养人的素质，它包括掌握正确的立场观点方法，树立远大的理想和坚定的信念，养成良好的道德品质和生活习惯，提高文化修养和精神境界，学会与人相处、合作共事等。用一句话概括，就是改造自己的主观世界。通过读书改造主观世界，好像比较空洞，难以把握，实际上它处处存在，非常现实，又非常重要。仍以写作和读史为例。有些人很会写文章，掌握了写作所需要的方方面面的知识，也有很强的文字表达能力，可就是写不出好文章来。为什么？就是因为没有正确的思想和高尚的情感。俗话说“文如其人”，做人做不好，作文也很难作好。例如鲁迅和周作人兄弟，论文采，论知识，周作人都不在鲁迅之下，他写的一些散文也是很美的。鲁迅先生曾对斯诺说，中国近代作家中，散文写得最好的要数周作人。可读过周作人的书后，却总让人感到缺一点什么。再读鲁迅的书，你就能发现周作人的文章缺的是深刻的思想和人格的魅力，而这些恰恰是好文章最核心的东西。唐代大诗人杜甫在指导儿子学作诗时说：“汝欲学作诗，功夫在诗外”，讲的也是这个意思。读史也是一样，它能使人聪明睿智，认识社会的发展规律，预见事情的变化进程。可认识是一回事，正确地行动又是另一回事。历史上确实有不少聪明人，善恶是非都明白，该干什么不该干什么也很清楚，可就是私心重、骨头软，遇事瞻前顾后、患得患失，关键时刻不敢挺身而出，不敢说真话，结果一失足成千古恨，如“文化大革命”中的某些文化名人。这样的人读历史书并不少，历史知识相当丰富，对一些问题也不乏真知灼见，可你能说他们真懂历史吗？

怎样读书才能提高自身素质？我认为，最重要的是读书时把自己摆进去，做到切己体察。切己体察是朱熹二十四字读书法中的第四条，意思是说读书时要紧密联系自己的知识、经验去领会书中的道理，用朱熹自己的话说就是，“将自个己身入那道理中去，渐渐相亲，与己为一”。通过切己体察，在深刻理解书中内容的基础上，可以促成个人思想情感的积极变化，达到净化精神世界，提高自身素质的目的。相反，如果读书时不联系个人的思想实际，总像旁观者一样，书是书，我是我，读归读，做归做，那就只能有寻章摘句一类的收获。

古人读书十分强调切己体察，宋代的陆九渊曾写过一首关于读书方法的诗：

读书切戒在慌忙，涵泳工夫兴味长。
未晓不妨权放过，切身须要急思量。
自家主宰常精健，逐外精神徒损伤。
寄语同游二三子，莫将言语坏天常。

意思是说，读书时不能慌慌忙忙，急于求成，要静下心来仔细体味书中的道理。遇到一些具体问题搞不懂不要紧，可以暂时放过，因为今后还可以继续学习。可涉及个人思想修养的问题却应格外认真，一丝不苟。读书应追求自己思想境界的提高，如果不联系个人思想实际，只是单纯地去追求知识，那就是舍本求末，搞不好还会影响自己思想道德素质的提高。我认为，这首诗讲得挺有道理。它的中心意思就是读书要真正进入思想，而不能只是武装嘴巴。否则，有时还不如不读书。历史上读书不少可越读心越坏的大有人在，一些文人说一套、做一套，满嘴的仁义道德，一肚子男盗女娼，在关键时刻的表现，还远不如一些不识字的老百姓，以至“仗义每从屠狗辈，负心总是读书人”。为什么？就是因为读书时没有切己体察，没有把自己真正摆进去，引起思想感情的积极变化，而是把读书当作升官发财的“敲门砖”，甚至还从书中吸取一些糟粕、一些坏招，当然也就越读人越坏。

读书时怎么将自己摆进去？清代学者周永年编撰的《先正读书诀》中有一段描述："大抵看史，见治则以为治，见乱则以为乱，见一事则止知一事，何耶？观史如在其中，见事之利害，时之祸患，必掩卷自思，使我遇此等事，当作何处之。如此观史，学问亦可以进，智识亦可以高，方为有益。"这段话讲得非常好。观史如在其中，想一想自己若是历史舞台上的一个人物，在利害关头会如何表现，进而检验个人的人品和学识。在座的哪些同志能做到这一点？恐怕不很多吧。相当多的同志读史还是偏重于看故事，瞧那些历史人物明争暗斗、打来打去的挺好玩。读史看热闹，虽然也有收获，但比起把自己摆进去的读书，其长进肯定会小得多。

切己体察，把自己摆进去读书，就要注意将书中的内容与个人的生活经验联系起来。每个人都有独特的生活经历和人生体验，这是我们读书求知的思想基础。人的阅历不同，对同一本书的理解就不同。生活经验越丰富，越能领略书中的真谛。特别是社会科学和人文科学，和人的社会经验的关系更密切，所以，阅读这方面的书籍，一定要注意联系个人的生活经验。一方面，要结合自己对社会、对人生的体验，去加深对书中内容的理解；另一方面，又要自觉地运用书上揭示的道理，来指导自己的实践和对实际经验的总结。古人有成长需"行万里路，读万卷书"的提法，行万里路和读万卷书不是两件事、两个过程，必须紧密结合，同时进行。要读书，实践，总结；再读书，再实践，再总结，使读书和生活融为一体，使所读之书真正进入思想、进入工作、进入生活。

切己体察，把自己摆进去读书，要注意个人思想感情的投入。有些人读书，读到开心之处会哈哈大笑，读到伤心之处会潸然泪下，读到悲壮之处会仰天长叹，读到精彩之处会拍案叫绝。这是一种非常好的现象，说明他读书是真正读进去了，引起了个人情感上的强烈变化。正是在这种变化中，其精神境界得到净化和提升。我自己就有这样的经历，在读一些好书时，常不知不觉地进入了状态，心情随书中人物的命运起伏而变化，有时读着读着眼泪就出来了，根本控制不住。合上书后，恨不得大叫几声，发泄一下。这样读书，过后印象非常深，能明显感觉到个人的思想感情在起变化。有些同志读书过于冷静，始终进入不了状态，无论读什么都是一副铁石心肠，再动人的情节也无法将其打动，这就很难有思想情感上的收获。所以，带着感情读书，也是一种值得提倡的读书方法。

切己体察，把自己摆进去读书，就不能满足于“知道”，而要力争“体道”。这里的道是指做人做事的一些基本道理，通过读书了解这些道理是比较容易的，但却远远不够。现实生活中一些人之所以犯错误、走邪路，并不是因为不懂道理，分不清是非善恶，而是他们从一己私利考虑，不照道理去做。所以，光“知道”是不够的，还必须“体道”，即从内心真正接受这些道理，切实愿意照着去做，即便为此付出代价也在所不惜。如果说“知道”是提高道德认识，那么，“体道”就是培养道德情感，坚定道德信念。而要“体道”，关键又在对认准了的东西，要切实去做，“知一字，行一字，知一句，行一句。”也就是我们常说的读书要联系实际，改造思想，落实行动。

总之，读书的应用分三个层次，层次越高越需要知行统一，做到统一也越不容易。到了最高层次，知行统一实质上已成为读书和做人的统一。对书中揭示的人生道理，一旦认准就不折不扣照着去做，既是读书的方法，也是做人的态度。真正懂得了这一点，才算从根本上掌握了读书方法；切实做到了这一点，才是一个名副其实的读书人。

关于读书方法，我要讲的就这么多了。最后，再强调一下，读书方法多种多样，因人而异。别人的方法再好，再成功，也不宜简单地模仿和照搬。要想学会读书，关键还要靠在读书实践中注意总结自己的点滴经验，不断改进读书方法。我今天只是想为大家总结提供一点启发和帮助，不知这个目的达到了没有。

让学习成为生活的第一需要[①]

我今天报告的题目是：让学习成为生活的第一需要。

猛一听这个题目，一些同志可能不以为然。心想，“同志，你肯定讲错了。学习怎么可能成为生活的第一需要呢？谁都知道，人要生存，首先必须解决的是衣食住行问题，对物质生活条件的需要才是生活的第一需要。”有人提出这样的质疑不奇怪，不过我也有我的道理。这就是我今天要讲的主要内容。

我要讲的第一个观点是：只有通过学习，才能满足人们物质生活方面的各种需要。

不错，人要生存，首先必须满足物质生活方面的需要。并且对大多数人来说，一般化的满足还不够，还都希望自己及家人的日子能过得好一些：吃穿不愁，住房大些，医疗、养老有保障，孩子得到良好的教育，另外要有些积蓄以备不测之需，有条件的话还想外出旅游，或不时添置些“大件”……这些都是人之常情。

① 本稿写于2002年10月。

好日子人人企盼，可要真想过上好日子，光有愿望肯定不行，必须有满足各种物质需求的方法、途径和手段。我认为，在现实生活中，特别是在社会主义市场经济条件下，要想满足物质需求，过上好日子，唯一的办法就是加强学习。

在座的有不少老同志，想必不会忘记计划经济体制下物质匮乏、生活拮据的日子。我们国家曾经实行了几十年的计划经济，搞来搞去始终摆脱不了“短缺”的困扰：经济发展徘徊不前，各种物质供应非常紧张，多数老百姓的生活比较贫困，甚至很长一段时间内连吃饭问题都解决不好，更不要说其他需求的满足了。那时，人们要想满足物质需求真是太难了。且不说大家的工资收入都很低，手头的钱本来就不多，即便是有钱，也买不到多少东西，因为当时买什么都要票，都凭证。改革开放 20 多年来，通过实行社会主义市场经济，大力发展社会生产力，我们总算把物质匮乏的问题彻底解决了。现在可以说是真正的“市场繁荣，物价稳定”，市面上的东西应有尽有，而且又多又好又便宜。只要有钱，什么都可以买到。甚至连一些不该成为商品的东西也成了商品。人的各种物质需求包括一些难以启齿的需求，都可以通过市场得到满足。

市场上的东西越来越丰富了，可不知大家是否感觉到，现在，钱却是越来越不好挣了。过去计划经济体制下，人们的工资虽然不高，生活谈不上富足，可好赖有个饭碗，而且大都是铁饭碗。特别是城里人，只要服从组织分配，国家包你有个就业岗位。一旦进了单位的门，那就是公家的人，只要安心工作，别犯大的错误，就可以一直干下去，生老病死等诸多生活难题，都有人替你考虑和解决。现在不行了，就业成为当今社会的第一大难题。且不说年轻人找工作得自己想办法，再也没有组织分配一类的好事了，就连一些在单位辛辛苦苦干了大半辈子的老职工，也不时面临下岗的威胁。找不着工作就意味着没有收入来源，而对那些没钱的人来说，市场再繁荣、物价再稳定又有多大意义？所以说，现在人们才开始真正体会到，为什么一些学者将市场经济称为“双刃剑”。如果说前些年我们更多地享受到市场经济带来的好处，那么今天，相当多的人开始品尝市场经济的“苦果”了。

目前中国的就业问题有多严重？这里可以给大家一组数据。据专家们分析，近几年尽管党和政府在扩大就业、安置下岗职工方面尽了最大努力，可我国城镇的实际失业率仍徘徊在6%至8%之间。“入世”之后，这一比率还可能上升，估计将有4000万人变动工作或下岗，其中一半是国有企业职工，大约占国企现有职工总数的三分之一。农村的就业问题更突出，目前进城务工的农民工已经上亿，以至城市里到处可见农民工的身影，但至少还有二至三亿的农村劳动力就业不足，急切盼望着能进城找个工作。以上还是官方或半官方提供的数字，如果我们深入生活，到那些经济不发达地区看看，会发现实际情况要严重得多。特别是一些老的工业地区，随着支柱产业沦为“夕阳工业”，整个地区经济长期陷入不景气中，多数工厂停产、倒闭，一家几口同时失业的境况屡见不鲜。在座的恐怕都不曾尝到过失业的滋味，那不仅意味着经济上入不敷出、捉襟见肘，由此带来的悲观、烦躁、惶恐和绝望情绪更令人难以承受。在经济和心理的双重压力下，一些人很容易铤而走险，出现种种“越轨”行为，如偷盗、抢劫、“三陪”、卖淫、聚众闹事、对抗政府等。可以说，现在各种严重的社会问题，几乎都与就业不足有关。正因如此，所以党中央才再三强调“稳定压倒一切”，强调要关心群众生活，关注弱势群体，千方百计地扩大就业渠道，帮助下岗职工解决再就业问题。

总之，市场经济为充分满足整个社会的物质需求创造了前提，可具体到每个人，需求能否得到满足，则主要取决于能否找到一份称心如意的工作。在社会主义市场经济条件下，物质需求满足的问题可以归结到能否找到一份好工作上。

找工作难并不是绝对的。现在一方面社会上有大批下岗失业人员和进城谋生农民工，为找不到工作而身心交瘁、度日维艰；可另一方面，又有相当多的单位苦于招不到合适的员工，为搞好招聘工作挖空心思、伤透脑筋。我这么说并不是凭空编造，不信大家去翻一翻报纸的招聘栏目，那上面经常可以发现许诺几十万元甚至上百万元年薪招聘人才的广告。其中多数是企业所为，但近来也发现有院校、科研单位甚至政府机关的。一些单位肯出这么高的价钱，一方面说明他们确实需要人才，同时也说明人才难得，并不是每颗脑袋都价值连城。当然，不能排除某些广告有虚假成分，其用意不在招人，而在宣传、作秀。但亦应看到，现在一些优秀企业家、高科技领域的专业人员以及外企中的高级职员，工资收入确实很高，年薪拿到十几万元、几十万元，早已不是社会新闻。所以说，找工作难不难，要看是什么人，对那些真正有本事的人来说，找一份待遇优厚的工作并不特别困难。

可见，社会发展到今天，在就业方面出现了明显的两极分化：一方面，不少人只求有碗饭吃，给三四百元就肯卖力干一个月，可仍然没有多少单位愿意雇；另一方面，有些人张口就要月薪数万、汽车别墅、股票期权、年底分红，你还得恭恭敬敬地去请。对此现象，我们一些同志很不以为然，提出凭什么少数人拿那么多钱？社会主义不是讲按劳分配吗，难道这些人的付出和贡献真比一般人多出几十倍、上百倍？我认为，这些同志的心情可以理解，可思想观念却有点旧了。因为，随着社会主义市场经济体制的建立，社会的分配机制发生了根本性的变化。劳动力作为生产要素之一，已无可争辩地成为商品。既然是商品，其价格就只能由其内在价值决定，并受供求关系影响。社会急需有知识、有本事的人，而这样的人又相对较少，所以他们找工作很容易，收入也高得多。而那些知识准备不足，又缺少一技之长的人，在劳动力市场上的供求状况正好倒过来了，不是供不应求，而是严重的供大于求，所以找起工作来特别困难，即使降价以求，还是少有问津。这些现象都是实行市场经济的必然结果。对此，个人就是再有想法，再有意见，也很难从根本上加以改变。

这样一来，找工作难不难的问题又归结到了劳动者的自身素质上。也就是说，在社会主义市场经济条件下，要想有稳定的工作、优厚的待遇，就必须有真本事。人的本事不像容貌可以遗传，也不像财产可以馈赠，其唯一的来源就是学习。从这个意义上说，只有通过学习，有了真本事，才会有好工作、高收入，也才能较好地满足物质生活方面的各种需求。

现在一些领导同志讲学习的重要性，总是从时代的呼唤、事业的发展、单位建设的需要、目前干部素质的差距等大问题谈起。这样讲固然不错，可对那些平时不大关心政治的普通群众，效果却不理想。因为后者还没有建立起为某种主义而奋斗的理想信念，而缺少了这个大前提，有关学习如何有助于事业发展的大道理，对他们就起不了多大作用。其实，要想让人们产生学习方面的危机感、紧迫感，没必要绕这么大的圈子，只要分析一下当前的就业形势，讲清楚市场经济条件下的分配规律，相信多数人自己就会得出结论，受到鞭策。

值得注意的是，现在有些人自己不努力学习，不准备靠提高自身素质来适应日趋激烈的竞争环境，反而埋怨市场经济分配不公，指望通过政策的调整或组织的照顾来改善个人境况。我认为，这不是现实主义的态度。其实，在满足人们物质需求方面，市场经济相对来说还是比较公平的。它促成了丰富的商品和劳务市场，只要有钱就能买到所需要的东西，再也用不着拉关系、走后门了；它创造了相对公平的竞争环境，使每个善于学习的人都能通过自身努力，获得丰厚的回报和美好的前景。尽管由于个人的客观条件不同，学习起点不同，这种公平只是形式上的，套句老话，是形式上的平等掩盖着实际上的不平等，可在现有社会生产力发展水平上，人们实在想不出比这更好的解决办法了。所以，既然无力改变环境，那我们就只有想办法改变自己。与其指望政策倾斜、组织照顾、社会救助，不如自己早点动起来、学起来。

我们说只有通过学习才能满足人们物质生活方面的各种需求，还因为随着知识经济的到来，出现了知识、信息爆炸性增长的局面，知识更新的速度大大加快。要想跟上形势，在激烈的就业竞争中始终处于有利地位，就必须不断学习，终身学习。那种认为学习主要是学生的任务，是年轻人的事的观念，已经明显过时。关于这方面的材料，大家平时多有接触，我就不展开讲了。只想强调一点，即知识经济时代，越是高新技术领域，知识更新的速度就越快；越是高收入阶层，面临的竞争压力就越大，对其学习的要求就越高。一名月收入不足千元的建筑小工，可以一年不摸书本，反正挣的是辛苦钱，年复一年干的都是同样的活儿，不学新知识也能混得下去；而一位年薪 20 万元的 IT 经理，别说一年不学习了，就是脱离业务三个月，再捡起来都有点吃力，搞不好就有被淘汰出局的危险。而一旦被淘汰，IT 经理的处境可能还赶不上打工仔。

正因为有了市场经济这一大前提，有了知识经济这一大背景，所以，近些年社会上出现了持续升温的学习热，上至头发斑白的老人，下到幼儿园中的孩童，各种年龄段的人几乎都被卷入这一潮流中。学生们的情况不用说了，现在学得最辛苦的就是他们。打工族的情况也无须多讲，只要看一看处处爆满的夜校就清楚了。值得一提的是，就连一些事业上已获成功的“大款”，也纷纷开着豪华轿车来到大学校园“充电”。改革开放初，社会上曾流行过一阵“读书无用论”，受其影响，一些年轻人急功近利，厌学、弃学成风。为此，领导、老师、家长忧心忡忡，大会讲，小会批，课堂说，回家劝，仍难以消除其影响。而近几年，似乎城市里很少听到这种议论了，读书学习再一次热起来，“终身学习”“继续教育”“学习型组织”“学习型社会”成为最时髦的口号。社会风气的这一转变，当然有各级领导倡导之功，但恐怕主要还应归因于随着市场经济的确立，社会的用人机制和分配机制改变了。如果还像前些年那样，“搞原子弹的不如卖茶叶蛋的”，绝对不可能出现全社会的学习热。所以，现在人们越来越重视学习，与其说是因为兴趣和爱好变了，不如说主要是市场压力使然，是顺应时代潮流之所为。

当然，现在也有不学习，不靠真本事也能混得下去，甚至一段时间内混得还不错的，譬如官场上的个别腐败分子。这也可能就是为什么近些年在多数领域，并没有哪位权威特别强调学习，可几乎所有的人都争先恐后，拼命地学，唯独对干部，各级领导再三强调学习，把能讲的道理都讲遍了、讲滥了，可总有一部分人无动于衷的客观原因吧。不过，这毕竟是特例，是我们国家政治体制改革滞后的产物。相信随着社会的进一步发展，那种靠投机钻营和歪门邪道而生存的机会将越来越少。

总之，人人都希望过上好日子，在社会主义市场经济条件下，要想满足自己及家人的物质需求，过上富足的生活，就必须加强学习。只有学得好，才能干得好，进而活得好。学习是满足一切物质需要的需要，从这个意义上可以说，学习是生活的第一需要。

讲到这，可能有些同志要抬杠了：通过学习提高自身素质，是人们满足自身物质需求的一条途径，但并不是唯一的途径。现在社会上发财的机会很多，非法的不说了，既合法又省力的办法也有不少，如摸彩。有些人运气就是好，一不留神，中他个百万大奖，从此要什么有什么，无忧无虑，优哉游哉。可见，并不是只有通过学习，才能满足人的各种物质需求。

应该说，这一反诘并非毫无道理。近几年社会上摸彩成风，确有个别人手气特别好，不费吹灰之力就成为百万富翁。可如果有谁想走这条路，最好还是先仔细计算一下中奖的概率，切不可高估了自己的财运。要知道彩票并不创造财富，它不过是将众多彩民的钱集中到一人手上而已。谁都有可能成为那幸运的中奖者，成为百万分之一概率的分子，但更大的可能却是为幸运者当一回分母。不过，即使只有百万分之一甚至更小的可能性，毕竟还是有啊。可见，说只有通过学习才能满足人的物质需要有点绝对，大概只有百分之九十九点九九九九的正确性吧。所以，下面我要讲第二个观点。

我的第二个观点是：只有通过学习，才能使我们的现实需要真正成为人的需要。

近些年，需要成为一个使用频率很高的词汇。几乎人人都在谈论需要，强调需要，都在考虑如何满足个人的需要。可不知大家想过没有，我们作为不同于动物的人，真正需要的究竟是什么？换句话说，我们的现实需要中，究竟有几分真正属于人的需要？属于只有人才具有的高级需要？

我们知道，人类是由灵长类动物进化而来的。如果用种加属性的方式来定义，那么人就是能制造工具并使用工具来劳动的高等动物。人的一些基本需要，如饮食、保暖、繁衍后代等，无不来源于动物的本能。古人所谓“人异于禽兽者几希”，所谓“食色，性也”，讲的就是这个意思。人的基本需要虽然来源于动物，可人的需要却与动物的需要有本质不同。因为，经过长达几十万年的发展进化，人类不断地学习、积累，在改造客观世界的同时改造自身，形成了高度发达的物质文明和精神文明，特别是形成了以书面语言为基础的丰富多彩的人类文化。在文明和文化的熏陶下，人的需要从内容到形式，从需要的结构，到满足需要的方式，都发生了根本性变化。

人类总体如此，作为个体的人也是一样。任何一个人的需要都不是天生的，而是通过不断的学习，接受文明和文化熏陶的结果。如果不学习，别说是幸福的生活了，就连人的正常需要都无法形成。最具说服力的例证就是狼孩。所谓狼孩就是从小被狼叼去，由母狼抚养长大的孩子。他们的体形外貌与正常人并无不同，可生活习性却像狼一样。如只吃生肉，并且是将肉放在地上，用牙齿去撕咬。他们无法掌握人类的语言，更谈不上建立在语言基础上的思维和其他精神生活，只会像狼一样，用号叫来表达感觉，传递信息。狼孩的例子虽然极为特殊，但足以说明人的需要并不是天生的，而是社会化的产物，是学习的结果。在所有高等动物中，从出生到独立生存，就数人所需要的时间长，这也说明人的成长比任何高等动物都依赖于学习。

既然人的需要是学习的结果，由此就可推断，学习情况不同，对文明和文化的理解及接受程度不同，人的需求内容、需求结构以及满足需求的方式就不一样。即使同一种类的物质需求，也会出现明显的高下之分、雅俗之别。

就拿饮食来说吧。是人就得吃东西，可吃什么和怎么吃，却大不相同，有文化的人是一种吃法，文化素质不高的人则是另一种吃法，差别可大了。有些人整天山珍海味，美酒佳肴，胡吃海塞，暴饮暴食，用东北话说，可着劲儿地“造”，钱花了不少，却把身体吃坏了。而有文化的人吃东西不仅讲营养，而且重品位，不一定要花很多钱，也不一定是非常好的东西，却能吃出文化意蕴和情趣来。台湾著名学者南怀瑾先生曾讲过这样一个故事：说古时候有一位读书人，家里很穷，经常揭不开锅。一天，有朋自远方来，读书人当然很高兴，想留客人吃饭，可搜钵刮罐，只找到一个鸡蛋、半块豆腐和一小把青菜。若是一般家庭，这顿饭肯定没法儿请了。可读书人不愧为读书人，这么一点儿东西，居然做出一桌筵席来。第一道菜是煮熟的蛋黄切成两半，放在青菜丝上，取名“两个黄鹂鸣翠柳”；第二道菜是将加热凝固了的蛋白切成细丝，一字摆在盘中，取名“一行白鹭上青天”；第三道菜是凉拌豆腐，放入盘中，取名“窗含西岭千秋雪”；最后又上了一道汤，名为“门泊东吴万里船”，实际上就是一碗清汤，上面漂着两个鸡蛋壳。瞧，多么寒酸又多么富有想象力的文化大餐。

再看衣着打扮。爱美之心，人皆有之。可并不是人人都懂得美，都知道该怎么打扮。善于学习、有文化底蕴的人，对美常有一种独特的感觉，他（她）们可能并不刻意修饰自己，衣着方面十分随便，可无论穿什么，怎么穿，总是显得非常得体，透出一种气质、一种神韵，给人留下难忘的印象。所谓“清水出芙蓉，天然去雕饰”，“淡妆浓抹总相宜”，描述的就是这一现象。而一些平时不注意学习，没有多少文化底蕴的人，有的还特别注意“包装”自己，总想通过昂贵、入时的衣装，来吸引别人的注意，掩饰自己内在素质的不足。可越是这样的人，往往越不知道怎么打扮才美，常常东施效颦，不伦不类，以致一身名牌，仍然俗不可耐，全是洋货，照样显得土气，让人看后哭笑不得。

家庭布置最能反映出人的文化品位。前些年，我曾有幸到一位小有名气的农民企业家的府上参观。要说房子，那可真叫气派，四层套院、假山鱼池、雕梁画栋、富丽堂皇，别说是一般人，恐怕就连一些重要领导人的住宅都未必能赶得上。建筑和装修材料也非常高级，据说相当一部分是从国外直接进口的。可参观过后，我总感到有点不对劲儿，主要是建筑风格上很不协调，土的土，洋的洋，说不出什么名堂；室内装潢和布置杂乱无章，简直就是将一大堆好东西硬塞在一起；更要命的是，室内卫生不好，空气不流通，使人非常不舒服。当时我就想，真是把好材料糟蹋了，这些东西若交给一位有知识、有文化的人，那还不得造出一座宫殿来。我说这些的目的，并不是有意贬低农民企业家，他们能走到今天这一步已经很了不起了，而且其注意力大概也没放在家庭布置上；只是想借此说明，决定人的现实需要的文化素养和生活习惯，不是短时间所能改变的，更不是有了钱就有了一切。过去人们常说，造物主可以一夜成就一个大款、一个暴发户，可三代也未必能培养出一个真正的贵族，讲的就是这个道理。

文化素养还集中表现在男女之情上。人长到一定年龄，就有了追求异性的需要，这一点与动物相同。但动物之间只有欲望，谈不上感情，而在一定文化熏陶下成长起来的人，不仅有欲，更会有情，而且越是有文化的人，其感情生活就越丰富、越细腻。

想必大家都读过《红楼梦》，你看书中对男女爱情的刻画描写多精彩、多丰富，那才真是人的情感、人的生活，大大超越了动物性的生理欲望。特别是贾宝玉和林黛玉之间的爱情，那样的曲折动人、缠绵悱恻，又是木石姻缘，又是两小无猜，又是山盟海誓，又是焚稿绝情，可以说将人类爱情生活最美好、最动人的一面写绝了。使得数百年后的年轻人读过，都会被深深打动，情不自禁地进入角色。大家可能也读过鲁迅先生的《阿 Q 正传》，不知是否记得其中阿 Q 向吴妈求爱那一段。阿 Q 没有文化，他求爱的方式就非常简单：忽然上去，对伊跪下，“我和你困觉，我和你困觉”。可见，同样是对异性的需求，有文化与没文化也大不一样。我这么讲，当然不是看不起阿 Q，更不是希望大家都去学宝哥哥、当林妹妹，只是想说明，人的情感需要及其满足可以有多丰富，而只有善学习、有文化的人，才能享受到魅力无穷的情感生活。

前一阶段，社会上流行过一批专门讲生活品位的图书，如《品味》《格调》《恶俗》等。书中列举了大量有关这方面的事例，同志们如有兴趣，不妨找几本来翻翻。其实，这些书的畅销本身就说明，随着物质生活条件的不断改善，人们对生活质量、对文化品位的追求在升温。而要想提高生活质量，形成高品位的生活需求并得到满足，唯一的办法就是学习。

总之，要想过高品味、高质量的生活，光有钱不行，还必须不断地学习，通过学习掌握一定的文化知识，提高自己的文化修养。一般来说，人的知识越丰富，文化品位越高，生活的质量也就越高。在市场经济条件下，没钱肯定限制人的消费，使人的一些需要得不到充分满足。可有钱没文化，情况可能更糟糕，因为它会造成人性的扭曲，使人的需要堕落为动物性的需要。现在社会上就有这样一批人，他们通过各种合法或非法手段获取大量钱财后，包二奶、养小蜜、下赌场、吸毒品、拼命挥霍，穷凶极恶。钱不仅没有使他们变得文明，反而加快了他们的堕落，不仅没有给他们带来幸福，反而害了他们及其家庭。

以上说的是人类原有的动物性需要的改造和升华，实际上人还有许多动物所不具备的高级需要。正是这些高级需要，使人与动物之间有了本质的区别。而这些高级需要的产生及满足，更离不开人的学习。

例如，文艺欣赏的需要。文学艺术作品是美的结晶，对文艺作品的欣赏是人的高级需要。只有通过学习，具备了较高文化素质的人，才能产生这种需要，并从这种需要的满足中获得极大的精神享受。文化修养不同，所能欣赏的文艺作品就会有所不同。如芭蕾舞、交响乐等高雅艺术，就不是人人都欣赏得了的。有文化底蕴的人看一场《天鹅湖》，或听一首贝多芬的《命运交响曲》，会觉得美不可言，如醉如痴，从中获得极大享受。可如果安排一些文化功底不到的同志去剧场，八成兴趣索然，搞不好还睡着了。

再如，发明创造的需要。马克思曾经尖锐地批判过资产阶级学者将物质需求视为人的本质的错误观点，指出吃、喝、追求异性等是动物的本质，而人的本质恰恰是创造性的劳动。是资本主义制度使人产生异化，将动物性的需求误认为人的本质，而将劳动这一最能体现人的本质的活动，视为外在的、异己的事物。随着社会生产力的不断发展，随着社会主义制度的建立，人们对劳动特别是创造性劳动的看法必然发生根本转变。到了共产主义社会，劳动将成为人的第一需要。虽然目前人类离这一崇高理想还有相当距离，可已经有一大批杰出人物，开始将创造性劳动视为自己生活中最重要的事情。他们从创造性劳动中获得的乐趣，远远大于从各种物质需要满足中得到的享受。革命领袖和著名科学家的例子就不说了，其实就连被社会普遍认为功利色彩最浓的企业家，许多人在事业获得初步成功后，也超越了对物质享受的追求。最近中央编译出版社出了一本《与成功对话》，书中汇编了对国内几十位著名私人企业家的采访录，所选人物大都是美国最具权威的《福布斯》杂志排出的中国富翁。在谈话中，不少企业家提到，一个人钱少的时候，他的钱是自己的，随着财富的不断增加，个人享用的数额相对不变，这多出的部分实际上都是社会的。他们现在追求的早已不是个人享受，而是如何创造财富为社会做贡献。

又如，自我实现的需要。人的物质生活需要得到基本满足后，一般都会想去干点什么，希望通过做出一番事业来证明自身的价值。这也就是人们常说的自我实现。动物显然不存在这种需要，文化层次太低的人，这方面的需求也不强烈。只有那些通过学习具备了一定文化素质的人，才迫切希望做出一番事业，向世人证明自身的价值。文化素质越高，自我实现的需求就越迫切。为了实现个人价值，许多人情愿受苦受累、流汗流血，甚至不惜牺牲个人的一切。这种巨大的精神力量，使人的潜能得到最大限度的发挥，使人的生命得以升华。

又如，理想信仰的需要。人生在世，不仅希望生活得好，而且希望活得有意义。可我们日常生活本身却无法产生意义。因为，人的生命都是有限的，与个体生命有关的一切，如财富、名望、亲情等，其意义和价值都将随着生命的结束而消失。人只有将有限的生命与某种永恒的、绝对的、超越生命的东西联系起来，为之奋斗、奉献和牺牲，才能从中获得人生的意义和价值。

这也就是我们所说的信仰。显然，动物不存在信仰问题，只有人才需要信仰。而信仰一旦形成，将对人的一生产生重大影响。它能给予人生存的意义、力量的源泉、精神的支柱。为了信仰，人可以抛弃一切荣华富贵，忍受各种艰难困苦，甚至不惜献出生命。信仰使人的生命得以升华，它给人带来巨大的幸福感，是常人难以体味和想象的。而信仰的建立，一定得靠不断的学习。无论是对主义的信仰，还是对宗教的信仰，概莫如此。

现在我们一些同志平时不大注意理论学习，却对别人说自己的政治信仰很坚定，是真正的马克思主义者。对此，我深表怀疑。因为，目前国际共产主义运动明显处于低潮，马克思主义遇到了前所未有的严峻挑战。无论是国际还是国内，真正清醒的、坚定的马克思主义者并不多，而且即使是真诚信仰马克思主义的人，也都存有大量疑惑：马克思提示的人类社会发展规律是真理吗？是真理为什么没能在实践中得到充分证实？社会主义的前途命运究竟如何？我们现在搞的这一套与资本主义有何区别？党内的腐败问题能不能靠党自身来解决？等等。所有追求信仰的人都会认真思考这些问题，即使拼命地学习、思考，都未必能找到圆满答案，更何况那些根本不学习的人了。近几年江泽民同志在各种场合再三强调，共产党员特别是党的领导干部要讲学习，并把讲学习放在“三讲”的首位。我理解这首先是因为不学习就不可能有坚定的信仰，而一个党员若没有了信仰，其党性、党纪、党风等就统统没有了根基。

总之，是人就有需要，但不同人的需要却明显不同。这种不同不仅表现在需求的内容及满足方式上，而且突出地表现在各种需求所占的比重及轻重缓急，即所谓的需求结构上。正是需求结构、需求内容及其满足方式的不同，使人与人之间出现了文明与野蛮、文雅与粗俗、高尚与卑鄙的明显区别。现在一些思想教育工作者特别爱讲境界，强调要努力提高人的精神境界。什么是境界？我认为主要就是指人的需求结构，就要看一个人最需要的是什么，看他优先考虑和满足哪些需要。显然，人与人需要方面的差别，既与他们成长的环境有关，也与他们后天的努力特别是个人学习的好坏分不开。也就是说，通过学习不仅可以满足人的各种需要，最重要的是可以塑造人的需要，改变人的需求结构，使人的整体素质得以提高，从动物性、生物性的人真正成长为社会人、文化人。学习能使需要真正成为人的需要，使低层次的需要升华为高层次的需要，难道还不是生活的第一需要吗？

我要讲的第三个观点是：当学习养成兴趣、形成习惯后，它本身就能成为生活的一种需要。

无论是为了满足生存的需要，还是为了改善需求结构，将动物性需要升华为人的需要，学习都只是一种工具，是人们为了达到某种目的而不得不采用的手段。手段固然重要，可它毕竟是第二位的。一般来说，一旦目的达到，手段便可放弃。或者当发现有其他更便捷、更有效的手段时，人也不一定非得去学习。可是，只要我们长期坚持学习，不断从中获益，慢慢地就会引发学习的兴趣，养成学习的习惯，就会越学越想学，越学越爱学，以至由需要学习变成对学习的需要，直至成为生活的第一需要。换句话说就是，当学习达到一定阶段后，人们就不再为达到某种目的而学习，而会将学习本身当作目的。学习成为生活中不可缺少的一部分，人们将直接从学习中，而不是从学习带来的诸多其他好处中，获得极大的满足。

在许多同志心目中，学习是件苦差事。自从记事起，就被家长和老师要求“刻苦学习”，学习便开始与苦相联。十几年的寒窗苦读，又着实把人读伤了，以致现在一拿起书来，头皮就发胀。说学习能够成为人的一种内在需要，读书可以带来无穷的乐趣，打死他也不信。我认为，这主要是因为学习还未达到一定层次，还没有真正从学习中尝到甜头，没有养成学习的习惯。为了证明我的观点，建议大家读一些伟人的传记。你会发现许多伟人生前都酷爱读书，学习成为他们生命的一部分。最典型的要数毛泽东。毛泽东从少年时起就酷爱学习，据说十几岁时就把家乡附近能找到的书都读遍了，为了晚上读书用的小油灯，曾多次与父亲发生矛盾。青年时代的毛泽东，为了探索救国救民的真理，学习起来更是如饥似渴、废寝忘食，留下许多动人佳话。投身革命后，无论环境多么艰苦，战事多么紧张，工作多么繁忙，毛泽东始终不忘学习，“上马击狂胡，下马草军书”，指导中国革命走向胜利的“四卷雄文”，都是他在油灯下拟就的。新中国成立以后，学习的环境、条件好了，毛泽东更是手不释卷，将读书学习视为生活中最重要的内容，“发愤忘食，乐以忘忧，不知老之将至云尔”。到了晚年，他的学习劲头有增无减，70多岁了，还坚持学外语。眼睛看不见了，就请身边工作人员帮他读书。一直到生命的最后时刻，弥留之际，还让人给他读鲁迅的作品，真是生命不息，勤学不止。可以毫不夸张地说，读书学习成为毛泽东生活的第一需要。前几年，逄先知同志写过一本《毛泽东同志的读书生活》，生动地记述了这方面的情况，相信每一位读过此书的同志都会受到感染和教育。

再举一个陈立夫的例子。年龄大一点的同志都应该知道这个名字。陈立夫曾是蒋介石集团的核心人物之一，长期执掌国民党的党务和特务系统，政治上非常反动。所谓蒋、宋、孔、陈“四大家族”中的“陈”，指的就是陈立夫、陈果夫兄弟。陈立夫政治上虽然反动，可他与国民党其他上层人物却有所不同，那就是非常喜欢读书，对中国古代文化特别是儒学有一定研究，曾写过一本《四书道贯》，在思想文化界产生过较大影响。当年毛主席赴重庆谈判时，就当面向陈询问过此书（近几年国内也再版了多次，我读过之后，感到确有特点，值得一读）。陈立夫重视读书学习，其品行操持明显与其他国民党大人物不同。败退台湾后，他移居美国，一直靠种菜养鸡谋生，潜心为学，闭门思过，多次谢绝台湾当局的接济。陈立夫晚年生活虽然贫寒，可精神却日渐矍铄，社会威望也得到一定程度的恢复。这在国民党上层是少有的。陈立夫前两年才去世，活了100多岁，他积极主张弘扬中国传统文化，实现两岸和平统一，坚决反对“台独”，为国家和民族做了一些好事。

近几年国内先后出版了几套著名作家、学者谈读书的文集，如中国广播电视出版社的《书话文丛》、大众文艺出版社的《中国文化名人书系》等。书中有谈读书好处的，有讲治学方法的，有回忆个人求学经历的，有叙述购书、藏书体验的，不一而论。我看了不下百篇，留下印象最深的是，大师们确实酷爱读书，学习对他们来说早已不是谋生的手段，不是不得已而为之的苦差，而是一种无以言表的精神享受。大家若有兴趣，不妨找几本来翻翻，相信定能从中受到感染和启发。

讲到这，一些同志可能会说，你讲的都是伟人名人的事，伟人名人当然需要学习，我们普通老百姓能够形成学习的需要吗？我认为，答案是肯定的。在对学习的需要方面，普通老百姓与伟人名人之间没有区别。社会的各个阶层中，都有一些酷爱学习、嗜好读书的人。远一点的例子就不举了，在我的同事和朋友中，也不乏这方面的事例。记得在机关工作时，相邻办公室有一位干事，人很本分，长我几岁，平时话不多，各方面都不甚出众。可有一天，我突然发现他在看《南齐书》，一聊，才发现他对中国历史非常熟悉，读过大量的线装书。顿时令我刮目相看。我问他，为什么要看古书，他淡淡一笑，说不为什么，只是喜欢。这件事给我留下很深的印象，使我更加懂得了什么叫大音稀声，天外有天。俗话说七步之内，必有芳草。我的周围就有那么多真正的读书人，更何况大千世界。

再以我自己为例。刚开始学习的时候，也带有强烈的功利色彩，学习目的非常明确，就是为了解决工作中的问题，同时也是为个人事业能有一个好的发展。可随着年龄的增长，我发现自己读书学习的目的越来越模糊了，不再是为了功利而看书，而就是喜欢读书，看到书本就高兴，从读书中能获得极大的精神享受。我不敢说学习已经成为自己的第一需要，但我的生活确实离不开书了，一天不看书似乎就缺了点什么。曾有人问我，你每天看那么多东西，不觉得累吗？不感到难受吗？其实恰恰相反，看书对我来说是最大的享受，没书读才感到浑身不自在。前一阶段，我的眼睛不太好，看书时间长了，两眼又胀又涩，直流眼泪。没办法，只好暂时放下书本。可这样一来，却不知道业余时间该干点什么了。拿起书来，想看又不敢看，那感觉就跟嘴馋的人见了肥肉一样。我讲的都是自己的切身感受，相信真正的读书人都有这方面的经历和体会。

说学习可以成为生活的需要，并不是我的新发现、新提法。学过管理科学的同志大概都知道马斯洛的需要层次论。人本主义心理学家马斯洛将人的需要分为五个层次，依次分别为生存的需要、安全的需要、社交的需要、受人尊重的需要和自我实现的需要。马斯洛认为，人总是首先满足低层次的需要，然后才产生高一层次的需要。以上观点想必大家都熟悉，不过不知同志们是否知道，这只是马斯洛早期的观点。后来，通过对人的需要的进一步研究，马斯洛提出，除了上述五种需要以外，人还有两种需要，那就是学习的需要和创造的需要。可见，说学习可以成为生活的需要，并不是我别出心裁，故作噱头。

学习作为一种生活需要，与其他方面的需要相比，有几点明显不同：首先，学习是一种最容易得到满足的需要。只要有书、有时间就可以了，不像人的其他需要，满足起来常需具备许多外部条件。只要真想学习，甚至没有条件、创造条件也能学起来。“文化大革命”中，大批知识青年到农村插队，要老师没老师，要书籍没书籍，甚至晚上连电灯都没有，可许多人还是克服各种困难，刻苦学习，自学成才，日后成为我们国家各项事业的骨干。现在的学习条件再怎么说也比那时强多了。特别是互联网发展后，只要学会了上网，各门学科的教材和老师都不难找到，什么样的疑难问题都可以得到解答。所以，如果现在还有人说自己是因为条件不具备而无法学习，那八成是在找借口。

正因为学习的需要最容易满足，所以如果一个人将学习视为生活的第一需要后，他的生活就非常好安排。即使个人收入不高，也非常容易获得满足。现在一些同志常抱怨收入少，钱不够花。为了捞钱，个别人甚至不惜以身试法，走上经济犯罪道路。实事求是地说，目前我们干部的工资虽然不高，但比前些年还是提高不少，如果不出天灾人祸，不考虑买房子，维持一家人的温饱应该没有太大问题。可为什么一些同志总感到钱不够花呢？我认为，这大概与他们物欲太强有直接关系。你想，如果一个干部成天想着去星级饭店吃饭，饭后还要“活动活动”，潇洒潇洒，打打保龄，唱唱歌，泡泡澡，甚至再找个小姐陪一陪，那别说每月两三千元的工资了，就是再增加十倍也不一定够。可如果让学习成为生活的第一需要，以读书作为消闲的主要方式，那我敢断定，他的收入足以满足个人消费。因为每月只要拿出一两百元来买书，能够认真读完就已经很不错了。

其次，学习又是一种永远不会感到厌烦的需要。人的物质需要不容易得到满足，而一旦得到满足，又很容易产生厌倦情绪。有许多东西，人们没得到时特别想得到，为此想方设法，费尽心机，甚至不惜赴汤蹈火，身败名裂。可一旦搞到手，又会觉得不过如此。佛教主张的“色空”，讲的就是这方面的道理。德国意志主义哲学家叔本华也提出，人的欲望满足不了时很痛苦，满足之后又会无聊，在欲望的驱使下，人就像钟摆一样，在痛苦与无聊之间来回挣扎。应该说，这些道理和比喻都很深刻、形象。可如果我们跳出物质方面的欲求，以学习作为生活的第一需要，显然就不存在这个问题了。因为学无止境，越有知识的人越容易发现自己的不足，越会感到有更多的东西值得自己去钻研、去掌握。对爱学习的人来说，时间永远不够用，绝不会有厌倦的时候。

近来有好几位中年朋友对我说，现在他们最怕过双休日，因为一到放长假，真不知道该干点什么好：做家务吧，那么一点活儿不够两天干的；去加班吧，好像还没有那么高的觉悟；管孩子吧，子女已经大了，说多了反倒引起矛盾；看电视吧，遥控器按个遍，也挑不出一个可看的台来。真不知该如何打发时间，有时甚至有度日如年的感觉。我对他们说，这还不好办，看点书嘛。他们回答，不是没试过，而是看不进去，再说学了也没用。可见，在这些朋友的心目中，学习仍有很强的功利性，并没有成为一种内在需要，更别说第一需要了。

与之形成鲜明对照的是，现在不少老年人退休后，反倒非常重视学习，从政治理论、时事政策、科技知识，到书法绘画、诗词格律、音乐舞蹈，什么都想去摸摸、碰碰，学习成为他们生活中十分重要的组成部分。而且他们的学习不带任何功利色彩，完全是出于个人兴趣。有的人开始学时基础较差，可经过长期坚持，不懈努力，最后达到相当高的造诣。还有一些老人甚至不再满足于上老年大学，而一心想报考正规大学，读研究生，圆自己年轻时的梦。与这些老人接触，能明显地感觉到一种热情，一种朝气，一种发自内心的对生活的热爱和追求。让我们这些做晚辈的，说起来赞叹不已。可见，不管是什么人，如果能让学习成为生活的一种需要，从学习中获得乐趣，那就再也不会为打发时间而发愁了。

再次，学习的需要也是最惬意的需要，其满足带给人的快乐是用语言无法形容的。每个人都追求幸福，可到底什么是幸福，不同的人却有不同的理解。我认为，幸福其实就是个人需求得到充分满足后产生的一种感觉。人的需求不同，对幸福的理解以及追求也就不同。现在不少年轻人一心追求个人事业上的成功，或者成名成家，或者得权得利，最好是名利双收，有权有势，如当个大款、大官什么的。我不想说这有什么不好，不过很想提醒大家注意，切不可舍本求末，因小失大，为虚名浮利把自己真正需要的东西忽略了、丢掉了。现实生活中确有这方面的教训。如一些生意人，没有钱时，一心想发财，想过上好日子，奋斗目标明确，生活也还充实。可经过一番拼搏，事业上获得成功，手中有了一辈子甚至几辈子都用不完的钱后，却不知道自己该干点什么了。于是，就去拼命地挥霍，然后再去玩命地挣钱。除了赚钱、花钱，他们没有了其他方面的需要和兴趣。就像是一部开足了马力的赚钱机器，又像是一只饿红了眼的消费动物，唯独缺少了一个正常的人所应有的亲情、友谊、闲暇一类的东西。再如现在一些领导干部，整天忙于工作，忙于应酬、开会、表态、听汇报、发指示、批文件、做报告，一天到晚始终以“角色”的身份出现，渐渐地把自己的“本色”失去了。更有甚者，弄权舞弊，投机钻营，为了捞钱或为了当更大的官，把做人最基本的一些东西都丢弃了，以致酿成人生的悲剧。

说实在的，对“大款”“大官”们的生活方式，我一点不喜欢，更谈不上羡慕，反倒是觉得有些可怜。因为在过于喧嚣的生活中，人非常容易失去自我，成天为“角色”而忙碌，无法按自己的意愿真实地存在。其实，生活中有远比升官发财更令人神往的事情，那就是读书，特别是不带任何功利目的的读书。读书可以让你与古今中外最伟大的思想家、文学家倾心交谈和对话，从他们那里直接吸取人类文明的精华；可以让你及时获取最新的科学知识和人文信息，大大增强对各种自然、社会、人生问题的认识和理解；可以让你完成现实中无法想象的各种经历，极大地丰富自己的人生阅历和体验；可以让你突然明白一些长期不解的道理，以更超脱的心态去面对生活中的种种烦恼。如果读书后有所感悟，并有能力写出个人的所思所想，那更是一种莫大的精神享受。即使不能“究天人之际，通古今之变，成一家之言”，仍可算是一种高水平的自我实现。

如果说对知识的学习可以成为生活的一种需要，那么在中国文化中，学习还有更深一层的含义，那就是对自我人格的修炼和改造。从孔子开始，就有了“为人之学”与“为己之学”之分。所谓“为己之学”，并不是指为自己的功名利益而学习，而指的是为充实自己，提高自己的道德修养而学习。这也能够成为人的一种自我追求和需要。大家一定熟悉敬爱的周恩来总理的一句名言：活到老，学到老，改造到老。对学到老，一般不存异议，而对自我改造并且一直到老，真正认可并身体力行的人却不多。我认为，所谓改造就是指克服自身存在的缺点和不足，战胜自我，求得人格上的完善和完美，这同样是其乐无穷的。过去有一种说法，英雄能够战胜无数对手，就是无法战胜自己，而圣人并不去战胜别人，却能战胜自己，从不向个人的欲望低头。拜将入相的英雄豪杰固然可赞，而超凡入圣的仁人君子更为可敬。所以，让学习成为生活的第一需要，其更深一层的含义是：不断加强世界观的改造，使自己成为一个真正的人，在人生境界上实现突破。

我自己也有这方面的切身感悟。前些年读书，主要兴趣在获取知识上。那时，每当发现书中一些新理论、新观点，可以直接用于实际工作，或对做好工作有启发和帮助，便感到特别兴奋。而近几年，这种感觉虽然还有，但似乎弱了。更使自己感到喜悦的则是通过读书，发现了自身存在的弱点和不足，并明白该如何去克服和改进。我觉得，如果以前学习的收获主要是增长知识，那么现在通过学习得到更多的则是智慧，而且这种智慧不是如何算计别人，而是怎样才能完善自我。我现在才真正明白了，为什么孔子说“古之学者为己，今之学者为人”。因为学习无非是学做人，学做事，学做学问，比较而言，做人显然比做事、做学问更重要。所以提高自身修养，完善自我人格，应该成为我们学习最重要的目的。

以上就是我今天要讲的主要内容。不知大家听过后，是否赞同我的观点，对学习与生活的关系是否有了一些新的认识。最后，我还想强调一点，即我今天讲课的题目是，“让学习成为生活的第一需要”。请注意这个“让”字。我之所以突出加以强调，就是因为学习成为生活的需要特别是第一需要，会有一个过程：最初人们的学习都是为了生存和发展，是把学习当作谋生的手段；随着年龄的增长、学习的深入、文化的提高、生活的定型，以及谋生方面压力的逐渐减少，提高自身素质和生活品位，开始成为学习的主要目的；再往后，事业有成，生活有了保证，学习也会养成习惯，形成兴趣，成为生活中不可缺少的一部分，直至成为生活的第一需要。当然，并不是每个人都能完成这一转变和升华。有些人终身停留在第一或第二阶段，有的甚至连第一阶段都达不到，根本看不上学习这一工具，总想通过更省力的办法来实现个人目的。现实生活中真正达到第三个层次的人并不多。所以，我特别强调“让”，就是希望通过讲清道理，帮助大家加快这一转化过程。若今天的讲课能对大家有所启发和帮助，我将非常高兴。

当官面面观[①]

在我小的时候，官并不是一个令人十分羡慕的字眼。一说到官，总让人想到官僚、官场、官架子、打官腔、官样文章……几乎都是贬意词。那时，对社会上或单位里多少负点责任的人，通常的称谓是干部或领导，说得再好听点是公仆、人民勤务员。若是有人说某某某像个官，八成是对他有了意见。不知从什么时候起，共产党的干部也被人们称作官了，眼下各种新闻媒体上和内部文件中，大官小官、好官坏官、清官贪官、昏官庸官、京官地方官……带官字的名词随处可见，不绝于耳，老百姓习以为常，被称者本人也不再反感。这本身似乎就说明了点儿什么，暂且不去深究。问题是，自打共产党的干部被称作官后，社会上就出现了不断升温的当官热。一些人特别想当官，为了当官或升官，有跑的，有要的，有求的，有闹的，有买的，有骗的，一个个使出浑身解数，无所不用其极，真是八仙过海，各显其能。当上了官，自然就兴高采烈，心满意足，趾高气扬，不可一世。而一旦没当上或自认为当得不够大，就灰心丧气，牢骚满腹，怨天尤人，如

① 本稿写于 1999 年 8 月。

丧考妣，官场成了社会上最亮丽的一道风景线。不管你是官宦之身还是平头百姓，也不管你是有心还是无意，每天都会得到来自官场的大量信息。这使我时常想到一些问题：当官究竟有什么好处？共产党的官真那么好当吗？我们对当官应当持一种什么态度？

一、首先，谈谈当官的好处。

现在社会上有那么多的人想当官，并且特别想当大官，越大越好，不用说，肯定是当官对个人有好处。当官究竟有哪些好处呢？我想至少有以下几点：

（一）当官可以成就一番事业

人生一世，都希望有所作为，使自己生活得有意义，不虚度光阴，并争取在这个世界上留下一点痕迹。用现代语言表达，叫作实现自我价值。而要做到这一点，除个人努力外，还需要具备一定的客观条件。这就好比唱戏，好演员也需要大舞台。否则，个人再努力，再有才华，仍难以获得成功。当官就意味着从众人手中获得一定的权力，能够支配一些资源，有了一个允许个人充分施展才华的活动空间，可以直接服务社会，造福一方，成就一番事业。对于人生来说，有没有这个舞台大不一样，甚至可以说是至关重要。因为世界上聪明的人有的是，而官位却是有限的，不可能人人都到重要领导岗位上过把瘾。有幸能当上官、挂个长的，不说是凤毛麟角，起码也是百里挑一。

无论是历史上还是现实生活中，都有一些官员在位期间充分使用手中的权力，为百姓谋福利，为社会解难题，有力地推动了社会的发展和进步，得到了广大人民群众的真心爱戴和广泛颂扬。例如，谈起江河治理，总要提及大禹治水；说到抵御外侮，必会想到岳飞、文天祥；到成都出差，一般都要去看看李冰父子修的都江堰；而到杭州游玩，总得去转转标志苏东坡政绩的苏堤。至于管仲、诸葛亮等历史名臣，更是功勋卓著，彪炳史册。这些人之所以能青史留名，流芳百世，固然与其自身素质有关，可主要的还是时势造英雄，历史把他们推到了一定的位置上。试想，如果诸葛亮没有遇到刘备，或刘备三顾茅庐后诸葛亮仍不出山，始终躬耕南阳，一生布衣，他能够“长使英雄泪满襟”吗？

中国传统文化特别讲求人生价值，《左传》曾提出过著名的人生“三不朽”，即“太上有立德，其次有立功，再次有立言，虽久不废，此之谓不朽。”要立德、立功、立言，当官虽不是必要条件，但也有举足轻重的作用。立功就不用说了，官位大小本身就是事业成功与否的一个重要标志。拿立德和立言来说，当不当官都很不一样。当上了官，你就能造福社会，恩泽百姓，就会有较大的社会影响。否则，你的德行再好，那也主要是私德，很难立得起来，或者需要靠别人去立。当上了官，你讲的话、写的书甚至做的诗，就有人听、有人看，就容易传播开来，流传下去，产生较大的社会影响。否则，人微言轻，好思想、好文章也容易被社会忽视。

谈人生不朽，对普通人来说可能话题大了一些。但只要是有一点事业心，还想在社会上干点事的人都明白，权力对成就事业是多么重要。有了权，办起事来就会一路绿灯，而没有权则可能处处掣肘。权力大，便可以办大事；权力小，只能办小事；没有权，则可能一事无成。为什么一些重要工作总要拉大官来牵头，当个什么领导小组组长、顾问之类的角色，哪怕一件具体事都不管，只是挂个头衔，效果都大不一样，道理就在这里。所以，真正想干一点事的人，有时对权力也是很渴望的。对他们来说，没有权力就等于要飞没有翅膀，要跑失去双足，那滋味很不好受。若有谁想体会这一点，不妨去读一读南宋名将辛弃疾的诗词。辛弃疾曾经是叱咤风云的青年才俊，21 岁时便领兵起义，杀敌抗金，屡立奇功。他立志要北伐中原，收复失地，干出一番大事业，而且应该说本身也具备相当好的条件。可惜南宋王朝的统治者偏安一隅，根本就不想北伐。因此，不但不支持、重用他，反而千方百计地加以排挤，只封他一个地方小官，从此便打入冷宫，一待就是四十多年。可怜辛弃疾满腔热血，文韬武略，却一点无法施展，到最后一事无成，郁郁而终。辛弃疾就是在这种情境下，以词明志，写下了大量动人的爱国词篇，如《破阵子》:

醉里挑灯看剑，梦回吹角连营，八百里分麾下炙，五十弦翻塞外声。沙场秋点兵。

马作的卢飞快，弓如霹雳弦惊。了却君王天下事，赢得生前身后名。可怜白发生!

历史上和现实生活中，有多少人怀才不遇，壮志难酬，眼看着时光飞逝，青春不再，而“可怜白发生”啊!

二、是当官很荣耀，有很高的社会地位

按照通常的说法，在社会主义社会，人民当家做主了，所有人的社会地位都是平等的，没有高低贵贱之分。可惜到目前为止，这还只是一种理想、一种努力方向。在现实社会中，人们的

社会地位仍有相当大的差异，明显的分为三六九等，而当官的通常是社会的最上层。前一阵子流传过一个顺口溜，将社会上的人按职业分成十几等，提出“一等人当公仆，游山玩水享清福”。话虽然尖刻了些，但却反映了部分现实。

为什么会出现这种情况？原因是多方面的，其中很重要的一点，是因为中国长期处于封建社会，受封建思想影响很深。封建社会实行的是严格的等级制，《左传》中说：“天有十日，人有十等。下所以事上，上所以共神也。故王臣公，公臣大夫，大夫臣士，士臣皂，皂臣舆，舆臣隶，隶臣仆，仆臣台。”总之，等级森严，尊卑有序，一级管一级，官大一级压死人。在封建社会，你若当上了官，那就如鲤鱼跳龙门，一下子就可以平步青云，出人头地，封妻荫子，光宗耀祖，一人得道，鸡犬升天；而如果当不上官，哪怕你再有才学，也什么都不是。

举一个例子。古时候，但凡劝人刻苦学习，人们总爱以苏秦“头悬梁，锥刺股”为例。苏秦为什么要“头悬梁，锥刺股”，《战国策》中是这样记载的：苏秦是春秋战国时人，那时当官要靠到处游说，使自己的才能得到王侯认可。苏秦刚出道时并不成功，他去游说秦王，连续上了十几次奏章，都没有得到秦王的赏识。身上带的钱用光了，没办法只得灰溜溜地离开秦国回家。因为他没有当上官，回到家时，妻子不下织布机，嫂子不给他做饭，父母也不同他说话。苏秦好不尴尬，长叹一声说：“妻不以我为夫，嫂不以我为叔，父母不以我为子，是皆秦之罪也。”于是，他发愤读书，才有了“头悬梁，锥刺股”的举动。苏秦刻苦攻读一年后，自认为本事大增，又出去游说齐、楚、赵、魏、韩、燕等国。这次获得了极大成功，六国君主都接受了他连横抗秦的主张，让他当了自己国家的宰相。当苏秦身佩六国相印再次返乡时，情况就大不一样了。父母听到消息后，赶紧清扫街道，收拾房屋，奏起乐曲，摆出美酒，出城三十里去迎接他；妻子不敢跟他说话，只是“侧目而视，倾耳而听”；嫂子伏在地上爬行，一连拜了四拜，跪着谢罪。苏秦问嫂子，你过去那么傲慢，为什么现在谦卑了？嫂子回答，因为你现在的地位显贵了，又有了那么多钱。苏秦听后再次叹息：“嗟乎，贫穷则父母不子，富贵则亲戚畏惧。人生世上，势位富贵，盖可忽乎哉？”

封建社会讲求“万般皆下品，唯有读书高”。读书高是因为能做官，如果读来读去，始终不能科举及第，只是穷书生一个，那他的社会地位是高不起来的。不谋个一官半职，且不说你有多高的人品、多大的学问，即便你有万贯家产，也仍然是一介草民，见了官仍然要下跪，犯了法还要当众打板子。所以，在封建社会，人们不仅要富，更重要的是贵。社会上的有钱人，都要想办法去谋个官，否则，就不会有很高的社会地位。

当然，这些都是历史了，现实社会特别是改革开放以来，情况比那时好多了。但这种“官本位”的封建遗毒恐怕不是短时间就能肃清的。在现实生活中，仍然是官的社会地位高，而且这种高人一等的地位反映在方方面面。官当到一定位置，下基层，前面有警车开道，走到哪儿都有各级官员前呼后拥，笑脸相迎；开大会，便可以上主席台，随便讲几句就是重要指示；看节目，有专门的首长席，入场时还有人指挥全场起立，鼓掌欢迎；外出时，可以乘专车，住包厢，最起码也能坐软卧、头等舱。当不当官，官职大小，处处显示出不一样，让人感到当官的就是与众不同，是人上人。也难怪连庙里的和尚都要评个什么正处级。社会上一些人富起来后，总要想方设法捞个代表、委员一类的角色当当，这是有深刻原因的。当官的这种高人一等的社会地位，使一些人形成了强烈的优越感。记得有一次，我与一位在政府机关任职多年的朋友聊天，在谈到现在社会上一些不三不四的人富了起来时，他愤愤不平地说："别看他们都有钱了，见了面照样得当孙子，咱们照样是爷。"

在当官问题上，中外文化有相当大的差异。在国外，各级官员的社会地位虽然也不低，但其声望和影响未必能超过金融巨子、社会名流。人的成功有许多标志，当个什么长并没有太了不起。据报道，西方国家的一些小孩，崇拜歌星、影星，甚至连他们养的小猫、小狗叫什么名字都一清二楚，却不知道自己国家的总统、总理是谁。这在中国是难以想象的。

（三）当官很实惠

目前，我们国家官员的名义工资普遍不高，可一些人的实际生活水平却并不低。这又分为两种情况，一种是合法的，即为了工作方便，按有关规定可以名正言顺地享受的各种照顾。例如，只要官当到一定程度，就可以住独门独院，配专车，就有一批秘书、警卫和公务人员直接为之服务，就可以到特供点去买又便宜又好的东西，就能够到专门的医疗机构享受各种特殊诊疗，等等。难怪老百姓说，当官的手中钱虽不多，可含金量却很高。

实惠不仅表现在经济收入上，还表现在只要握有实权，事事处处都比较方便。例如，根本不必为家属就业、子女入学等问题发愁，到时候自然有人会帮你把一切办妥；也不必考虑什么柴米油盐、水电煤气，只要你有一分需要，马上就会有人去尽百分之百的努力。说句绝对点儿的话，有了权并且敢用、会用，要什么就能够有什么。当官可以做到无本万利，五子登科，名利双收。为什么现在社会上那么多人想当官，甚至买官当，恐怕都不是买来为人民服务的。买官的目的还是想用权来为个人捞好处。就相当于先批发来，然后再零售，好像还很少有亏本的，除非东窗事发，把自己整个折进去。

当官的另一种好处是可以捞到不合法的灰色收入或黑色收入。这里面的名堂就更多了。旧中国有一句老话："三年清知府，十万雪花银"。当三年清官，都能捞十万两银子，何况贪官。在中国当官，要想捞钱，实在是太方便了。只要你手中有实权，并且想要、敢收，根本就不用自己去想点子，自然有人将大把大把的钞票往你怀里送。这几年，公开报道过几个大贪官，其查实的贪污、受贿数额，不过几十万元、上百万元，但其不明来源的个人财产，却是几百万元、上千万元。为什么有这么巨额的不明财产？估计其中有当事人不愿说的因素，但恐怕主要的还是这些钱究竟是谁送的，以什么名义送的，什么时候送的，真是记不清楚了。

如果嫌收礼受贿风险太大，当官的还可以通过比较合法的方式捞钱，这方面的名堂也不少。比如你要是能写两笔字，马上就会有人请你题词写匾，一个字少则几百元，多则几千元，其价格并不按艺术水准高低，而要根据你官阶的大小；你若是口头表达能力还可以，又会有人请你去讲课，不管课讲得好坏，讲稿是谁写的，半天下来，也能挣个四位数甚至五位数。写字、讲课都要付出劳动，如果你嫌辛苦，还有更省事的办法，如到处去参加庆典和剪彩。"咔嚓"一剪刀下去，就能得一个红包，虽说只有几百元，但架不住半天就可以剪好几下，积少成多，也是一笔不小的数字。如果你还感到不合适，怕直接出面影响不好，可以让老婆、孩子出面，办一个私人公司，利用你的"无形资产"，照样可以一路绿灯挣大钱。

贪官究竟有多富？一般人恐怕难以想象。历史上最有名的贪官是清朝乾隆年间的和珅。乾隆死后，和珅失势，嘉庆皇帝派人抄了他的家，抄出的家产竟等于清政府十年的收入。所以，流传下来一句话："和珅倒，嘉庆饱"。现实生活中的贪官也不得了，那些被查出的贪官攫取的不义之财也是触目惊心的。

（四）当官很容易

当官有那么多好处，照理说应该很困难，实际情况并非完全如此。当官是说难也难，说不难也不难。当官不难，当上官难，当好官难。而且还有一个怪现象，官越大越好当。因为，官当大了，就不用办具体事了，什么都有人代劳，讲话有人给写好稿子，办事有人提出具体路子，当官的只要点头认可一下就行了，甚至犯了错误还有人帮助写检讨。世界上还有什么职业能如此潇洒？清末大官僚李鸿章有一句名言："天下最容易的事，便是做官，倘使这人连官都不会做，那就不中用了。"前些年社会上也流传一个笑话：父亲让儿子好好学习，长大后好当官。儿子说，当官有什么难，不就是画圈吗？我现在画的圈就比你画的圆。

近些年，社会上有人将个人的发展分为黑、黄、红三道。黑道即读书做学问，考硕士、博士，毕业时戴上一顶象征学位的黑帽子。走这条路很不容易，非得经历一二十年寒窗苦读，过五关，斩六将，确实掌握点真才实学，否则别想出人头地。黄道即经商做买卖赚钱，这也越来越不容易了。前些年存在双轨制时，经商似乎不需要什么真本事，只要胆子大、有关系，倒一个批文出来就可以发大财。随着社会主义市场经济体制的逐步确立，商业竞争越来越激烈，钱越来越难挣，暴富的机会几乎没有了。要想挣钱，必须靠经营管理的真功夫。从某种意义上说，还是做官比较容易，既不用考外语、评职称，又不用跑推销、打市场，完全是另外一番功夫。总之，其他职业都是一种赛马机制，靠激烈的竞争，将有真才实学的人筛选出来，唯独当官是伯乐相马，谁优谁劣有时全凭上司的一句话。现在管相马的，确有不少真伯乐，可谁能保证没有假伯乐甚至屠夫呢?

至于这么当上的官能不能当好，那要看怎么说了。从事业发展的角度看，让下面老百姓去说，那肯定是不行。可官好当的关键，恰恰在官员的任免升降、进退去留，老百姓说了不算；而上面看人用人，也并不全是从事业出发。前些年社会上流行一副对联，很形象地揭示了这一现实，其上联是“说你行，你就行，不行也行”，下联是“说不行，就不行，行也不行”，横批是“不服不行”。这副对联真绝了，最绝的就是这个“不服不行”。

既然当官有这么多好处，又如此容易，社会上一些人挖空心思、千方百计想当官，也就很容易理解了。自古以来，官场如战场，而且往往是竞争最激烈的战场。没有当官的想当官，当上官的又想当大官，只要踏上仕途，就像走上了不归路。为了当官、当大官，一些人不择手段，不惜代价，甚至可以干出人世间最不齿的事来。有人说，世界上就数官场最肮脏，这是一点都不为过的。不知同志们是否读过清末李伯元写的《官场现形记》，那就是旧社会官场最生动的写照。在书中，李伯元共写了 30 多个官场的故事，涉及 11 个省市上百名官吏，上自当朝太后、皇帝，下至佐杂小吏，几乎包括了封建国家机器的各级官员。所有的官都一个德行，那就是一门心思升官发财。官场实际上成了以“官阶”为商品的市场。只要有钱，什么品级的官都能买到。而一旦官位到手，那就要变本加厉地去捞钱。捞到钱后，又去买更大的官，捞更多的钱，如此权钱交易，循环往复。用书中人物的话说，就是“千里为官只为财”，“一分钱一分货，你拼个大价钱，就有大官做”，“统天下的买卖，只有做官利钱顶好”，“任他缺分如何坏，做官的利息总比做生意的好”。就连慈禧太后老佛爷都毫不讳言地说：“通天底下一十八省，哪里来的清官。但是御史不说，我也装作糊涂罢了。就是御史参过，派了大臣查了过，办掉几个人，还不是这么一件事。前者已去，后者又来，真正能够惩一儆百吗？”书中写一位煤船管带，为了保住自己骗来的官位，竟把自己的亲生女儿献给上司，供其玩弄，又怕女儿不从，就同小老婆一起设圈套逼女儿就范。女儿答应后，他竟趴在地上给女儿磕头谢恩。还有一位候补知县，为了升迁当上知县，居然让自己鸡皮鹤发的妻子，拜巡抚大人九姨太的一个十七八岁的丫头做干娘，通过这个丫头去打通关节，后来居然还如意了。《官场现形记》这本书我曾翻过几遍，几乎每次都未看完，主要是看这样的故事很不舒服，总跟吞了苍蝇一样。

前些年，社会上流行过一本新中国成立前出版的书，叫作《厚黑学》。作者是一位四川人，叫李宗吾。他在书中将当官的诀窍概括为两个字——厚黑，即脸皮厚，心肠黑，认为只有这样的人才能当官、当大官。李宗吾总结出旧社会官场求官的六字真言，即“空、贡、冲、捧、恐、送”。所谓“空”，即空闲之意，求官的人，要有耐心，舍得花时间，一心一意，务求必得。“贡”是借用四川的俗语，意思是钻营，有孔要钻，无孔也要钻。“冲”即吹牛，包括口头上和文字上，都要善于自吹自擂。“捧”就是给上级捧场，吹喇叭，抬轿子。“恐”则是指注意发现上司的弱点，到关键时刻点拨一下，让他不敢不为你说话。“送”的意思就很明白了，送钱、送物、送女人，上面想要什么你就送什么。李宗吾认为，若能按这六个字去行事，保准能够官印到手，走马上任。李宗吾还提出做官也有六字真言，那就是“空、恭、绷、凶、聋、弄”，也很有讲头。这里的“空”是指空洞，意思是说当官的无论是说话还是办事，最好都空空洞洞、模棱两可，这样才能进退自如、游刃有余。所谓“恭”，就是对上级以及一切有可能影响你官运的人，都要毕恭毕敬，胁肩谄笑，千万不要自视清高。而“绷”则是恭的反面，是用来对下的，在下级面前，始终要绷着脸，拿出一副赫赫然，凛不可犯的样子。“凶”是指对下属不能太仁慈，心肠该硬的时候就要硬，但同时还要蒙上一层仁义道德的遮羞布。“聋”就是耳聋，意思是说当官的脸皮要厚，“笑骂由他笑骂，好官我自为之”。“弄”就是弄钱，千里做官只为财，当官的最终目的还是为了弄钱。李宗吾的这些话，确实道出了旧官场的真谛。

以上讲的大都是旧社会的例子，新中国成立后，这些乱七八糟的东西曾被一扫而空。新中国成立初期，吏治之清明，社会风气之好，曾引起举世赞叹。可惜，几十年后，这些丑恶现象死灰复燃，官场上又开始污秽起来。虽然绝大多数共产党的干部还是好的和比较好的，但从报刊上披露的一些情况看，有些地方堕落得真和旧中国的官场差不多，个别的甚至连国民党都不如。旧官场上有过的东西，在现实生活中几乎都可以找到；随着技术的进步和社会的发展，又不断搞出一些新名堂。如前一段报纸上公开披露的福建省某厅原副厅长，为了当上厅长，竟然雇杀手向厅长脸上泼镪水，真是骇人听闻。

当然，在正视官场上这些丑恶现象的同时，我们还是应该看到，现实生活中绝大多数干部还是好的和比较好的，不能因为个别官员出了问题就把我们整个共产党的干部队伍说成一团糟。最近，社会上流行的一些所谓“官场小说”，有的便流露出这种倾向。话讲过了头，不仅无助于问题的解决，还可能产生负面影响，应引起注意。

二、谈谈共产党的官不好当。

前面，集中讲了当官的种种好处。这些好处都实实在在地摆在每个领导干部的面前，只要你想要，几乎唾手可得。但是，假如你想做一名真正共产党的官，做一个能受到老百姓真心爱戴、衷心拥护的官，最起码是不挨老百姓骂的官，这些好处你就不能得。岂止好处不能得，你还要准备付出一般人难以承受甚至难以想象的代价。一句话，共产党的官不好当。

（一）共产党的官担子重，责任大，一旦当上了官，就有干不完的工作，操不完的心

共产党的官首先要讲勤政为民，自受命之日起，就要舍小家为大家，全心全意为人民服务，克己奉公，任劳任怨，食不甘味，夜不安寝，一心扑在工作上。过去有一句老话，叫作“一沐三捉发，一饭三吐哺”，讲的是古时候周公辅佐成王时，工作十分繁忙，以至洗一次发，吃一顿饭，都要被来谈公务的人多次打断。我们共产党的干部更要有这种废寝忘食、一心为公的精神。在这方面，敬爱的周恩来总理为我们做出了榜样。周恩来当共和国总理 26 年，几乎每天的工作日程都排得满满的，他总是忘我地、通宵达旦地工作，被外国记者誉为“世界上睡得最少的人”。1974 年，周恩来已是 76 岁高龄，并且身患癌症，就在这种情况下，他仍然超负荷地工作。从 1 月到 6 月，除了到医院检查和治

疗外，他抱病工作了139天，其中一天工作不足14小时的只有9天，工作14到18小时的有74天，工作18到24小时的共有44天。有一次，周总理连续工作了三个昼夜，晚上又安排了几个会，累得犯了病，他就站起来用椅背顶住腹部，继续听工作汇报。大家请他坐下，他低声说，我不能坐，一坐下就会睡着。所以，人们说周总理是活活累死的。周恩来同志之所以得到广大人民群众的衷心爱戴，和他这种勤政为民、忘我工作的精神是分不开的。周总理不愧是我们共产党干部的优秀代表和光辉楷模。

当然，在现实生活中，像周总理这么忙的干部还是少数。可凡是当领导的，大概都有一种体会：当官要是想混，确实比较清闲；而要想干好，真正把一个单位领导好、建设好，则很不容易，需要干的事真是太多了。大到贯彻党的路线、方针、政策和上级指示，研究制定本单位的发展战略，小到群众生活的衣食住行、家属就业、子女入托，领导都要考虑，都得操心，哪一个环节想不到都不行。就是一天24小时连轴转，都未必能把工作抓好。我就亲耳听一位总参部局领导说过，他一天有三个工作时间：白天8小时上班，要处理日常工作；晚饭后开始接待找上门来谈话的干部、群众，一拨接一拨，从6点多一直谈到10点钟熄灯号响；10点钟后，找上门来的人少了，又开始接电话，都是直属单位领导打来的，因为他们知道只有在这个时候，部局领导才有工夫接电话。电话也是一个接一个，一直到12点。就这样天天如此，一干就是若干年，不仅自己很辛苦，全家人的生活都跟着受影响。你想嘛，每天晚上都有一批批素不相识的人找上门来，你还得笑脸相迎，烟茶招待，烦不烦？可这又有什么办法，谁让你是共产党的官呢？

工作忙一点倒也还没啥，问题是责任重大，稍微有哪一点想不到，就可能出纰漏，发生问题。即便是该做的工作都做了，也难保不出事。因为你手下那么多的人，那么多台车，不可能一一盯住，谁知道什么时候就要出点儿事。所以领导的神经总是绷得紧紧的，天不怕，地不怕，就怕半夜来电话，因为半夜来电话准没好事。有人形容，当上领导，就像坐到了火药桶上，随时都有爆炸的可能。而一旦出点事，那就不得了。上面要严厉批评，追究责任，下面要安抚人心，稳定局面，还要做大量艰苦细致的善后工作。不管领导有没有直接责任，你都得做深刻检查。因为，按通常的逻辑，党和人民信任你，将这么重的担子交给你，你只有干好的义务，而没有干不好、出问题的权利。工作干好了，那是应该的，是组织上教育、同志们帮助、群众支持的结果。工作出了问题，说明你未尽到心，只能从个人身上找原因。

说到这儿，一些年轻同志可能不大理解，说这样一来，共产党的官不就太惨了，一天忙到晚，累死还不落好，不成为奴仆了。这话一点儿也不假，共产党的官就是要当人民的公仆。公仆一词来自古希腊。那时，一些商人为出海经商方便，定居在无人管辖的荒岛上，慢慢地组成了古希腊的城邦。城邦里的人逐渐多起来后，就需要有人专门管理公共事务，为大家服务。可每个商人的手头都有自己的买卖，谁也不愿意分心，没办法，只好挑一些战争中俘虏来的奴隶，让他们来担任公共职务，为众人服务。这就是西方社会官吏的来历。可见，公仆的本意就是众人的奴仆。当共产党的官，如果有一种将自己的一切奉献给社会，心甘情愿地为老百姓当牛做马的精神，那就算找对感觉了。

日夜操劳，殚精竭虑，是对共产党干部的基本要求，仅此一条倒也罢了，问题是在目前形势下，有些工作根本就没法干好，即使你全身心地投入，拿出吃奶的力气，也未必能取得好的效果。例如，调动部属的工作积极性，是领导的一项重要职责，稍有经验的领导，都能意识到这项工作的重要性。可在现行体制下，却大都有无能为力之感。管理心理学的研究早就揭示，人的工作积极性是由其动机决定的，而动机又来源于人的需要及对需要的满足。现在当领导的，也清楚部属需要什么，可就是许多问题解决不了。干部的提职、晋级、立功、受奖、转业、退休等，都有许多具体的条条杠杠，管理权限又高度集中。部属干得好了，你想奖励奖励，受到诸多限制；干部工作不好或干脆不想好好干，你也不能将他怎么样。久而久之，就形成了目前一些单位普遍存在的“干的不如看的，看的不如捣乱的”情况。即使领导有三头六臂，也只能干着急、没办法。

体制问题的核心还在领导制度上。我们现在强调的是集体领导，配班子又往往是“拉郎配”。在这种体制下，个人再有干劲、再有想法，也未必能干得起来。副职就不用说了，因为你是在正职领导下工作，正职若不想干或不用你，你一点脾气都没有。而当上了正职，工作有了一定自主权，情况也好不了多少，因为还有“两长制”，还有副职的配合，还有对上对下的关系。有人曾把基层单位的领导比作拉车的马，其中军政主官为驾辕的，其他副职为拉套的，大家共同拉着单位这驾车。这车可能是老车、旧车、破车，本来拉起来就非常吃力，无论哪一个人想走快点都不行，必须靠班子所有成员共同努力、相互配合。特别是车上还有无数个上级机关部门的“婆婆”做驭手，他们每个人都有指挥权，这个人喊向东，那个人让朝西，谁不高兴了都可以拉闸，车子怎么能走得快、走得好？我感到，这在某种程度上就是现行体制下我们领导干部境况的真实写照。

（二）当共产党的官不仅要任劳，还要能任怨，挨骂受气可能是家常便饭

如果确实是自己的工作没做好，领导批评几句，群众有些抱怨，这倒没什么。问题是有时候你明明做得对，仍免不了招来一片骂声。比如安排干部转业，现在是有些人非常想走，吵着闹着要转业，而有些人不想走，一心想在部队混。前者可能正是部队工作需要的干部，而后者按上级文件要求则应列入转业对象。可如果你真正从部队建设出发，按上级文件要求去办了，势必要触犯一些人的切身利益，很可能就有人将你骂得狗血喷头。再如，现在一些单位说情成风，个别干部战士犯错误后，一些同志不去严肃批评帮助他们，认真总结教训，而是找种种理由帮他们开脱，甚至个别领导也主张大事化小，小事化了，睁只眼闭只眼，稀里糊涂过去算了。遇到这种情况，你若坚持原则，肯定会有人说你不近人情，忌恨你一辈子。假如仅仅是忌恨倒也罢了，当领导的难免要得罪人。问题是个别人可能还要动作动作，如以群众的名义写几封匿名信，给你的形象抹抹黑，让上级领导机关来查查你，叫你也难受难受。所以，当官有时真是费力不讨好，再没有比共产党的官更里外不是人的了。你要想当好共产党的官，就得准备得罪人，准备挨骂受气，准备有人告刁状，准备背黑锅。

再退一步想，当领导的经常有人盯着挑毛病，并不时敲打敲打，也未必是坏事，起码可以使人小心谨慎，始终保持清醒头脑。只要自己行得端，做得正，真心实意待人，尽心竭力工作，没干什么对不起组织、对不起群众、对不起自己良心的事，就可以问心无愧，坦然自若。但实际上，在目前形势下，有时连这一点也很难做到。现在当领导的，经常要说一些违心的话，做一些违心的事。例如，上级机关组织的一些检查评比，有的纯粹是搞

花架子、做表面文章，可你不应付还不行。因为，如果各单位都“买账”，而你不动作，那你就是反面典型，机关里就有人会认为你狂妄自大，目中无人，不把他们放在眼里，很可能就要在今后的工作中给你点颜色看。若只是冲着个人，咬咬牙也能顶住，问题是你代表着一个单位，硬顶下去，把关系搞僵了，对单位建设一点好处也没有。人在屋檐下，不低头也得低头。再如，官场上很时兴讲官话、套话、空话、假话，有些时候甚至形成了一种风气，大家习以为常，不说还不行。处在这种氛围中，你怎么办？说假话违背良心，说套话如同做戏，说官话有时连自己都觉得好笑、脸红，可当领导的在某些场合又不能不说话，只好跟着说。又如，转志愿兵对战士来说是一件大事，上级每年都会给部队分几个名额，照理应严格按照条件，选改那些确实表现不错的同志。可往往这时候会从四面八方送来一张张条子，都是有权有势、得罪不起的人写来的，要求对某些人给予关照。遇到这种情况，你怎么办？如果按原则办，个人得罪人就不说了，很可能单位的利益也会受到影响，甚至连今后正常的工作生活都可能遇到麻烦；可如果违背原则，谁的关系硬就转谁，又怎么对得起那些辛辛苦苦干了几年，眼巴巴地盯着转志愿兵名额，指望从此改变自己人生道路的战士？今后再讲大道理，谁还相信？兵又该怎么管、怎么带？而且，群众知道后，还要骂你领导骨头软，光知道讨好上面。又如，送礼问题。现在机关少数人风气很差，要想求他们办点事，就必须“意思意思”，而且“意思”太少了还不行，个别人甚至明目张胆地要回扣。遇到这种情况该怎么办？坚持原则，不给不送，那你就别想办事，人家也不会来找你，反正愿意上贡的有的是。而且你这么做，下面的同志也未必都理解，搞不好还会说你傻、说你迂，不会花小钱换大钱。可你若真送真给，那肯定是违反原则，万一将来事情败露，做检讨都是轻的，搞不好还要治你个行贿罪。类似这样的例子，还可以举出许多。所以，如今当领导的，心一定要很硬，脸皮也要厚一些，如果心太软，道德感太强，就会经常自责，良心上很不好过。

（三）当共产党的官不仅辛苦，而且心苦

所谓心苦，就是时不时地会遇到一些麻烦事，你不得不受理，又根本无法解决，经常处于极度矛盾之中。例如，现在最令领导头痛的，就是不断有人找上门来谈话，有的是要求解决个人职级待遇，有的是为家属随军、子女就业，有的是反映情况、打小报告，也有的什么都不为，只是想走动走动，在领导面前混个脸熟，为今后升迁打基础。所反映的问题中，属正当要求，在政策范围内可以解决的，还比较好办，可也有相当一部分是出格的，根本办不了，也不能办，办了就会违反规定犯错误。这样的情况很多。因为，若都在政策范围之内，人家就不来找你了，找领导的大都是为一些难办的事。遇到这种情况，你必须苦口婆心地去做思想工作。有些人通情达理，只要你把道理讲清，即使问题没解决，他也就算了。可有些人不行，浑不讲理，胡搅蛮缠，只要你不答应，他就跟你没完。你上班他找到办公室，下班后又跟你回到家中，你吃饭他也跟着动筷子，根本不把自己当外人，摆出一副不达目的誓不罢休的样子。遇到这种人，简直没办法，说轻了他不听，说重了他反过来挑你的毛病，轰又轰不走，气又气不得，你说烦人不烦人。其实，这些人跟领导之间并没有个人恩怨，他之所以跟你没完，就因为你代表着组织，不找你找谁呢？不骂你骂谁呢？当领导的就是要准备着挨骂。

（四）共产党的官还必须过好人情关

这也是很难的。因为人生活在现实社会关系中，谁都有自己的亲戚、朋友、同学、战友，当你手里有了权力的时候，很可能会找上门来，求你帮忙办点事。符合政策的还好办，但也免不了有些要求是出格的。遇到这种情况该怎么办？网开一面，给予照顾？上有纪律约束，下有群众监督。坚持原则，一视同仁？又难免得罪人，背一个六亲不认的骂名。真是左右为难。现在，时常有人议论，某某某，人一阔，脸就变。人一阔，脸就变的情况是有的，但也不排除当官之后，找上门来要求办事的人太多，当领导的实在是应付不过来。据我了解，现在一些领导最头痛的就是这些事，以致一接到平时交往不多的亲朋好友来电话，第一反应就是：他找我要办什么事？而一想到这里，那些亲情友情仿佛都变了味。更让人良心自责的是这么一种情况：在你的成长进步过程中，曾得到过某人特别的帮助，没有他当初的教诲和提携，就没有你的今天，可以说是有大恩于你。如今，他不在位了，而你有了权，遇到困难求你帮忙，于情于理你应该知恩图报，可于法于纪又不能答应。面对老人失望的眼神，望着他蹒跚而去的背影，那才是羞愧难当、无以言表。

（五）当共产党的官付出不小，可收入有限

有人说，共产党的官是世界上最穷的官，如果仅就工资这一块来看，这话一点也不假。一般干部就不说了，共和国最大的官——国家主席，工资也只相当于发达国家国家元首薪金的几百分之一。我曾经看到过一份统计，上面列出了全国除北京、上海、天津几个直辖市以外各城市市长、副市长的工资，好像年收入也都不高，相比之下，国内一些合资企业的大老板，年薪几

十万元、上百万元；一些热门专业的本科生、研究生，一出校门，每月收入就三五千元；就连发达地区的一些打工仔，年收入都不止这个数。所以，共产党的官若只拿工资，还是比较清贫的，绝对富不起来，顶多算社会的中层。前几年有一个笑话，广东等经济发达地区的一些家长教育孩子，说“再不好好学习，长大后只能当干部”。

干部的工资这么低，这和我们的传统文化有关。自秦汉以来，历代统治者都信奉儒家的管理思想，讲求以德治天下。以德治天下，就要求管理者个人德行要好，为人师表，堪称楷模，这样才能“譬如北辰，居其所而众星共之”。为了让老百姓信服，当官的待遇就不能太高。因为若当官的太富了，便很难体恤民间疾苦，与民同乐。所以，历代官吏的正式薪俸都是相当菲薄的。历史上凡是清官，一个个都穷得要命。例如，明朝的海瑞，死的时候家人连棺材都买不起，还是几个弟子门人凑钱将其安葬。当然，在封建社会，真正的清官是少数，绝大多数官吏都耐不住饥寒，说一套做一套，满嘴的孔孟之道，实际做的却是大捞特捞。

如果说封建社会都讲求为官清廉，那老百姓对共产党的官要求就更高了。共产党以全心全意为人民服务为唯一宗旨，从巴黎公社起，就提出共产党的干部要当人民的公仆。所以，只能是“先天下之忧而忧，后天下之乐而乐”，绝不能自己先富起来。这几年，理论界有些人提出高薪养廉，认为公务人员的待遇太低，会影响这支队伍的稳定和素质的提高，诱使人走上以权谋私、贪污受贿的道路。从实际情况看，说得有些道理，但在理论上却讲不通。因为，既然共产党的干部是人民的公仆，劳动人民是社会的主人，总不能公仆的收入比主人高出许多吧？你若真这么做了，你还是共产党吗？广大人民群众能接受吗？

共产党的干部清贫到什么程度，领导和群众才满意呢？现实的标杆就是孔繁森。孔繁森身为地委书记，经济上却一贫如洗，捉襟见肘，为了抚养三个藏族孩子，不得已偷偷地卖了几次血。清贫到这种地步，恐怕古今中外再也找不出来了。所以，要当一个共产党的好官，就要“横眉冷对千夫指，俯首甘为孺子牛”，有一种自己吃草喝水，为人民献出奶和血的精神。

当了共产党的官，不但工资收入不高，遇到好处你还得让。即使有时明明该得，你如果不让，仍然会有人戳你脊梁骨，谁让你是共产党的干部呢？我们有一些同志没有意识到这一点，在个人职级待遇方面，走到了大多数群众前面，或者自己当时也谦让了，但态度不够坚决，结果下面意见很大。为什么？就是因为群众对共产党领导干部的要求不一样。

当了共产党的官，本人清苦不说，有时家人亲友也要跟着吃亏。凡是上级宣传提倡的，干部的亲友都要带头响应，身体力行；而遇到了好事，则又必须谦让回避，起码是不能占先。否则群众就会怀疑是不是沾了领导的光，就有以权谋私的嫌疑。为了维护党的形象，党中央曾规定了一系列回避制度，如夫妻双方不能同在一个单位担任领导，部长以上干部的子女不能经商，等等。按说这并不公平，因为干部的亲属子女也是公民，也有自己的合法权益。但为了党的事业，为了维护党员领导干部在人民群众中的形象，又不能不这样做。我们党的一些领袖，在这方面都做得很好。例如，周总理的侄女周秉建，从小跟着周总理长大。“文革”中响应党的号召，到内蒙古草原插队。不久，部队在知青中招兵，批准她入了伍。这事被周总理知道后，周总理马上要求部队将周秉建退了回去。开始，周秉建想不通，为什么别人能当兵，我就不行。总理对她说，谁让你是我的侄女，你当兵了，对党的形象影响不好。这样的例子还可以举出许多。也难怪一些优秀领导干部的亲属，在接受采访时总爱说一句话：跟上他就没过一天好日子。而优秀领导干部本人谈到自己的家庭时，也大都十分愧疚，感到欠亲人的太多了。所以说，当一个共产党的好官真不容易，不仅本人要无私奉献，而且家人、亲友也要理解和支持。每一个优秀领导干部的身后，都有一批含辛茹苦的默默奉献者。

以上从正面讲了当共产党的官的诸多难处。这些虽然很难，但毕竟可以公开讲。现实生活中，当官还有一些公开场合不便讲或讲不出口的难处。例如，来自官场内部的相互倾轧。照道理说，共产党是为人民服务的，当官只能无私奉献，没有任何个人好处。既然没好处，又何必你争我夺、相互倾轧呢？实际上，随着这些年社会风气的变化，当官、升官已被一些人认定为最有利可图的发达途径。而且，官场不同于一般行业，它是金字塔结构，越往上位置越少，竞争也越激烈。张三上去了，李四就上不去，根本不存在双赢的可能。因此，官场上的相互算计、相互排挤，往往是最丑恶、最残酷、最无情的，有时可以到你死我活的程度。近两年，报刊上就不断有这方面的报道。一些人官迷心窍，为了当上个什么长，不惜花重金雇杀手，将自己的竞争对手搞掉。至于什么拉帮结伙、造谣中伤、操纵选举等，更不在话下了。总之，矛盾是普遍存在的，只要是个位置，总有人盯着；只要你在台上，就难免有人要算计你。

官场上的激烈竞争，还带来另一个问题，即人事关系的复杂和职位的高度不稳定。因为，权力的争斗往往以实力为凭借。为了争权夺势，在上位的总要拉一帮人为党羽，以求说话算数、办事方便；而下面的人总想找一个大官做靠山，以图“朝中有人好做官”，大树底下好乘凉。再加上什么儿女亲家、亲朋好友、老同学、老同事、老战友、老上级、老部下以及其他一些说不清、道不明的关系，所以，官场上常常是帮帮派派、团团伙伙，一荣俱荣、一损俱损。而一旦形成了这种局面，个人的命运就和上层集团的争斗密切相关，有时根本身不由己。例如，单位换了一位新领导，他可能要安排几个自己的人，就需要有人为其腾位置；好不容易适应了这位新领导，突然他又调走了或有点儿什么事下台了，又会有人借机将你划为“某某某的人”而另眼相看。这样的事谁也不会明说，只是你知我知，大家心里有数。处在这么一个错综复杂、变幻莫测的环境中，智者千虑都必有一失，更何况那些根本不愿往这方面用心的老实人，那就真的只有听天由命、顺其自然了。

要想在官场上待得住，还得有一套功夫，那就是忍。官场上的小人相当多，经常有一些无德无才、蝇营狗苟之徒平步青云，炙手可热。这些人得志后，可不讲什么官德，欺上压下，作威作福。对此，一般群众敢怒不敢言，但惹不起还能躲得起，离他远点就是了。当领导的却不行，你心里再反感、腻味，一百个看不上，可还得硬着头皮与之打交道，看那小人得志的嘴脸，听那狗屁不通的指示，忍受那些侮辱人格的训斥。若没有相当的修养，很难做到这一点。难怪古代诗人李白大声疾呼：“安能摧眉折腰事权贵，使我不得开心颜”；难怪陶渊明要写《归去来兮辞》，声称“不为五斗米折腰”。

最近，中央领导在各种场合多次提到领导干部要敢于同不良倾向、错误思想和邪恶势力做斗争。这里讲的不良倾向、错误思想，含意比较明确。而邪恶势力指的是什么？“法轮功”及其组织肯定是一种。但我理解，中央领导指出的邪恶势力恐怕主要还指党内腐败分子及其形成的帮派团伙。因为在共产党执政的条件下，没有党内某些人的支持包庇，社会上的坏人很难形成一股势力，即便形成了，靠专政机关的力量就能解决，不存在党的领导干部敢不敢与之做斗争的问题。最可怕的就是党内的腐败分子攫取了一些地方、一些部门、一些单位的领导权，然后利用手中的权力，拉帮结派，结党营私，并与社会上的恶势力相互勾结，形成一种权钱结合、官匪结合、上有靠山、下有打手的盘根错节的关系网，并在某种程度上控制了局面。在这些地区、部门和单位，少数坏人欺上压下，一手遮天，横行不法，无恶不作。并且大搞顺我者昌，逆我者亡，不要说那些对他们不满，敢于同他们斗争者，就是对不愿同流合污，稍稍与之拉开距离的人，他们也看着不顺眼、用着不放心，必欲除之而后快。我这么讲并非凭空臆造，现实生活中就有这样的例子，如原市委书记胡建学领导下的泰安市，就形成过这样一股非常猖獗的恶势力。世界上的事情是复杂的，各种情况都有可能出现。如果我们处在这样一种环境中，该如何办？卖身投靠，同流合污，便有可能飞黄腾达，但从此也就免谈什么官品、人格了，到问题暴露那一天，还会成为真正的罪犯，受到党纪国法的制裁；坚持原则，奋起抗争，当时就可能受到排挤打击，甚至栽赃陷害，倒打一耙，将好人打成罪犯。最起码也要给你一个小鞋儿穿，而且是以非常冠冕堂皇的理由，整了你还让你说不出任何话来。这大概是新形势下当共产党的官可能遇到的一道新难题。

宦海沉浮的另一个直接后果，是官场上的人饱经世态炎凉，一个个十分世故。世故本是人之常情，只不过官场上最明显、最不加掩饰。所以，当官还有一难，那就是退下来之后的失落感。大多数人当官都当不了一辈子，总会有下台那一天。从高高的权位上走下来，那滋味也很不好受。以前，走到哪里都是前呼后拥，而现在则无人理睬，视同路人；以前家门口总是车水马龙，而现在则门可罗雀；以前底下人见到你点头哈腰，毕恭毕敬，而现在一个个却挺直了腰板；以前你是一言九鼎，谁也不敢说半个不字，而现在你说得再多，也顶不了一句……更有甚者，一些小人还会趁火打劫，落井下石，故意找点别扭，使你难堪。到这时，你才真正明白，过去人们尊重的并不是你的人品和才学，而是你手中的权力；才发现离开了权力，自己什么都不是。这种巨大的反差和失落，也不是一般人所能承受的。为什么一些领导干部在台上时，精神焕发，神采奕奕，下台没几天，就老态龙钟，牢骚满腹，道理就在这里。

以上讲了当官的种种难处，有些话可能说得过了一些。因为官场上的这些丑恶现象虽然存在，但毕竟不是我们干部队伍的主流。尽管当共产党的官有许多难处，但大多数同志还是勤勤恳恳，努力实践着我党全心全意为人民服务的宗旨。这一点必须加以强调。

三、对当官应持的态度

如果将第一部分“当官的好处”作为正题，第二部分“共产党的官不好当”作为反题，那这一部分就是从一正一反两方面论述中引出的结论，算是合题。

（一）结论之一：要当好共产党的官，就要有吃亏的思想准备

共产党的官本身就是一个吃亏的角色。当共产党的官就要一

心为公，无私奉献，吃苦在前，享受在后，这是由党的性质决定的。只要共产党的性质不变，就会这样要求自己的成员，老百姓也会以这一标准去衡量我们的干部。你做到了，那是应该的，未必有人来赞扬你；你不照着去做或做得不够好，那就是不合格、不称职，上级就要批评，群众就要骂娘。所以，要想当好共产党的官，首先就要有吃亏的思想准备。如果不想奉献，不愿吃亏，最好不要当共产党的官，当上了也肯定当不好。

改革开放以后，个人发展的路子比过去宽多了，你若只求通过个人努力，使自己及家人的生活好一些，有多条路可供选择。走仕途求个人发达好像是一条捷径，可以轻而易举，无本万利，其实是一条险路、绝路，搞不好就会身败名裂，把自己彻底赔进去。即便你很会当官，稳稳当当地将名啊利啊都捞到了，老百姓仍然会不买账，认为你不地道，戳你的脊梁骨，因为你违背了共产党的宗旨。所以，从个人角度看，当官真不是一个好职业。准备踏上仕途的年轻朋友，一定要三思而后行，将这条路的利弊得失都想明白，充分做好献身事业、服务社会、甘愿吃亏的思想准备。即便是那些已经当上官，并且目前干得还不错的同志，也应注意不断强化自己当官吃亏的思想，随时调整自己的心态，始终以一种忘我的、无私的精神面对工作和生活。

1. 有了当官吃亏的思想准备，就能对来自方方面面的诱惑不动于心。

现实生活中，当官实在是很危险。因为，只要你手上有一点实权，马上便会被人盯上，一些别有用心的人会千方百计地接近你，用各种方法讨好你。金钱、美女、汽车、别墅……你想要什么，便会有人送上什么。如果干部本人不警惕或不坚定，很容易被人家钓上钩。而一旦被人家抓住把柄，再想摆脱也来不及了，只能听凭他人使唤。我们一些当领导的，其实也明白这一点。所以刚上任时大都比较谨慎，要求自己也比较严格。问题是干了一段时间后，一些人的心理便开始有点不平衡了。一方面，自己有很大的权力，担很重的责任，干很累的工作，付出了很多很多；另一方面，合法收入又那么菲薄，只能过清贫的生活，这不是太亏了吗？特别是当领导的，对外代表着一级组织的形象，经常要出入一些公众场所，与一些有身份的人打交道，其中不乏腰缠万贯的大款。这种灯红酒绿的场合与平时的生活水准会形成强烈的反差。举个很实际的例子，下海经商的朋友请你这个带“长”的吃饭，一定会选高档饭店，上最贵的菜、最好的酒，一顿花个几千以至万把块钱不算什么。而你要想答谢一下，用公款不合名目，无法报销；个人掏腰包，又实在掏不起，总不能请人家吃一顿饺子，喝二两老白干吧？再如，在公众场合抽烟，人家一掏就是万宝路、大中华，而你掏出来的却是红梅、石林，恐怕到时候连自己都感到掉价，拿不出手。可好烟你抽得起吗？按合法的工资收入，一个县团级干部的月工资也只够买几条好烟的。处于这种极大的对比反差中，领导干部每时每刻都要经受考验。如果当官吃亏的思想准备不足，就可能放松对自己的要求，经不住送上门来、唾手可得的一些好处，而产生一念之差。人在犯错误的道路上只要走出了第一步，又没有被发现，没有人提醒，胆子就会越来越大，以至在错误的道路上越走越远，最后无法收拾，彻底毁灭。总结一些原先表现不错的干部后来犯错误的教训，大都经历了这一变化过程。所以，有人曾将当共产党的官比作在家修行，每天需要战胜的诱惑，比远在深山古刹，独对青灯黄卷的出家人要多得多。要想不为金钱美女、功名利禄所动，需要有更大的定力，而这种定力的基石就是当官吃亏的思想准备。

2. 有了当官吃亏的思想准备，就能对仕途上的进退去留心平如水，坦然处之。

宦海风云，变化莫测，很少有人能当一辈子官而不经一点风波。有些人看不透这一点，遇到一点挫折就想不开，总感到自己的努力未得到肯定和补偿，是领导对自己不公平，从而牢骚满腹、怨天尤人。出现这种情况，说到底还是当官吃亏的思想准备不充分。如果将当共产党的官就是吃亏的道理想通了，那也就无所谓公平不公平、委屈不委屈了。上面叫你干，你就充分利用这个机会，好好地为社会、为群众办几件事。做出了努力，付出了牺牲，那是你自愿的，是应该的，并不指望别人称赞和补偿；而如果上面看不上了，不让你干了，那也没什么了不起。因为本来就没打算通过当官捞一点什么，不让干无非是少奉献一点，少牺牲一些，从个人讲并没有任何损失。所以，不让干就算了，该干什么就干什么去，照样高高兴兴的。总之，将当官本身看作一件吃亏的事，对仕途上的进退去留就会看得很平淡，就能做到“宠辱不惊，看窗前花开花落；去留无意，望天外云卷云舒”。

讲到这里，一些同志可能会说，我之所以心中有气，并不是嫌自己官小，还想当多大的官，而是对官场上的一些腐败现象看不惯，感到不公平。自己和自己比，或者和一起长大的穷孩子相比，能混到今天这个位置，已经相当满足了。但横向一比，看到一些各方面条件都远不如自己的人，甚至是缺德少才的人，通过一些不正当的手段，爬得比自己还快，气就不打一处来。其实，这又有什么？官场的投入产出本来就不同于其他职业。其他职业都是一分耕耘，一分收获，个人的投入产出基本上成正比；而官场上则是一份心计，一分收获，事业上的投入和仕途上的发展常常是两回事，事业上的用心者常常是仕途上的失败者。你认为不正常、不公平，只能是有看法、没办法。所以，干脆别去想它。反正也没想通过当官得到点什么，所以也无所谓什么公平不公平。还是那句老话，让干就认认真真地干一场，有一分热，发一分光；不让干，就高高兴兴地退下来，重新过普通人的生活。至于那些在官场上投机取巧的小人，根本别去想他，更犯不着为之生气。天网恢恢，疏而不漏。我们还是应该相信党，相信群众，相信最终还是邪不压正。

（二）结论之二：要想当好共产党的官，就要不断加强自身的修养

当官就要做好吃亏的思想准备，可这种吃亏的思想从哪里来？显然，只能来源于平时的学习和修养。特别是在市场经济条件下，通常的价值观念是等价交换、按劳取酬，无私奉献的思想不可能自发地产生。只有通过学习，树立了正确的世界观、人生观、价值观，提高了思想觉悟和精神境界，才有可能当好共产党的官。

1. 要学习理论，树立坚定的共产主义信仰

当共产党的官明摆着要吃亏，为什么还要干？站在个人角度考虑是无论如何都讲不通的。只有牢固树立起共产主义远大理想，真诚地为这一事业而奋斗，同时把每一项具体工作与这一事业联系起来，认识到当官是为人民服务的一个重要岗位，才有可能抵御各种诱惑，心甘情愿地在这个吃亏的岗位上默默地奉献。在这里，对共产主义信仰是一个大前提，如果大前提模糊了、动摇了，就不可能得出正确的结论。这些年，一些领导干部包括一些曾经表现很不错的同志，之所以经不住灯红酒绿的考验，在糖弹面前打了败仗，最根本的原因就在于共产主义信仰动摇了，认

为共产主义都是些虚无缥缈的事，谁也说不清楚，既然如此，还不如来点实惠的。人生的这个总目标一变，具体目标也都跟着变，剩下的就不是要不要捞钱的问题，而是敢不敢捞、怎么捞、捞多少的问题了。所以，要当好共产党的官，首先还得是个真正的共产党。共产党人的官德是以党性为基础的。

2. 要学习历史，明白做人、做事、做官的道理

做人、做事、做官的道理看起来很简单，好像人人都可以讲出几条，实际上大多数人在这些问题上是看得破、忍不过、想得到、做不来。平时说起来容易，遇到关键时刻就不是那么回事了。要解决这一问题，多读点历史是个好办法。中国封建社会两千多年，有文字记载的大小官员成千上万，什么样的故事都可以从史书上找到。多读点历史，你就会知道，忠贞报国、廉洁奉公、勤政爱民的官员大都为人民群众所敬爱，而徇私舞弊、贪赃枉法、祸国殃民的官员最终会为历史所不齿；你就会知道，在官场上刚正不阿的忠贞之士大都吃不开，而那些善于阿谀奉承、投机钻营的小人往往会得志于一时；你就会知道，历史上还是比较公正的，黑白分明，善恶有报，好官可能获罪一时，甚至抱恨终生，但最终还是千古流；坏官可能权倾朝野，富贵一世，但最后还是遗臭万年。总之，历史的东西看多了，对眼下官场的各种现象就会司空见惯、洞若观火，不仅明白其起因，而且还能预测下一步将如何发展。至于自己该怎么办，那就看如何做出价值选择了。

3. 要学习英模，头脑中装几个好官的形象。

人总是在比较中做出判断。跟谁比，如何比，对结论有直接的影响。要想当个共产党的好官，头脑中就必须时刻装上几个好官的形象，遇到有什么想不通的问题时，把自己的情况和他们比一比，想想他们遇到这种情况将如何处理，肯定会大有益处。例如，想想周总理，你还敢说自己很忙很累吗？想想焦裕禄，你还能比他更苦更难吗？想想孔繁森，你还能说自己很穷吗？想想彭德怀，你还有什么委屈和不平吗？我这么讲，似乎是在说大道理。其实，这是我的切身感受，是相当管用的。如果你还是嫌远嫌大，也可以与身边的同志比一比，我想总会有一些比你资历老、德才好、贡献大而职务反不如你的同志。经常与他们相比，你就会知足，就会进取。相反，如果眼睛老盯着极个别条件不如你，却因种种缘由提升较快的人，那你就会有数不清的烦恼。

4. 要学习其他知识，丰富自己的精神生活。

当共产党的官是很苦的，工作又累又操心，每天还有数不清的烦恼。若长时期这样身心交瘁，铁打的身体都受不了。所以，一定要想办法排解和调整。具体办法很多，其中之一就是培养一些业余爱好，丰富自己的精神生活。古时候的官员大都是文化人出身，公务之余都喜欢写点诗，写诗就是一种放松身心、排解烦恼的好办法。通过吟诗赋词，将内心忧国忧民的心情、疾恶如仇的情绪、冰清玉洁的志向用优美的文字音韵表达出来，心中的忧闷就会像被吐出来一样。现如今当官的人中能写诗的人不多了，但看看那些脍炙人口的诗篇，也会“心有灵犀一点通”的。若读诗都做不到，来一点琴棋书画、花鸟虫鱼也可以，同样能够丰富生活，提高情趣，总比业余时间都泡在灯红酒绿中要好。“文革”期间，有人批评领导干部有个人爱好是玩物丧志，其实只要不沉溺其中影响工作，当领导的多一点爱好、特长并没有什么害处。

（三）结论之三：要想当好共产党的官，就要一心一意做点事

共产党的官不是一种身份、一种待遇、一种荣誉，而是一

份义务、一份责任、一份奉献。党把我们放在一个岗位上，就是要我们率领所属人员，认真贯彻党的路线、方针、政策，开拓进取，艰苦创业，全面振兴一项事业或一个单位。广大群众也对领导寄予厚望，希望通过领导的努力来改变单位或部门的面貌，并给自己带来实实在在的利益。因此，当官就必须干事，不好好干事就是失职，就不配当共产党的官，半点马克思主义都没有。封建社会都倡导“为官一任，振兴一方”，反对“群居终日，言不及义”，反对“饱食终日，无所用心”，更何况我们共产党人。“当官不为民做主，不如回家卖红薯”。所有现职岗位上的领导干部，都应该牢记这两句发自广大群众心中的话。

1. 要做事，就必须振奋革命精神。

人是要有一点精神的。精神不振，思想懒惰，根本不想干事或不想花气力，就不可能干成任何一件像样的事，更别说出第一流的成绩了。现在确有相当一部分干部精神状态很不好，自以为看透了，学聪明了，认为官场就是那么回事，晋升有时并不靠实绩，若上面没人说话，个人再努力、干得再好也是白搭。所以，不求有功，但求无过，做一天和尚撞一天钟，有的甚至连钟都懒得撞了。这些同志自以为是看破红尘，实际上恰恰是掉到名利场中出不来了。如果当官只是想获得上级的青睐，以实现升官发财，为个人捞好处，那有时干不干、干好干坏确实无关紧要，多干了反而吃亏。可如果干工作不是为个人，而是为了党的事业，为了单位建设，为了群众利益，那就根本不存在白干不白干的问题。干一件事就是一件，多干就能多贡献。毛泽东同志曾经说过，我们共产党人不是为了做官，而是为了革命，要立志做大事，而不要立志做大官。我认为，从当前情况看，领导干部非常需要重温毛主席的这一教导。

2. 要做事，就不能害怕困难。

实事求是地说，现在要想办成一件事实在是太难了。这难，来自方方面面，有体制上、政策上的原因，有群众认识和觉悟上的差距，有我们自己精神状态、思想作风、能力水平、工作经验的不适应，等等。可为了党的事业，为了单位的建设和发展，再难也得干，而且干还要干好。还是那句老话，没有困难，要我们共产党人干什么？！当共产党的官就不能怕困难，要知难而进，迎难而上，压倒困难，战胜困难。从实际情况看，要战胜困难，首先还是要战胜自己，切实克服各种私心杂念。这往往才是最难的。江泽民同志在近几年的讲话中，曾多次引用林则徐的两句诗，“苟利国家生死以，岂因祸福避趋之”，要求党的各级领导干部学习和发扬我们中华民族的这种奋斗牺牲精神。我想，真有了林则徐这种精神境界，任何人都可以干出一番事业来。

3. 要做事，就必须敢于承担风险。

我们处在剧烈的变革时代，形势发展变化很快，矛盾问题层出不穷。在这种情况下，要想真正做成一点事，循规蹈矩，按部就班肯定是不行的，必须有新思想、新路子、新办法，大胆改革，勇于创新。像小平同志多次提倡的那样，“胆子要大一些”，“看准了的，就大胆地试，大胆地闯”，试一段时间后，“总结经验，对的就坚持，不对的赶快改，新问题出来抓紧解决”。要试、要闯肯定会遇到阻力，也难免走弯路，犯错误，使个人的声誉受到一些损失。但如果真想干事，就不能顾虑太多。前怕狼，后怕虎，等待观望，犹豫徘徊，势必错失良机。而一旦丧失机遇，后悔也来不及了。所以，还是小平同志说得好，“没有一点闯的精神，没有一点‘冒’的精神，没有一股气呀、劲呀，就走不出一条好路，走不出一条新路，就干不出新的事业。”

（四）结论之四：要当好共产党的官，就必须始终扎根在群众之中

共产党的官与其他阶级的官最大的不同，就在于他来自人民群众，代表人民群众，是群众推选出来管理公共事务，为众人服务的。我们每一个领导干部，不论职务高低，都是人民的一员，而人民是我们的衣食父母。我们常讲，做人不要忘本。什么是共产党员的本？本就是人民群众，忘记了人民群众就是忘本。只要我们时刻想到人民群众，始终扎根在人民群众之中，当官面临的各种问题都不难解决。

1. 只有扎根在人民群众之中，才知道自己肩上的担子有多重，才能不断增强抓工作的紧迫感。

领导工作一般都有相当大的弹性，你要想干一番事业，工作会多得干不完，但若想混日子，有些事拖一拖，放一放，一时也看不出太大的影响。在现行的领导体制下，又常有干的不如看的，看的不如捣乱的情况出现。如果仅从个人角度考虑，最好的为官之道是不求有功、但求无过，稳稳当当地做太平官。可如果深入实际，深入基层，深入群众，你就会发现，有那么多的问题需要领导去解决，有那么多的群众对领导寄予厚望。只要稍微还有一点责任心，你就会坐不住，就会感到不好好抓工作对不起群众，对不起组织，就会为一度有过混日子的思想而羞愧。我自己就有这方面的体会：在办公室待的时间太久后，很容易自我感觉良好，而每次到群众中走一走，畅所欲言地聊一聊，都能受到一些启发，发现许多自己应该去做的事情。

2. 只有扎根在人民群众之中，才能对现有的收入待遇感到满足，有效地抵御灯红酒绿的影响。

一个人对收入知足不知足，关键在和谁比。和社会上的大款

比，当共产党的官确实比较清贫。但如果同几千万尚未脱贫的老百姓比，同几百万下岗工人及其家庭比，甚至同占我国人口大多数的农民相比，我们大多数干部的生活水平还是要略胜一筹。现在一些同志谈起待遇来之所以总是不满足，就是因为离人民群众特别是生活困难的群众太远了，而与大款、富豪们打交道太多。为什么党中央一再提出领导干部要经常下去访贫问苦，交几个穷朋友，道理就在这里。前两年去重庆出差，听当地人讲过一件事：有一个下岗工人家庭，夫妻双方都失去了经济来源，生活很困难。唯一的女儿很懂事，学习非常刻苦，考上了重点中学。当父母的自然很高兴，想鼓励一下孩子，便问她有什么要求。女儿想了半天，最后怯生生地说，“我想吃点肉”。按理说，这个要求一点也不高，可他们家实在是没有钱，翻箱倒柜地找，只找出两毛钱。当妻子拿着这仅有的两毛钱去买肉时，遭到了肉贩子的讥笑。是啊，现如今谁拿两毛钱去买肉？在众人的哄笑声中，妻子把实情说了出来，在场的人包括肉贩子都感动了，没收她的钱，送给她两斤肉。这位下岗女工回到家后，越想心里越不是滋味，这日子过得还有什么意思，一时想不开，竟将毒药放到做好的红烧肉里。就这样，一个好端端的家庭因不堪贫困而毁灭了。这件事给我留下很深很深的印象。每念及此，我都眼圈发湿，鼻子发酸，恨不得对自己大喊一声：“知足吧！”

3. 只有扎根在人民群众之中，才能集中群众的智慧，找到解决工作中各种难题的办法。

人民群众是历史的创造者，是真正的英雄。在人民群众中，蕴藏着无穷无尽的智慧和力量。当好领导的一个重要诀窍，就是要善于依靠群众，发动群众，团结带领群众一起去克服工作中的困难。这可不是说教，而是我们党几十年历史经验的科学总结，是党的传家宝。在改革开放、发展社会主义市场经济的新形势下，领导面前的困难确实不少，而且性质上与过去相比也有很大不同，但相信群众，依靠群众，从群众中来，到群众中去这一套基本的工作方法并不过时。还是那句老话：千难万难，有了群众的支持就不难。

4. 只有扎根在人民群众之中，才能摆脱来自官场的诸多烦恼，始终保持良好的精神状态。

官场上的事很复杂，有时也很丑陋，如果一个人整天迷陷其中不能自拔，精神生活一定会很痛苦。解决这个问题的办法之一，就是不管当多大的官，都要在普通老百姓中交几个好朋友，有事没事的经常往他们那里走一走，找他们聊一聊，忘记自己的身份地位，彻底地放下架子，像穷哥儿们似的说几句心里话。这对领导掌握真实情况，把握群众的情绪，做好各项工作有利，对领导保持心理健康，维持一种正常人的情感更有利。官当久了，当大了，很容易让角色给“异化”了，失去普通人的情感，不会像正常人那样说话办事了。别人都拿他当怪物，而他自己却意识不到，自我感觉良好。我就见过这样的人，觉得又可怜又可笑，更重要的是可悲。这大概也是一种职业病吧。要防治这种官场病，最好的药方是联系群众。

（五）结论之五，要想当好共产党的官，就必须讲气节

最近，中央领导在各种场合再三强调，党员领导干部一定要讲气节。我认为，中央领导提出了新形势下为官的一个很重要的问题，寓意深长。做人都要讲气节，否则就会被人看不起，何况做官。讲气节包括许多内容，对领导干部来说，当前经常遇到又比较难处理的是如何对待官场上的不正之风。现在，一些单位

的风气确实很不好，跑官要官成风，要想得到提拔，就必须去活动，否则工作干得再多再好也没用。这倒不是说当领导的一个个都卖官受贿，而是现行的用人机制有问题。反正是和平环境，又没有竞争对手，差不多的就可以当领导，不一定非得用人才。既然用谁都可以，那么谁往领导那儿跑得勤，和领导的关系好，提拔重用的机会自然就多。遇到这种情况，应该怎么办？

大道理不需我讲，下面，我只想联系个人实际，谈谈我是怎样认识和处理这一问题的。我任现职已满9年，应该算比较长了。近两年，不断有同志（包括过去的一些领导）劝我去找找人，到上面“活动活动”。说现在官场上的风气就是这样，你不找不跑不送，谁都不会用你。有的同志甚至还为我出谋划策，牵线搭桥。我承认他们讲的有一定道理，也理解他们的一片苦心，但考虑再三，还是婉言谢绝了。这倒不是因为我的觉悟有多高，对个人的职务问题没有一点想法；也不是因为我找不着关系，或者请客送礼拿不出钱来。而是总感到这样做不好。作为一个党员，或者退一步，作为一个正直的人、大写的人，都不应该这样做。找找人可能有助于提升，可升官又为了什么？既然自己从未想通过当官捞点什么，又何苦为此在人格方面付出巨大代价呢？当官再大也是一阵子，做人则是一辈子。为了眼下的一官半职，把自己整个名节毁了，实在是得不偿失。中国封建社会都有不肯为五斗米折腰的忠贞之士，我们这些号称是共产党的官，难道还不如他们吗？！再说，我们这些当领导的，经常对下面讲些正确对待职级待遇的大道理。如果说一套，做一套，要求别人淡泊名利，自己却去跑官要官，一旦传了出去，群众将怎么看我们？自己还有脸在台上振振有词地去讲大道理吗？

至于个人职务问题，那是领导考虑的事。作为一名共产党员，无论组织上做出什么样的安排，我都会愉快服从。不要说不升官了，就是由于种种原因不让我继续干了，那又有什么了不起？为人民服务的机会多得很，个人发展的路子也比以前宽得多，只要自己有真才实学，肯奉献，能吃苦，可以干的工作有的是。不当官，我还可以写文章、写书；离开部队了，还可以去地方干。天生我材必有用。都什么时代了，还愁找不着发挥个人才能的地方？

在交谈中，一些朋友提醒我，别人都跑都送，你不做，只能是个人吃亏。甚至劝我说，名节不就是那么回事，做人不能太认真。这个问题我也想过。当个老实人，当个有气节的人，可能职务升迁上受些影响，看上去个人要吃点亏。可我当官本来就没打算占便宜，吃点亏就吃点亏吧。那么多群众一辈子没当过官，不一样活得挺好吗？和他们相比，我非常知足。吃亏，我认了。就是一辈子不升官，我也绝不去跑去要。上面是什么情况我不了解，别人如何选择我也管不着，但我的主意已定：即使天下所有的人都想明白了，只剩下我一个傻子，我也执迷不悟，死不改悔。

对于我的上述想法，大多数同志表示理解，但也有人认为我太傲气、太清高，读孔孟的书读多了，是“书呆子”。对此，我也进行过认真思考。记得鲁迅先生说过一句话，大意是：人不能有傲气，但不能没傲骨。年轻时，我对傲气和傲骨有什么区别分不太清楚。现在明白了：傲气是对下的，而傲骨是对上的，有傲气的人恰恰都没有傲骨，而只有媚骨。做人就要有一点骨气，不能为了一官半职，什么都不管不顾了。该挺起腰来时，就要挺起腰来。我曾经和一位领导同志专门探讨过一个问题：不为职级待遇去找人求人，保持一点清高，是优点还是缺点？得出的结论是，从干事业的角度，可能说不大清楚；但从个人人品看，绝对是个优点。我打定主意，洁身自好。说我书呆子，我并不以为耻。

讲到这里，有些同志可能会暗自发笑，认为我是酸葡萄心理，官场上失意了，所以才在这儿大放厥词。我承认，自己在事业上并不是一个成功者，之所以产生上述想法，也和目前的境遇有直接关系。如果我现在仍是青云得志，恐怕也不会有上述想法。恰恰是近几年的挫折坎坷，使我清醒了、觉悟了，明白了许多过去不明白甚至想都想不到的道理。至于这些想法是对是错，我不敢自诩，只借用一句禅语：如鱼饮水，冷暖自知。当然，我这么说，也不是要大家故作姿态，一个个都对领导横眉冷对。每个人的情况不同，所处的环境也不一样，在对领导的关系上，不可能一个模式、一个标准。只要不卑不亢，落落大方，和领导保持一种良好的关系并没有坏处。总之，要出以公心，把握好度，真正做到“世事正须高著眼，宦情不厌少低头”。

为人处世之道①

早就有一个心愿，和大家谈谈如何正确处理人际关系问题。因为，无论是对一个单位的长远建设，还是对每个同志的身心发展，这个问题都太重要了。最近，我从杂志上看到一个小故事，说的是某行僧向一位老禅师请教人类以外的世界。老禅师先带他看了地狱，那里每个人面前都有一盘美味佳肴，可手中的筷子却有一米多长，无论想什么办法，用哪种姿势，都无法将食物送进自己口中，结果人人饿得嗷嗷叫。接着，老禅师又带他看了西方极乐世界，发现那里的物质条件和地狱完全一样，同样有美食，同样是一米多长的筷子，不同的只是大家盛起食物后，不是往自己嘴里送，而是我喂你，你喂我，结果人人吃得很好很饱。这个故事耐人寻味。同样的物质条件，只因人与人之间的关系不同，一则自私自利，全顾自己，一则关心他人，互相帮助，就形成了生存环境的天壤之别，由此可见人际关系对社会、对人生的价值。在现实生活中，恐怕每个同志都有这方面的感受，一个单位

① 本稿写于 1996 年。

如果人际关系好，同事之间志同道合，和睦相处，互相关心，互相体谅，内部的凝聚力就强，工作效率就高，每个人在其中工作都会感到轻松愉快。相反，如果单位内人际关系紧张，同事之间跟仇人一样，你盯着我，我瞪着你，恨不得将对方一口吃掉，经常为了一点小事闹得不可开交；或者人际关系淡漠，大家天天见面却视同路人，鸡犬之声相闻，老死不相往来，恐怕环境再好，待遇再高，也不会有人愿意长期在那里工作，单位的凝聚力、战斗力更无从谈起。

建立良好的人际关系对我们军队的科研单位有特别重要的意义。因为，与地方单位相比，军队在干部进出管理上实行的是“高门槛”，要进来难，要出去也难。尤其是科研单位，更要求人员相对稳定。所以，经常有些同志一处就是几十年。说句笑话，有些同事相处的时间，比和老婆孩子待在一起的时间都长。人都是有个性、有毛病的，相处久了，难免发生矛盾。即便一年只记对方一个不是，十几年甚至几十年积累下来，也就不得了了。受专业所限，同志之间出现矛盾后，又不可能像野战部队那样靠组织调整来解决，因而人际关系往往特别复杂，一旦处理不好，对单位和个人造成的伤害更大。如果说每个人的爱人都是自己选的，可同事却无法选择，常常是“拉郎配”；与爱人相处不好还可以离婚，而与同事闹别扭了，个人却很难调整。由此可见，在军队科研单位，对人际关系应格外关注、格外小心。

人际关系重要，可处理好却十分不易。人们常说，人是世界上最复杂、最难把握的，这并不是指其生理结构及特征，而是形容人心叵测，即所谓“画龙画虎难画骨，知人知面不知心”。自人类进入文明社会以来，人们就开始关注人际关系，研究如何理解人、把握人、与人相处。几千年过去了，自然科学包括人体科学有了天翻地覆的巨大进展，人类对社会规律的认识也进入了很深的层次，可对人心、人性、人际关系的把握又前进了多少呢？现在，翻翻古书，觉得老祖宗们两千多年前讲人心、人性、人际关系的一些话还很新鲜，很富哲理，读后有所启迪，这说明了什么？

讲人际关系难处，还因为其中的学问是任何书本中、任何课堂上都无法直接学到的。这倒不是说没有这方面的书或书上讲的都不对，也不是指我们不需要或不应该留心这方面的学习，而是强调处理人际关系的学问只有在社会交往的实践中才能真正体会和把握。年轻人初入社会，无论多聪明，有多高的学历，都会感到做人难，处世难。当他在人生的旅途上跌跌碰碰，不断积累社会经验，开始“不惑”“耳顺”“知天命”，以至“从心所欲不逾矩”时，年龄也慢慢老化了，即将退出人生舞台。后来人还得从头开始，周而复始，一代一代。从古到今，过去没有，现在没有，今后也不会有这方面的捷径。

人际关系既重要又难处，所以许多同志尤其是一些年轻同志深感加强这方面学习和修养的必要。今天，我想谈谈自己的一些学习体会。

我认为，为人处世最主要的是做到八个字，即真诚、谦让、宽容、谨慎。下面，分别谈谈。

一、真诚

为人处世，待人接物，首要一条是真诚。所谓真诚就是真心实意，诚恳待人，内不自欺，外不欺人，始终做到心口如一，表里如一，襟怀坦白，开诚布公。在人际交往中，看到别人有成绩，打心眼里为其高兴；看到别人有困难，千方百计帮助解决；看到别人有长处，真心实意向人学习；看到别人有不足，实实在在为之惋惜。真诚的反面是虚伪，虚即虚假，伪即人为，也就是为了达到某种个人目的，想方设法把自己的真实思想、真实情感隐瞒起来，当面一套，背后一套，嘴上说得好听，心里满不是那么回事。

在人际交往中首先强调真诚是中国传统文化的一个特点。近些年，社会上出现了不少从国外翻译过来的讲人际关系学的小册子，教人们如何赢得上司的信任，如何取得同事的好感，如何得到朋友的欢心，如何获取顾客的青睐，等等。虽说也是社会交往经验的总结，讲出了一定道理，但总的看，都是些细枝末节，雕虫小技，而且杂乱无章，不成系统，让人读后不得要领。与之相反，我们中国文化是将为人和处世放在一起讲的。强调为人是体，处世为用，一个人如何处世是由其为人决定的，而其为人也总是通过他如何处世表现出来。只有当好人，才能处好世。而要当好人，首先应该真诚，因为真诚是一切道德行为的基础。

中国传统文化受儒家思想影响最深，儒家就最讲求真诚。儒学经典《大学》中提出，君子要实现“内圣外王”的人生理想，须经过“八正道”，即八个步骤：“格物、致知、诚意、正心、修身、齐家、治国、平天下”。其中诚意最为重要。因为“意诚而后心正，心正而后身修”。而自身修养好了，道德高尚了，就可以成为圣人，可以齐家、治国、平天下。另一部儒学经典《中庸》也提出：“诚者，天之道也。诚之者，人之道也。诚者，不勉而中，不思而得，从容中道，圣人也。”大意是：诚是至高无上的天的道理，因而为人之道就在于诚。只要真正做到了诚，不用勉强就可以使自己的行为举止得当，不加思索就知道该如何待人接物，始终从容地处于中庸的状态，成为圣人。

宋明理学进一步发展了先秦儒学的上述观点，将诚提到本体论的高度。认为从宇宙万物开始演化就有了诚，事物长成后，诚便确立了。因此，诚是“五常之本，百行之原”，是对人的本质要求。一个人做到了诚，道德认识、道德情感和具体的道德行为就都有了。这当然是一种客观唯心主义的观点，但由此也可看出古人对诚看得多重。

儒家从诚入手讲为人处世很有道理。因为真诚的前提是善、是美。一个人只有心地善良，心灵美好，才敢将自己真实的内心世界公之于众。真善美是一个统一的整体，能达到真善美的人，一定能处理好人际关系。古人在这方面有许多精辟的论述。

君子所以感人者，其惟诚乎！欺人者，不旋踵人必知之；感人者，益久而人益信之。（司马光）

与人以实，虽疏必密；与人以虚，虽戚必疏。（《韩婴》）

讲到真诚相待，以诚感人，我们敬爱的周恩来总理就是一个最好的例子。周总理的人品是举世公认的，无论是在他生前还是逝世后，都得到了广大人民群众的衷心爱戴和敬仰，可以说是“长使英雄泪满襟”。一位著名外国友人在回忆文章中甚至这样说：作者从小就在寻找像孔子、释迦和耶稣那样伟大的人物，可一直未能如愿，直到结识了周恩来，才确认世界上真有这样的人。走进周恩来的内心世界，会发现他平生最推崇的就是一个“诚”字。从他早年的一些文章可以看出，当学生时他就常以诚实、慎独自励自勉。他曾经比较过历史上许多伟大人物，然后选定孔子、耶稣、释迦为自己的人生楷模，认为这三个人虽然贵比不上天子，富比不上陶朱，权比不上将相，寿命也只是中等水平，但却能炫耀当时，流芳百世，根本原因就在一个“诚”字。他也很敬佩诸葛亮，认为诸葛亮不仅功勋盖世，而且品格高尚，而曹操虽也有不小的功业，可时常作奸欺世，因而无法跻身圣贤之林。周总理有一句名言，“世界上最聪明的人是最老实的人，因为只有老实人才能经得起事实和历史的考验”。他一生以诚待人，以诚感人，给所有与他有过直接交往的人都留下了终生难忘的印象。一位外国记者这样评价，周恩来“是这样一个人，他怎么想就怎么说，怎么说就怎么做”。周总理所以能有那么多的朋友和崇拜者，无论是同志、朋友，甚至是对手，都为他的人格所感动、所吸引，我认为，真诚待人，以诚感人是最重要的因素之一。

可见，与人交往首先要真诚。而要真诚待人，又必须全面加强个人修养。只要个人修养达到了一定境界，立身行己，应事接物都能做到真诚，就能感动他人，取得别人的理解和信任，增进团结和友谊，从而在复杂的人际交往中，达到儒家所追求的“不勉而中，不思而得，从容中道”的境界。显然，这种从根本上解决问题的办法，比起那些教人们具体交往技巧的办法，要深刻得多，也高明得多。

真诚相待，不自欺，不欺人，看似简单，可真正做到并始终坚持并不容易。宋朝名臣司马光，他的学生刘安世曾求教修身立业的方法，司马光让刘在诚字上下功夫。刘安世又问从何入手呢，司马光要他从不说谎做起。刘安世想这还不简单，但一实践，才发现完全做到这一点是相当困难的，以至修养了七年后才“言行一致，表里如一，遇事坦然，常有余裕”。过去有人写过一首诗，其中两句是：“书有未曾经我读，事无不可对人言”。我认为，这个口气可是够大的，八成是在吹牛皮。不信？大家不妨扪心自问，真能完全做到“事无不可对人言”吗？

为什么真诚不易？我认为主要是社会太复杂，人心不同，各如其面，并不是人人都能真心相待，甚至也不是人人都希望真诚相待。在人际交往中，过于真诚、直率，有时是要吃亏的。鲁迅先生就讲过一个说真话倒霉的小故事。说是有一个财主生了儿子，过满月那天大办酒席，宴请亲朋好友。第一位来宾看了尚在襁褓中的小孩，说这孩子将来一定能当大官，主人听了很高兴，马上请入上席。第二位来宾看了孩子，说这孩子长大后一定能发大财，主人笑容满面，也请入了上席。第三位来宾见了孩子，说这个孩子将来一定会死的，主人勃然大怒，立刻把他轰了出去。鲁迅先生说，其实前两位来宾的话都不可信，谁也无法断定孩子长大后一定能升大官、发大财，只有第三个人说这个孩子将来一定会死，倒是一句真话，结果却被轰了出去。先生讲到这里，有学生问：我又不愿说假话，又不想被轰出去，该怎么办呢？鲁迅先生回答，那就只有说“这个孩子吗，嘿嘿，哈哈，嘿嘿，哈哈”。

看到讲真话，真诚待人有可能吃亏，一些同志特别是涉世不深、缺乏社会经验的年轻人便经常处于矛盾之中：一方面，也认为应该待人以诚，很敬佩真诚的人；另一方面，又担心太实在、太老实了会吃亏，羡慕那些比较圆滑、比较乖巧的人，即所谓的老好人。说到老好人，又想到一个典故。明代著名作家冯梦龙在《古今谭概》中记叙了这样一个故事，说东汉末年的司马徽，从来不讲别人坏话，无论对何人何事，都说一个“好”字。有一次，邻居刚死了儿子，见到司马徽，向他诉苦，他信口答道：“很好”。妻子听到后指责他：“人家儿子死了，你怎么说好？”

司马徽说："你这个意思非常好"。从此以后，大家送他一个绰号"好好先生"。

我们中国传统文化最反对处世圆滑、不讲是非的老好人，称之为乡愿。乡愿这个词来自《论语》中的一句话："乡愿，德之贼也"。孔子认为，乡愿这种人其实是最坏的，因为"世宁无德，不可有假德。无德犹可望人之有德，有假德则世不复有德矣。此孔孟所以恶乡愿也"。《论语》中还讲了这么一件事：说有一天，学生子路问孔子，众人都说一个人好，你以为这个人如何？孔子回答说不准。子路又问，如果大家都说这个人不好呢？孔子仍回答说不准，不如好人说他好，坏人说他不好。可见，中国传统文化不赞成那种四面讨好的人。

圆滑、乖巧的人，看上去很聪明，见什么人说什么话，谁也不得罪，可这不是真聪明。俗话说，"路遥知马力，日久见人心"。一个人在人际交往中太有心计，总是要小聪明，让大家感到其待人不真诚、不可信，靠不住，太滑头，那他就不会有真朋友。时间久了，大家都不愿和他打交道，最终成为孤家寡人。我就见过这种情况。所以说，真诚待人才会有真朋友，真诚是最聪明、最可行的处世交友之道。年轻人在待人接物时，千万不能搞短期行为，不要学好好先生。否则，毁了口碑，后悔莫及。正如古人所说：

以真实肝胆待人，事虽未必成功，日后人必见我之肝胆；以诈伪心肠处世，人即一时受惑，日后人必见我之心肠。（《格言联璧》）

交友须带三分侠气，做人要存一点素心。（《菜根谭》）

讲到这，一些同志可能会想，我真诚待人，别人不真诚待我怎么办？对此，我的看法是，真诚待人本身并不需要回报，但时间久了，定能得到回报。真诚是为人处世的根本，是一种人生态度，而不是一种等价交换的筹码。如果为了达到某种目的才真诚，那就失去了真诚的本义。如果每个人都希望别人先真诚待己，然后才愿以真诚回报，那世界上就不会有真诚可言。一个人只要始终做到襟怀坦荡，表里如一，真心实意，诚恳待人，相信时间久了，是一定能为大多数人所了解、所接受的，即所谓“精诚所至，金石为开”。在这方面，古人也有一些很值得铭记的格言警句。

至诚而不动者，未之有也；不诚，未有能动者也。（《孟子》）

古今天下，惟至诚感人深。（元·李存）

不能感人，皆诚之未至。（明·薛暄）

有些同志一般情况下也能真诚待人，但遇到复杂的人际关系就不知该如何处理。例如，有些单位同事之间成见很深，矛盾尖锐，甚至明显分成团团伙伙，作为局内人有时就很难处。跟这个人多说几句话，那个人就拉长脸，帮那个人办点事，这个人就不高兴。遇到双方发生争执，无论怎么表态都得罪人，搞不好便把两边都得罪了。碰到这种情况，有些人想投机取巧，几面讨好，当着张三说李四不好，见了李四又说张三的不是；有些人想浑水摸鱼，见风使舵，今天刮东风他是东风派，明天转西风又成了西风派；还有些人干脆避而远之，自我保护，该说的话不敢说，该表态的也不表。我认为，这些态度都不可取，于人于己给你于事业都不利。最聪明的办法还是当个老实人，保持平常心，始终真诚待人，不偏不倚，一碗水端平。可以不主动介入矛盾，不随便表态发言，但一定不要耍滑头，不要当面一套，背后一套，见什么人说什么话。换句话说，就是越复杂的关系，越要简单处理。

这也符合辩证法。古人常以君子“群而不党”自勉，意思是说正人君子应该合群，但不能结党营私，要始终保持坦荡的胸怀。

要真诚待人，还必须防止势利眼。现实生活中总有一些人待人接物带着明显的功利色彩，对用得着的人想方设法接近，用不着时则翻脸不认人。尤其是对在台上的领导，喜欢吹吹拍拍、拉拉扯扯。这是一种极坏的作风，虽可能得到个别领导的欢心，谋个一官半职或得到其他好处，但却一定会为广大群众所不耻。一般来说，这样的人是不会有威信的，也不会有真朋友，最多有几个暂时的同盟者。所以，实在不足取。还是那句老话，不要企图从人际关系中捞便宜，最聪明的人是最老实的人。

真诚待人对领导干部来说更为重要。领导干部接触面广，人际交往复杂，周围群众对其要求高，处理不好造成的影响也大，所以为人处世更要讲真诚。尤其是对下属，不能哄，不能骗，不能玩权术，否则，总有一天会暴露，会威信扫地。当领导的经常要对部属的工作进行评价，这种评价一定要实事求是，对本人说的与对其他人讲的要一致，千万不可当面说好的，背后又把人家贬得一钱不值、一塌糊涂。尤其是发现下级有缺点和不足时，该批评的一定要敢于批评，不要怕得罪人。相信只要出以公心，又确实是为对方好，再讲究点场合、方法，对方是能够理解和接受的。即便有少数同志一时接受不了，当时有点意见，也没什么大不了的。相信时间久了，群众会理解你的用心，认可你的为人。相反，当领导的如果太有城府，太有心计，讨好人的事抢着干，得罪人的事往外推，不但影响工作，其人品也将引起非议。清朝道光年间，有人作了一组《一剪梅》（《国史旧闻》卷六十），专门讽刺这样的官僚：

仕途钻刺要精工，京信常通，炭敬常丰。

莫谈时事逞英雄，一味圆融，一味谦恭。

大臣经济在从容，莫显奇功，莫说精忠。

万般人事要朦胧，驳也无庸，议也无庸。

八方无事年岁丰，国运方隆，官运方通。

大家赞襄要和衷，好也弥缝，歹也弥缝。

无灾无难到三公，妻受荣封，子荫郎中。

流芳身后更无穷，不谥文忠，便谥文恭。

所以，我很欣赏林则徐的官箴：“为官避事平生耻”，当领导的“私怨不可有，公怨不可无”。希望大家能以此自勉，千万不要沾染封建社会旧官场上的坏毛病。

二、谦让

谦让即谦敬和礼让，这也是中国人最讲求的为人处世之道。要正确处理人际关系，首先要正确认识和对待自己，也就是要谦虚，不自满，不自矜，不自是，不居功，始终看到自己的不足，摆正自己的位置，虚心向他人学习。一个人内心自觉地树立起这种谦逊的态度，待人接物必然会十分恭敬，从而赢得众人的好感。当与他人发生矛盾，出现利害冲突时，则要主动地礼让——让功，让利，让贤。有了这种谦敬礼让的美德，就容易处理好人际关系。

我们中国文化十分推崇谦敬。作为传统文化群经之首、大道之源的《易经》，八八六十四卦，其中一卦的卦名就叫“谦”。谦卦的卦辞是“谦：亨，君子有终”。意思是亨通，君子有好的结果。该卦有六爻，爻词都很吉利。后人赞誉人时常用的“谦谦君子”，就是其中的一句爻词。《周易·系辞传下》进一步提出，“谦，德之柄”，认为谦虚是提高道德的手段。还有我们大家十分熟悉的格言，“满招损，谦受益”，也是儒家五经之一《尚书》中的一句话。由此可见谦敬在古人心目中的地位。过去人们常讲，“虚心使人进步，骄傲使人落后”。久而久之，一些同志似乎产生一种错觉，好像谦虚只和个人进步有关，很少意识到它对人际关系的影响。其实，谦虚与否带来的损益，很大程度上体现在人际关系上。一个人如果不谦虚，自视过高，谁也看不上，瞧不起，总觉得自己是一朵花，别人都是豆腐渣，有点成绩就自满，有点功劳就骄傲，给人一点好处就以恩人自居，以至自高自大，目空一切，出言不逊，盛气凌人，那么，哪怕他再有本事，再有权势，也不可能得到大家衷心的爱戴和尊敬，也不可能处理好人际关系。

历史上这方面的例子太多了。大家都知道楚汉相争时的韩信，这个人还是有点真本事的，被刘邦拜为大将军，带兵打了许多胜仗，汉家的天下有一多半是靠他打下来的。可韩信有一个致命弱点，就是太骄傲，自以为有功，谁都看不起，得罪了很多人。有一次，他和刘邦谈带兵。刘邦问，你看我能带多少兵？韩信回答也就10万人。刘邦又问，你自己呢？韩信说我是多多益善。由此可见一斑。后来，他被吕后找个理由给杀掉了，留下了“狡兔死，走狗烹，飞鸟尽，良弓藏，敌国破，谋臣亡”的故事。司马迁在《史记》中写道：“假令韩信学道谦让，不伐己功，不矜其能，则庶几哉，于汉家勋可以比周、召、太公之徒，后世血食矣。”与韩信相反，历史上有善终的名臣都非常谦虚。《论语》中记载了一件事，说鲁国有一位叫孟之反的将军，带兵出城跟齐国打仗，结果打败了。孟之反独自在后面掩护，最后一个撤进城。将进城门的时候，他用鞭子打自己的马，说不是我敢留在后面，是我的马跑得太慢了。孔子很欣赏孟之反的这种态度。

讲求礼让也是我们中国文化的特点之一。人生活在社会中，与他人的关系是对立的统一，既有利益一致之处，也免不了利害冲突。遇到矛盾冲突怎么办？西方文化是建立在个人主义价值观基础上的，其价值取向是鼓励人们去争，战胜或压倒对方，维护自己的利益；而我们中国文化强调集体主义，提倡为了人际关系的和谐、群体的利益和事业的发展，各方面要礼让，你让我，我让你，你敬我一尺，我敬你一丈，最终团结一致，同心协力，事业有成，共同受益。讲求礼让，作为一种传统美德，已深深地扎根于中国大众的潜意识中，成为人们判断是非美丑的标准之一。家喻户晓的《三字经》中孔融让梨的故事，就是向孩子们从小灌输一条道德准则：遇到和别人发生矛盾时，让是好的、高尚的，争是不对的、不可取的。处于这种文化氛围中，任何人要想搞好人际关系，赢得社会舆论认可，都必须讲求礼让。否则，能力再强，贡献再大，仍免不了遭人非议。

我们大家都非常敬佩周恩来总理的人品。周恩来的一个突出优点就是谦让。尽管他为党和人民的事业做出过很大贡献，在党内享有崇高威信，又一直担任党和国家的最高领导职务，但他从不居功自傲，总是把自己看作一名普通党员，总是检讨自己的缺点和不足。大家都知道，南昌起义打响了武装反抗国民党反动派的第一枪，创建了我们的人民军队，而周恩来是起义的前敌委员会书记。可他从来不主动对人讲这段历史。新中国建立后周恩来曾多次到南昌，江西省的同志几次请他参观南昌起义旧址，谈谈当年的情况，他总是婉言谢绝。八一电影制片厂准备拍反映和歌颂南昌起义的电影，报上去的计划被他一次次搁置。江西省话剧团创作了大型话剧《八一风暴》请他审看，他明确表示“你们演我，我就不看”。每次谈到南昌起义，他都提出不要突出他个人的作用，要讲党的领导，多宣传贺龙、叶挺、朱德、刘伯承等同志；同时，都要检讨起义后有单纯军事观点，没能到农村建立革命根据地，造成部队失利。在党的正式文件包括毛泽东同志的文章讲话中，讲到土地革命的开端，提法都是南昌起义、秋收起义和广州起义，而周恩来同志的讲话和文章，总是把南昌起义摆在毛泽东领导的秋收起义之后。正是周恩来的这种不居功、不诿过的态度，使他赢得了党内外同志的格外敬重。

讲求谦让不仅是处世美德，而且是一种渗透着人文精神，充满了辩证哲理的人生态度。大家知道，在物质利益面前，动物是不会谦让的，本能驱使它们去攫取、去争夺，只有人能够超越动物的本能，为了远大理想，为了共同利益，为了群体和谐，甚至为了维护人格和自尊，肯于舍弃现实的利益。越文明的人，越是有高度文化修养的人，越应具有谦让的精神。同时，生活中也充满了辩证法，对个人的名利得失，越是孜孜以求，斤斤计较，越有可能什么都得不到；相反，讲求谦让，情愿奉献牺牲，有时却可能功德圆满，名利双收。对此，古代哲学家特别是老子有过许多精辟的论述，如大家比较熟悉的“祸兮福所倚，福兮祸所伏”，“将欲取之，必先与之”，等等。《菜根谭》上也说，“处世让一步为高，退步即进步的张本；待人宽一分是福，利人实利己的根基”。

经历过“文革”的同志大概还记得，当年批判刘少奇的黑六论，其中之一就是所谓“吃小亏占大便宜论”。起因是60年代少奇同志在一次谈话中，针对一些年轻人过于计较、不愿吃亏的思想，提出与人相处要讲求谦让，不要怕吃亏，有时吃点小亏，可别人通过一些事，认可了你的人品，实际上是占了大便宜。我认为，少奇同志讲的并不错，是符合生活辩证法的。

前些年全民经商，为了更好地做生意，有人比较了各地商人的特点。认为上海的商人很精明，账算得很细，和上海人合伙做生意赚了十块钱，他至少要拿其中的八块，否则就不干；而广东商人则很高明，讲究有钱大家赚，十块钱中能分他五块就满意了，甚至再少一点他也干。所以，人们都愿意和广东商人打交道，认为上海人太精明就不高明了。我认为，这个精明和高明的道理值得玩味。

谦让意味着不与人争，但仅仅做到不争还不够，按照古人的说法，有时即便是该得的，也要主动去让。因为好胜之心，人皆有之，世界上心甘情愿别人比自己强的人并不多，嫉贤妒能几乎可以说是人的本性。我读《史记》，印象最深的是两句话："女无美恶，入宫见妒；士无贤不肖，入朝见嫉"。这是司马迁两千多年前对宫廷斗争历史经验的总结。可见，红眼病是一种常见病、多发病，古已有之，难以根除。任何时代、任何环境中都难免有"只要你过得比我好，我就受不了"的人，有才能的人往往会遭到更多的磨难和不幸。由此，荀子才说："木秀于林，风必摧之；堆出于岸，流必湍之；行高于人，众必非之"。所以，有才能的人要想保护自己，就要懂得扬名居功之害，就要实行韬光养晦之道。也就是说，不但要肯于谦让，而且应主动谦让，不但要不怕吃亏，有时还要主动吃点亏。

我自己就有这样的切身感受。刚到机关工作时还比较年轻，缺乏社会经验，事事不甘人后，处处争强好胜，对领导的表扬和奖励，总以为是自己努力的结果，是该得的。当时，一些老同志也劝过我，不要太冒尖，不然没好处，可我很不以为然。后来在工作中碰了很多钉子，吃了很大的亏，才逐渐明白这个道理。现在，我很欣赏一句成语，叫作“衣锦尚䌹”。“䌹”是罩在外面的单衣，这个成语的意思是，如果衣服太华丽、太扎眼了，别人看见就可能产生嫉妒，最好罩上一件单衣。表述这个道理的格言，从《菜根谭》中还可以摘出许多：

爵位不宜太盛，太盛则危；能事不宜尽毕，尽毕则衰；行谊不宜过高，过高则谤兴而毁来。

完名美节，不宜独任，分些与人，可以远害全身；辱行污名，不宜全推，引些归己，可以韬光养德。

知退一步之法，加让三分之功。

谦让是一种处世准则，对这一准则不能做片面的、绝对化的理解，以为讲求谦让就是什么都不争、都不要。如果真那样，人类社会就无法进步了。那么，在竞争甚至是激烈竞争的条件下，如何体现谦让的精神呢？按照中国传统文化的要求，就是要争而有道、争而有度、争而有礼。所谓争而有道，是指竞争时要讲求方式方法，不能不择手段；要光明正大，靠真本事，不能搞阴谋诡计，玩小动作。所谓争而有度，是指竞争时要把握好分寸，有理、有利、有节，得饶人处且饶人，不要动不动就置对方于死地。所谓争而有礼，是指竞争时要处处显示出一种文化精神，显示出强者风度，不要学街头流氓斗嘴打架的样子。关于这一点，孔子在《论语》中举了个例子：“君子无所争，必也射乎！揖让而升，下而饮，其争也君子。”即以射箭为例，说明什么叫“其争也君子”：比赛开始，双方面对面行礼，互道一声对不起，然后比赛，全力以赴。比赛结束后，对饮一杯酒，赢者说“承让”，输者说“领教”。从始至终，处处显得很有教养，保持着君子风度。这就是一种文化精神。在现实生活中，竞争是很普遍的，单位与单位之间，人与人之间，都经常处于竞争状态，怎样去竞争，是每个人都会遇到的问题。所以，理解中国文化的精神，学会正确地竞争，实在大有裨益。

讲求谦让还应注意方式方法。要让得恰到好处，让得不露声色，使对方能感觉出你的真情实意，体会到你的良苦用心，进而认可你的处世原则，敬佩你的人格人品，才能达到比较好的效果。相反，如果谦让并非出于本意，让了人家一点以后便到处炫耀，好像给了对方多大的恩惠；或者让的方式方法不得体，使对方感到很难堪，都有可能产生适得其反的结果。有一句成语叫“愚不可及”，过去我一直把它理解为骂人的话，后来从《论语》中查到出处，才知道这句话是孔子用来夸奖一个叫宁武子的人的。孔子认为，宁武子“其知可及也，其愚不可及也”，意思是说他的聪明是别人可以达到的，而他那种大智若愚的风度，却是常人学不来的。郑板桥讲的“难得糊涂”，细想也有这一层含义。

在人际交往中提倡谦让，多数人能认可，但真要照着去做，却时常有些顾虑。最常见的是感到谦让就要吃亏，物质上受点损失倒没什么，关键是面子上下不来。所以，平时好像挺想得开，事到临头却忍不住还要争一争，过后想想又很后悔。还是“看得破，忍不过，想得到，做不来”。其实，面子问题说到底就是一个名，对名同样要看透。我十分欣赏荀子的一句话：“君子耻不修，不耻见污；耻不信，不耻不见信；耻不能，不耻不见用”。只有把名和利都看透了，才能有谦让的美德，进而处理好人际关系。

谈起谦让，很自然地会联想到忍。现实生活十分复杂，大千世界无奇不有。就有那么一些很不识趣的人，明明你已经让了他，他还要得寸进尺，占了便宜卖乖。遇到这种情况该怎么办？另外，像有意诋毁，无故加之，飞来横祸，以怨报德等现象，在人际交往中也屡见不鲜，如果处理不好，不仅影响人际关系，而且直接危害个人的身心健康。碰上这类情况，中国传统文化总的倾向是强调忍。

儒学经典《尚书》上就提出：“有忍，其乃有济；有容，德乃大”。《论语》上也说：“小不忍则乱大谋”。佛教更是主张忍让，忍辱即六度波罗蜜，也就是六种修炼成佛的方法之一。佛经上说佛祖在世时，有人因妒忌而对他恶语中伤，破口大骂。佛祖始终不语，等那人骂累了，才问：“朋友，如果有人送你东西，你不能接受，那么礼物归谁呢？”那人脱口作答：“当然物归原主”。佛祖又说：“刚才你骂我的话，我不想接受，这份赠礼又该归谁呢？”唐代著名诗僧寒山与拾得有一段很有名的对话：寒山问，“要是有人打我，骂我，侮辱我，欺负我，吓唬我，骗我，用极不堪忍受的办法对待我，我该怎么办？”拾得回答：“应该避躲他，忍耐他，尊敬他，害怕他，让他，一味随便他，不理他，且看他怎么办”。还有，大家参观寺庙，可能对大肚弥勒佛堂前的一副对联都有印象：“大腹能容，容天下难容之事；慈颜常笑，笑世间可笑之人”。这些都反映了佛教的基本主张。道家也主张忍让，有一个“百忍成金”的故事，传说山东某地有一位张公，曾发愿一生中要忍一百件大辱，忍到九十九次时，他的孙子娶媳妇，来了一位道人，向张公提出让新娘子先与自己做一夜夫妻。张公很为难，这个要求实在是太过分了。但考虑再三，他还是劝孙子成全了自己的百忍之愿。当天夜里，道人在新房里跳个不停，不住地说“看得破，忍不过，看得破，忍不过”，一直跳到天亮，忽然倒地死了，变成一个金人，张公由此而富裕起来。这个故事的倾向性和说教色彩都是很强的。

宋代之后，儒、道、释三教合流，社会上出现了一批指导人们修身养性的书，如《菜根谭》《呻吟语》《小窗幽记》《省心短语》等。在这些书中，都将忍作为为人处世的圭臬，提炼出许多箴言格句。如“忍得一时气，免却百日忧”，“忍一时风平浪静，退一步海阔天空”，等等。元代的许名奎还写了一本专门讲忍的书《劝忍百箴》，书中提出一百个忍，作为安身立命大全。这种处世哲学，在文学作品和社会习俗中也有表现。如清代文学名著《镜花缘》，就将“气”与“酒、色、财”并重，列为害人误人的四大毛病，喻示一个人要获得成功，必须过好这四关。最近，我看到一段顺口溜《莫生气》，不知是哪个朝代的，讲夫妻之间要相互容忍，也挺耐人寻味：

人生就像一场戏，因为有缘才相聚。
相扶到老不容易，是否更该去珍惜。
为了小事发脾气，回头想想又何必。
别人生气我不气，气出病来无人替。
我若气死谁如意，况且伤神又费力。
邻居亲朋不要比，儿孙琐事由他去。
吃苦享乐在一起，神仙羡慕好伴侣。

关于为什么忍让的道理已讲了几千年，几乎人人都能说出几条，可要想在实际生活中真正去做，以至“猝然临之而不惊，无故加之而不怒”，却十分不易。“忍”字的笔画是心上加刃，可见忍让有时是很痛苦的。宋代状元、理学家张九成告老还乡，有一天专程去拜访著名的喜禅师，喜禅师问：“你来何事？”张用禅语回答："打死心头火，特来参喜禅。"喜禅师故意说："缘何起得早，妻被别人眠？"张大怒，骂道："无明真秃驴，焉敢出此言"。喜禅师这才说，你看我只轻轻一扇，你就冒火，怎么能参禅？张九成大悟，后悔不已。可见，忍让不仅是一个认识问题，还需要长期的修养。

另外，还应注意，对忍让也不能讲过了头，讲过了头就成了懦弱，给人以老实可欺的感觉，于己于人于正常的人际关系都无益。那么，在现实生活中如何把握这个度？我认为主要有两点：一是看动机。要相让为国，而不是为达到个人目的。前者如大家熟悉的廉颇、蔺相如的将相和，后者如娄师德的唾面自干。二是讲方法。对无端的欺辱，先应晓以大义，指明利害；然后退避三舍，以示诚意；迫不得已时就要自卫反击，但要有理有利有节。这样既可教育那些得寸进尺者，又能争取群众的大多数。大家可能都看过电影《东进序曲》《黄桥决战》，陈毅老总指挥新四军对付国民党顽固派的办法，就值得参考。

三、宽容

宽容是为人处世最重要的原则之一。所谓宽容就是待人宽厚能容众。人生在世，总要与各种各样的人打交道，其中有些人和自己相同，有些人与自己不同，有些人自己喜欢，有些人则不大喜欢。一个有修养的人，应当学会与各种人相处，把方方面面的关系处理好。为此，就需要善解人意，将心比心，严以责己，宽以待人。我们中国文化是最讲求人际关系的文化，而传统文化中讲为人处世，谈得最多的就是宽容。

儒学经典非常推崇一个“恕”字。《论语》中有两段集中反映孔子思想的精彩对话：

子贡问曰：“有一言而可以终身行之者乎？”子曰：“其恕乎！己所不欲，勿施于人。”

子曰：“参乎！吾道一以贯之。”曾子曰：“唯。”子出，门人问曰：“何谓也？”曾子曰：“夫子之道，忠恕而已矣。”

从以上对话可以看出，孔子将“恕”作为贯穿其全部学说的一个重要思想，提到很高的地位，要求弟子们终身遵行。什么叫恕？所谓恕，从积极的方面讲就是“己欲立而立人，己欲达而达人”，从消极方面讲就是“己所不欲，勿施于人”。“恕”字的笔画，上面是个“如”，下面是个“心”，合起来讲就是如同我心，即事事处处要将心比心，由己推人。《大学》将孔子的这一思想进一步发挥，提出了所谓挈矩之道：

所恶于上，毋以使下，所恶于下，毋以事上。所恶于前，毋以失后，所恶于后，毋以从前，所恶于右，毋以交于左，所恶于左，毋以交于右。此之谓挈矩之道。

也就是说，当你自己想要一个东西时，应该首先想到别人也可能想要；当你不想要时，应该想到别人也会不喜欢。进而推己及人，将心比心，这就是恕。做到了恕，就能够善解人意，再加上与人为善，自然就会宽以待人，一般情况下就能处理好人际关系。

宽容也是一种宗教精神。各种宗教特别是基督教和佛教，特别讲究宽容，强调慈悲为本，宽大为怀。认为宽容是一种至上的美德，为人处世不可自以为是，唯我独尊，对不同的观点、情感应予理解，尊重别人的选择，给他人以自由思想和生存的权利。善良而宽容地待人，自然容易为众人所接受，即所谓种瓜得瓜，种豆得豆。前面我们说到忍让，如果说忍还有些消极、被动的色彩，那宽容则完全是一种主动的、积极的美德，因而真正做到就更不容易。

要宽容就不能狭隘。所谓狭隘就是不能容人，特别是容不得与自己不同的人，听不进不同意见。以至自己喜欢的，别人也必须喜欢，自己厌恶的，别人也必须跟着厌恶，总想把个人的意志强加于人。你不能容人，别人当然也难容你。所以，狭隘实在是一个大毛病。要知道在这个世界上，各方面与自己相同的人毕竟是少数，如果只能与同类人打交道，可交往的面就太窄了。所以，孔夫子说的好，“君子和而不同，小人同而不和”。《论语》还说：

子夏之门人，问交于子张。子张曰：“子夏云何？”对曰：“子夏曰，可者与之，其不可者距之。”子张曰：“异乎吾所闻！君子尊贤而容众，嘉善而矜不能。我之大贤与，于人何所不容！我之不贤与，人将拒我，如之何其拒人也？”

荀子也说：“君子贤而能容罢，知而能容愚，博而能容浅，粹而能容杂。”

要宽容就不能偏激。所谓偏激就是思想方法片面，喜欢钻牛角尖，观察处理问题总站在个人的角度，对别人的意见听不进去，对别人的情感很不理解，对别人的利益不加考虑，对别人的困难无动于衷。如果说话再尖刻一些，就很容易伤人，搞不好团结。例如，我所是一个有机的整体，所内有科研工作，也有政治工作和行管后勤工作，有重要岗位，也有一般岗位，有重点科研任务，也有辅助性的一般任务，有经验丰富的老同志，也有学历高、年富力强的年轻同志。要想搞好所里的全面建设，必须全所上下共同努力，每个人都把分管的工作做好。任何一个环节出了毛病，都会影响全所的正常运转。可我们有些同志却看不到这一点，老觉得自己的岗位重要、工作辛苦、贡献大，特别是到了评功评奖、调职调级的时候，总喜欢抬高自己、贬低别人，甚至说一些很伤人的话。这些同志的人际关系大都搞不好。所以，还是应强调设身处地，将心比心，提倡换位思考，理解万岁。曾国藩有一段处世金言，很得我们认真玩味：

我要步步站得稳，须知他人也要站得稳。所谓立也。我要处处行得通，须知他人也要行得通。所谓达也。今日我处顺境，预想他日也有处逆境之时；今日我以盛气凌人，须想他日人亦以盛气凌我之身，或凌我之子孙。常以恕字自惕，常留余地处人，则荆棘少矣。

要宽容就不能刻薄。所谓刻薄就是苛求于人。人非圣贤，孰能无过。对别人的缺点和错误，一定要持正确的态度，不要求全责备，以偏概全，不要抓住一点，无限上纲，不要兴灾乐祸，冷嘲热讽，更不要一棍子打死，必置人于死地而后快。对犯了错误，特别是因错误而身处逆境的同志的态度，最能反映出一个人的人品。真心实意地帮助那些最需要别人同情和帮助的人，不仅能得到本人的感激和拥戴，而且也能得到旁观者的好感。相反，如果为人刻薄，经常用刺耳不堪的语言评论别人，不时做一些落井下石的事情，让人听了寒心，那就不会有人愿意与之打交道，也不会有真朋友。古人在这方面也有许多教诲：

躬自厚而薄责于人，则远怨矣。（《论语·卫灵公》）

夫宽以容物，物必归焉。克核太精，则鄙吝之心生而不自觉也。故大人荡然放物于自得之场，不苦人之能，不竭人之欢，故四海之交可全矣。（郭象《庄子注·人间世》）

古之君子，其责己也重以周，其待人也轻以约。重以周，故不怠；轻以约，故人乐为善。（韩愈《原毁》）

但凡讲到朋友，讲到友谊，人们都爱举历史上的管鲍之交为例。管仲和鲍叔牙为春秋五霸之一齐桓公手下的两位大臣，从小就是好朋友，长大后分别辅佐齐襄公的两个儿子公子纠和公子小白。齐襄公死后，公子纠和公子小白争夺王位，在莒地相遇，管仲用箭射中公子小白衣服上的带钩，差点儿要了他的命。后来，公子小白抢先一步登基，立为齐桓公，公子纠和管仲只好逃往鲁国避难。齐桓公逼鲁国杀了公子纠，把管仲押回齐国，准备杀了他。鲍叔牙却向齐桓公推荐管仲。齐桓公说："他是我的仇人，差点杀死我，难道你不知道吗？"鲍叔牙回答："贤君无私怨。你若想成就霸业，必须用管仲。"齐桓公听从了鲍叔牙的劝告，委管仲以重任，在管的辅佐下，齐国很快强盛起来，齐桓公"九合诸侯，一匡天下"，成为一代名君。

管仲晚年曾回忆说：生我者父母，知我者鲍叔牙。年轻时我和鲍一起经商，分钱时我给自己多分点，鲍不认为我贪，知道是因为我家里穷。我帮鲍做事，有时一事无成，鲍不认为我蠢，知道是另有原因。我三次从政，三次被贬，鲍不认为我人品不好，知道是我没遇到好机会。我三次打仗，三次败逃，鲍不认为我胆小，知道是因为我家中有老母需要侍奉。公子纠失败被杀，一般人认为我应尽死节，而鲍知道我不是贪生怕死的小人，活下来是想建功立业。没有鲍叔牙，就没有我管仲的今天。有意思的是，鲍叔牙对管仲有那么大的恩，可管仲临死前，齐桓公问由谁接任他，鲍叔牙行不行，管仲却说不行，认为鲍为人太清，不够宽容，用鲍是害了他。而鲍听到这个消息后也很高兴，说只有管仲才真正了解他。中国文化讲究五伦，朋友是其中重要一伦，信奉“人生得一知己足矣”。什么叫宽容？怎样才能交到真朋友？从管鲍之交中我们可以领悟许多。

要宽容就不能计较。按说处理好同事关系是双方的事，应该投之以桃，报之以李，你敬我一尺，我敬你一丈，如果每个人都能做到这一点，关系自然会越处越好。可现实生活远非理想，有时你一片赤诚，为对方办了很多好事，为此付出相当努力甚至代价，不知什么原因，却不见对方的回报，甚至出现恩将仇报。遇到这种情况，一些同志心里就非常不平衡，感到对方对不起自己，忌恨在心，疙瘩从此结下。所以，要想处理好人际关系，为人就不能太计较，不能将等价交换的原则搬到同事之间来。自己为别人帮点忙，做点好事，只当是应该做的，尽量将其忘掉，不要指望任何回报。相反，别人对自己的帮助，则应铭记在心，滴水之恩，当涌泉相报。我发现一个规律，凡是人际关系好的同志谈起同事，总是讲别人对自己如何好，为自己帮过哪些忙；而那些总也处不好关系的人，一张口就是我曾对谁如何如何好，他怎么恩将仇报。我认为，这很能说明一些问题。

要宽容就不能嫉妒。人生于世，难免有争。如果思想方法不对头，不是你好，我经过努力，要比你更好；而是我不行，谁也别想行，那就成了嫉妒。嫉妒是一种非常可怕的情感，它能对人际关系造成极大伤害，人世间的许多悲剧都由嫉妒而生。莎士比亚的《奥赛罗》，大仲马的《基度山伯爵》等文学名著，都深刻而生动地描述过这方面的内容。要去掉嫉妒的情感，必须认识到，人生如打牌而不似下棋。下棋，每个人的条件相同，机会均等，输赢完全靠个人；而打牌，起牌好坏至关重要，输赢不全在个人。人生下来就是不公平的，就像花瓣儿，有的落在宴席上，有的掉进粪坑里。从幼儿园到火葬场，人生处处有差别，处处有不公。所以，人比人，气死人，牢骚抱怨于事无补。应该是无论拿到什么牌，都尽力打好，赢则可慰，输也无憾。我认为，有了这种胸襟和气度，处理与他人关系时，一定会自然的多、平实的多。

前些年看过一部短篇小说，详细情节记不清了，大概意思是写一个剧团，因同事间互相嫉妒，明争暗斗，最后几败俱伤。小说结尾主人公的几句话，给我留下了很深的印象：今后有本事就凭本事，没本事就学本事，如果学也学不来，那这辈子就认了，能干点什么就干点什么去。我认为，这倒是一句说到家了的大实话。

要宽容就不能念人旧恶。同事之间相处，时间久了难免有磕磕碰碰的地方，有意无意伤害了自己的人和事总会有的，对此应豁达大度一些，该原谅的要原谅，该忘掉的要忘掉。千万不可心胸狭隘，小肚鸡肠，以至耿耿于怀，念念不忘。要像毛泽东同志所教导的，特别注意团结那些反对过自己反对错了，并且愿意改正错误的人。这一点也十分重要。我观察过一些总与别人处不好关系的人，他们的一个共同特点是喜欢算旧账，别人几年甚至十几年，几十年前做过的一点对不起他的事，都一直记在心上，遇到场合就要拿出来抖搂几下，最后闹得朋友越来越少，对头越来越多。一位老首长曾对我讲过这样一席话，在一个单位共同工作多年，如果每年记住对方为自己办的一件好事，就一定能成为好朋友；相反，如果每年都记对方一个不是，那就将成为死对头。这番话是很有道理的。

说到不念旧恶，历史上的故事很多。春秋战国时期，有一次，楚王设宴招待群臣，让最宠爱的许姬、麦姬向客人敬酒，忽然一阵疾风吹灭了所有蜡烛，大殿里一片漆黑，有人乘机揩油，摸了许姬的手，被许姬扯断了帽子上的佩缨。许姬大叫，让人赶快点灯追查，被楚王制止。楚王让在座的所有人都除去帽子上的佩缨，然后才点灯。散席后，许姬怪楚王不为她出气。楚王说，酒后失德，人之常情，追究起来必大煞风景，有违酒宴初衷。后来，楚王伐郑，一将军异常奋勇，斩敌夺关，立了大功。楚王欲赏赐他，将军说自己叫唐狡，就是当年在宴会上酒后失德的人，今日奋勇就是想报大王不杀之恩。楚王随即将许姬赐予他。

再举一个例子。曹操未壮大起来时，与袁绍作战，双方兵力对比悬殊，形势危急。当时，部属中一些人认为曹必败无疑，暗中与袁绍联系，脚踩两只船。官渡之战后，这些信全落到了曹操手里，曹操看也不看，就让人全部烧毁。有人对曹操说，对那些靠不住的人应该追查清理。曹操说，跟我的人都是为了一个好前途，官渡之战谁胜谁负，连我都没把握，又何况他们。如果追究下去，势必牵连很多人，到最后可能就找不到一个忠心耿耿的人了。后人曾对曹操与诸葛亮用人做过比较，认为曹操帐下所以谋臣如云，猛将如雨，最终占下大半个中国，是与他的这种用人观有关的。而蜀国到后来所以出现“蜀中无大将，廖化作先锋”，原因之一是诸葛亮用人至察。“水至清则无鱼，人至察则无徒”。在《资治通鉴》里，还有好几个类似的故事。

要宽容就不能过于敏感。也就是说在人际关系方面，宁肯迟钝一些，糊涂一些，木讷一些。古人说：“精明也要十分，只需藏在浑厚里作用。古今之祸，精明人十居其九，未有浑厚而得祸者。今之人惟恐精明不至，乃所以为愚也。”把精明藏在浑厚里，这是一门大学问，有时需要“明知故昧”。比如同事之间难免会相互议论，一般的人听到别人在背后说自己的坏话都会很生气，许多矛盾由此引发。其实，哪个人前不说人，谁人背后无人说。对别人的背后议论，大可不必太认真、太敏感。聪明的办法是不主动打听，万一听到了也尽量往好的方面去理解，只当传言经常有误。宋朝有一位叫吕蒙正的大臣，初入朝时，有人在背后指着他说：“这小子也能参与朝政？”吕装作没听见，走了过去。朝中同事为之不平，要告诉他说话人的姓名。吕蒙正急忙阻止，说一旦知道了他的姓名，我也许会终生记恨的，还是不知为好。我认为，吕蒙正实在是个聪明人。相反，如果一听就信，一触即跳，非要找人家说个明白，或者事后想方设法去报复，只能将关系越搞越僵。所以，遇到这种情况，不妨念一念流传在民间的一首《了了歌》：佛只是个了，仙也是个了，圣人了了不知了。不知了了是了了，若知了了便不了。

要宽容就不能结怨小人。现实生活是复杂的，十个指头伸出来总不一样齐，难免会有一些小人，喜欢在人际关系中搞些挑拨离间、造谣中伤一类的名堂。对这些小人，应避而远之，“不与小人仇雠，小人自有对头”。如果实在躲避不开，必须与之打交道，那就要外圆内方。既坚持原则，不同流合污，又讲究方法，以避其害。

宽容对于领导干部尤为重要。领导干部整天和人打交道，识人、用人、育人是其重要职责，更需要具备博大的胸怀、涵容的雅量，即所谓宰相肚里能撑船。领导干部经常处于众目睽睽之下，处于各种矛盾焦点之中，被人误解、错怪、随便议论、无端指责的机会很多，如果没有宽容的精神，狭隘偏激，容不得不同意见，或者报复心极强，老虎屁股摸不得，将个人的情感带到工作中去，那就不但影响其个人的威信和人际关系，还会影响到单位的全面建设。《史记》中专门有一篇酷吏传，很值得一读。文中记述的几个历史人物，都是靠整人起家，以害己告终的，发展到后来，看人看事完全是一种病态心理。现实生活中，不能说没有这样的人了。所以，当领导的一定要自警自省。

总之，宽容是很重要的处世原则。宽容的人，必能为大家所容。如果哪个同志感到自己人际关系不好，不能为众人所容，那么，请在自己身上找找原因吧！

四、谨慎

谨慎即谨言慎行。这也是为人处世最重要的原则之一。为什么强调谨慎？因为“人心惟危，道心惟微”，人际关系复杂微妙，有时你待人也真诚，处世也谦和，心地也善良宽厚，但就是过于粗犷直率，说话大大咧咧、口无遮掩，办事粗粗拉拉、不计后果，也会有意无意地给他人造成伤害。所以，在人际关系方面，只讲动机是不够的，还要在真诚、谦让、宽容的前提下，注意谨言慎行，使你美好的内心世界能充分地展现出来，得到大家的认可。

讲谨慎首先就要言不轻发，遇事三缄其口，想好了再说。语言是很有威力的东西，“与人善言，暖于布帛，伤人以言，深于矛戟”。语言的特点又是一言既出，驷马难追，一旦言语有失伤害了人，后悔都来不及。无论是历史上，还是现实生活中，都可以找出许多祸从口出的例子。所以，古人讲为人处世，特别强调不轻言、不多言、不争言，《论语》中说：“君子欲讷于言而敏于行。”毛泽东同志十分欣赏这句话，给自己两个女儿分别起名为李敏、李讷。

言不轻发不等于一言不发。宋人黄庭坚说的“百战百胜，不如一忍；万言万当，不如一默”，有点太消极了，也办不到。人长了嘴巴总要说话，总要与人交流，问题在于哪些话当说，哪些话不当说，该说的话对谁说，如何说。在这些问题上，古人也有许多研究和总结，如刘宗周在《人谱类记》中提出：

> 不妄语，不多语，不道人隐事，不摘人微过，不言己无干涉事，不言人有关系事。论人无拾短而弃长，论己无登枝而忘本。交浅者毋以轻言，调别者无与强言，阴刻者毋与言衷情，轻疏者无与言密事。语财不及非分，语色不及邪缘。勿弹射官箴，勿月旦人品。不偏爱憎，不信风闻。

我认为，这一席话讲得很全面，很具体，其中每一句都值得仔细玩味。联系实际，想特别强调以下三点：

一是不要随便在背后议论人。同事之间相处久了，难免互相有些看法。这些看法是生活经验的积累，留在心里是块宝，说出来则可能为害。有些同志非常喜欢在背后随便议论人，一有机会就张家长、李家短的，信口开河，妄加评论。而且，不分场合，尖酸刻薄，总以为自己痛快了、发泄了，别人也不知道，岂不知隔墙有耳，世上哪有不透风的墙。言者无意，听者有心，三传两传，就传到了被议论人的耳中，并且被层层加工变了样。这种传言是最伤人的，许多人际关系搞僵都源于这种传言，而且结下的疙瘩一般还很难解开。所以，要想搞好人际关系，一定不要在背后随便议论人，有意见尽量讲在当面，并且注意方式方法，要“扬善公庭，规过私室”。确有必要背靠背地评论人的缺点，如考核干部谈话时，也要十分慎重，把握分寸，话不讲满，事不办绝。

二是不要发人阴私。每个人都会有一些不愿为人所知的隐私。如果不知道，就不要去四处打听；碰巧知道了，最好是装作不知道。千万不要不分场合地到处乱说。我们有些同志却不是这样，对别人的隐私特别感兴趣，打听到零星半点便到处张扬，而且是哪壶不开提哪壶。这是最伤人的。俗话说：“打人不打脸，骂人不揭短，”发人阴私就像往人家的伤口上抹盐巴、捅刀子，所造成的伤害多少年可能都无法愈合。这种损阴德的事万万干不得。

三是不要轻信骤发。前面讲了不要随便在背后议论别人，当听到别人在背后议论自己，说自己的坏话时，则要冷静处理，认真分析，不要一听就信，一信就急忙做出反应，以免在气头上说一些过激的话。因为，这些话若再传回当事人那里，只能使关系越搞越僵，成见越来越深。特别是当领导的，更应格外注意谗言，懂得“来说是非者，定是是非人”的道理。如果对谗言一听就信，一信就批，那就极有可能被人利用当枪使。这方面的教训很多。50 年代，毛泽东同志曾对人说，他十分喜爱明代诗人杨椒山的两句诗，“遇事虚怀观一是，与人和气察群言。”我认为，这也可作为我们大家共同的座右铭。

以上讲的是言不轻发。谨慎的另一层含义是事不轻举，三思而后行，考虑成熟了再干。古人在讲做人做事的道理时，都喜欢引用《诗经》中的两句话，叫作“战战兢兢，如临深渊，如履薄冰”。意思是说，做任何一件事，都要瞻前顾后，看准了、想好了再行动，就像走路时前面有一道深谷一样；小心翼翼，仔细考虑每一个细节，精力高度集中，就像行走在薄冰之上。我认为，这两句诗写得太好了，完全可以作为我们立身行事的准则。联系生活实际，还有两点提醒大家注意：

一是办事不能一厢情愿。社会生活是很复杂的，每个人的想法都不一样，有时，你为别人着想，做了一些好事，可对方并不领情，反而心生芥蒂。遇到这种情况，一定不要抱怨，要多从自己身上找原因，分析一下为什么好心不得好报，在社会生活的实践中不断增强善解人意的本领。

二是为人不能不拘小节。结识一个朋友很不容易，但得罪一个人却太容易了，有时一些细节考虑不周，注意不够，都会给人留下不好的印象，对人际关系造成不利影响。如不注意社会公德、不修边幅、不讲礼貌，等等。所以，朋友之间、同事之间，都不能太随便了。

最后，还要特别强调一点：讲谨慎，一定要把握好度，不能一强调谨言慎行，就什么话都不敢说，什么事也不敢做了。过犹不及，“慎者，美德也，而过用之，则流于葸。”把握好度是个总原则，至于在现实生活中怎么把握，那恐怕就要具体问题具体分析了。人们常说：“世事洞明皆学问，人情练达即文章。”在待人接物中把握谨慎的度，就是需要我们终身学习、揣摩、体会的大文章。

以上讲了为人处世的四条主要原则。其中引用古人的话可能多了些，不大好记。之所以这样讲，主要是考虑这些都是我们中华民族传统文化的精华，至今仍然很有价值，而大家平时接触这类东西又比较少。最后，需要特别强调的是，作为同志和战友，仅仅遵循为人处世的一般原则是不够的，还应有更深一层的关系。

同志一词源于《国语·晋语四》中的一句话：“同德则同心，

同心则同志”，一般是指志趣相同的人。到了近代，特指政治理想相同的人，成了革命队伍中成员相互间的专有称谓。能够互称同志，表明大家是在一支革命队伍中为共同目标而奋斗的战友，相互关系非同一般。共产主义是人类历史上最伟大、最光荣、最艰巨的事业，为此事业奋斗的全体同志，必须建立比一般人际关系更密切的相互关系，这是共同事业的需要，也是同志关系的内在要求。

同志之间应该建立什么样的关系呢？我认为，概括起来说就是毛泽东同志在《为人民服务》一文中提到的“互相关心，互相爱护，互相帮助。”既然大家都是为实现共同目标而奋斗的同志，自然应当互相关心，互相爱护，而不能形同路人。关心爱护同志就是关心爱护共同的事业。同志之间的关心爱护不同于亲朋之爱，它主要体现在相互帮助上，包括政治上的、思想上的、工作上的和生活上的，特别是政治思想上的帮助。而要开展思想互助，就必须拿起批评与自我批评的武器，遵循“惩前毖后，治病救人”，“团结—批评—团结”等原则，显然，这些都超出了一般人际关系的范畴。革命战争年代，无论是在硝烟弥漫的战场上，还是在腥风血雨的白色恐怖中，同志关系都有非同寻常的意义。能成为同志那是很不容易的。为了掩护同志，许多人不惜牺牲个人的一切，把生的希望让给同志，把死的可能留给自己。新中国建立初期，同志称谓开始普及，人际关系比较融洽，对待同志像春天般的温暖的雷锋精神蔚然成风。后来，由于党的指导思想出现错误，大搞阶级斗争扩大化，同志关系发生了严重扭曲，在十年动乱中发展到了极点。十一届三中全会后，政治上拨乱反正，人际关系中人整人等不正常现象也开始得到纠正。但由于种种原因，战争年代和新中国建立初期那种亲密无间的同志关系至今还未恢复。这是所有经历过那个时代的老同志都深感遗憾的。改革开放以来，社会生活的各个方面都发生了巨大的变化，对人与人之间的关系也带来了深刻的影响。特别是建立社会主义市场经济，社会经济基础变革了，作为上层建筑的人际关系必然随之改变，出现了许多新情况、新问题，迫切需要我们进一步认识和研究。这是一个十分有价值的话题，也是一个非常大的题目，因时间关系，今天我们就不细说了。

谈成功企业家的精神境界①

近年来，随着市场竞争日趋激烈，企业家们愈发意识到提高自身素质及员工素质的重要。于是，社会上人力资源开发业异常火爆，各种名目的培训项目纷纷亮相。但花样多了也带来问题：哪一类培训最有价值？

著名经济学家、北大光华管理学院厉以宁教授提出，社会上的培训虽然名目繁多，可不外三大类：一是知识传授，二是技能提高，三是眼界拓展。对初出茅庐的年轻员工来说，首先需要掌握的是与本职工作有关的各种知识。其后需要通过实践锻炼和师长点拨，不断将知识转化为实际工作能力。随着经验的积累、职务的提升，眼界也就是看问题的角度和高度，将成为决定员工能否进一步发展的重要因素。我基本赞同厉老师的看法，只是觉得将眼界改为境界，似乎更好一些。

① 本稿写于 2004 年。

一、什么是境界

什么是境界？境界一词本是佛教用语。按佛教的说法，我们所处的世界是一个虚空中的圆柱体，最下面一层是空轮，中间一层为风轮，再往上是水轮，水轮之上是土轮，也就是大地。在地表层中央，有一座高高的须弥山，那是世界的中心，是诸天神居住的地方。须弥山周围有四座山峰，分别镇守着四大天王。再往外就是层层相绕的香海和金山，一圈海，一道山，总共有七圈香海，七道金山。第七道金山外面还有一道铁围山，像栏杆一样将世界围住，也就是世界的尽头。在铁围山与第七道金山间，有一片咸海，海上漂浮着大大小小的陆地。较大的有四块，其中一块叫南瞻部洲，是我们人类居住的地方。在须弥山的上方即人类的头顶上，有欲界、色界、无色界共二十八层天，生活着许多远比人类高级的生命。每一层天的景象都不一样，处于底层的生命根本无法想象上层天是什么样子。而上层生命居高临下看世界，所看到的景象也截然不同。人类居住的位置最低，因而能看到和理解的世界亦十分有限。只有信奉佛祖，刻苦修炼，才能不断地往上升，进入新的境地，一直到最后成佛，到达佛的境地。这种通过修炼所达到的境地，佛教称之为境界。境界不同，对世界的认识和理解也就不一样。随着佛教知识在中国的广泛传播，境界这一概念逐渐为人们所接受，被引申为形容人们思想修养或艺术成就所达到程度的一个常用语。

境界一词说起来玄，其实并不难理解。比如我们平视一件物体，可能只看到一些线条。俯视它，会看到一幅图画。透视它，又发现它的立体结构。这还是三维视界。如果按照科学家的说法，形成四维、五维甚至更多维的视界，恐怕我们把握到的东西还会多。可见一维视界，一层景象，高层观察到的东西，是下面无法想象、很难理解的。

境界是中国传统文化的特有概念，历来为文化界、学术界所关注。例如，现代著名哲学家冯友兰先生，就曾将人的精神追求分为四层境界：最低的是自然境界，处在自然境界中的人浑浑噩噩，还未能将自我与客观世界相分别；其次是功利境界，处于功利境界的人争名逐利，眼睛里只有个人那一点点现实利益；第三层是道德境界，该层次的人以道德原则调节与他人、与社会的关系，甘愿为道德做出自我牺牲；最高一层是天地境界，处于天地境界的人大彻大悟，超越了一切世俗眼光，像天地一样无私奉献而又默默无言，完全是另一种胸襟和气度。

以上介绍了境界的概念。听到这里，一些朋友可能奇怪：干吗给我们讲这些？境界与企业家有什么关系？这就是我今天要讲的主题：成功的企业家一定要注意提高自己的精神境界。

今天在座的都是企业家，许多人事业上已取得相当成功。请允许我冒昧地问一句：平时你想得最多的是什么？

估计答案会五花八门：有人在想，最近这个订单太重要了，无论如何也要想办法拿下；有人在愁，借银行的一大笔钱快到期了，该怎样去应付；有人盘算，某某部门经理很不得力，必须找个人替换；有人谋划，近期公司发展势头不错，要抓住机遇将事业做大；有人嘀咕，这个假期又要出差，该怎么向家人解释；有人甚至在琢磨，那位小姐真不赖，能挖过来做“小蜜”就好了，等等，等等。

成功企业家面临的具体问题虽多，但概括起来无非两大类：一是如何取得事业上的更大成功；二是在取得事业成功的同时，怎样获得人生的成功。

这两类问题是成功人士特别是企业家普遍遇到的问题，区别只在具体内容和程度。这两类问题也是成功企业家遇到的特殊问题，因为只有获得初步成功的企业家才有资格谈及。

二、精神境界对企业家的影响

我认为，对这些问题能否正确回答，很大程度上取决于企业家的精神境界。换句话说，企业家的精神境界深刻影响着他们对各种实际问题的认识和处理，进而决定了其日后的发展和命运。具体说，表现在以下十个方面：

（一）如何看待已经取得的事业成功

每个成功的企业家都有一段辉煌历史，都创下了一份或大或小的产业。如何看待这段历史，如何评价已取得的成功，常常是他们精神境界最直接的表露。在现实生活中，常能见到这样一些老板，他们的资产虽不多，可派头却不小，说起话来口气大得吓人，好像谁都不在话下，老子天下第一，任何事都可以摆平；一张名片，正反两面印得满满的，各种头衔一大堆，生怕别人不知道；对待部属，对待服务人员，颐指气使，呼来喝去，抖尽了威风；与朋友相聚，数他话多嗓门大，张口就是我如何能干，如何成功，生怕别人不知道他有钱。有一段小笑话，说一个自我感觉特别好的老板与朋友聊天，说来说去都是自己那点事，到最后本人都有点不好意思了，对朋友说：抱歉，光顾说我了，现在开始谈谈你吧。你对我怎么评价？

相反，倒是一些真正有实力的大老板，很注意低调做人，待人接物十分谦和。他们虽然事业上非常成功，却从不自鸣得意，更不会去刻意渲染。他们有学识、有经验，却很少夸夸其谈，更愿意听别人发言。他们对待部属和服务人员总是彬彬有礼、和颜悦色，从不乱摆架子、乱发脾气。他们貌不惊人，衣着简朴，混在人群中，外人很难凭经验将他们一眼认出。

为什么一些小老板妄自尊大，目中无人，而越是大老板反倒越谨言慎行，低调做人？说到底还是精神境界问题。小老板境界低，没见过什么大世面，容易坐井观天，不知天高地厚。而真正见过世面的大企业家，才清楚什么叫成功、什么叫有钱，才懂得山外有山、天外有天的道理，才会总感觉自己的所做和所得，实在微不足道，自然也就傲慢不起来。

现实生活中的这两类老板，想必大家都有接触。更愿意与哪一类人打交道，恐怕不言而喻。所以，企业家精神境界的高低将给其日后发展带来的影响，也在不言中了。

（二）如何认识个人事业成功的原因

每个成功的企业家都会自觉不自觉地对成功的原因有所总结。用心理学的术语来表述，就是要归因。企业家如何归因，直接反映出他们精神境界的高低，进而影响到对许多实际问题的处理。

例如，是归因于主观努力，还是归因于时势造英雄。成功自然离不开企业家的主观努力，每个成功者都有“过五关、斩六将”的精彩故事。成功给人自信，而自信又是取得更大成功的台阶。可话又说回来了，如果一个人过于强调个人作用，也容易由此走向反面，变得骄傲自大，自以为无所不知、无所不能，从而埋下日后失败的种子。所谓“成功是失败之母”，说的就是这个意思。

相反，精神境界高的企业家谈到成功时，总强调时势造英雄。认为自己原本才学一般，并无多少过人之处，只不过抓住了一些机遇，侥幸获得成功，属于“山中无老虎，猴子成大王”。而且天意难测，好运不可能总惠顾少数人。所以，越是成功，越应惜福，越要谨慎。这种如临深渊、如履薄冰的心态，使他们得以少犯许多错误。

再如，是归因于个人才干，还是归因于众人帮助。精神境界低的企业家谈到成功时，总爱突出个人的努力。张口就是：我当年怎么能干，如何奋斗，历尽千辛万苦，才创下一番事业；某某事，前后有多少人想干都没干成，就我把它做成了；某某人现在之所以发达，都是当年我帮忙的结果，要不是我，他哪能有今天，等等。总之，谈到成功的原因，他们想到的只有自己，“是我，是我，还是我”。谈到别人时，大都是说某某如何对不住自己。至于是否得到过他人帮助，却从不提及。

相反，精神境界高的企业家谈起成功原因时，讲得最多的则是朋友的帮助、同事的努力、合作伙伴的配合，顾客“上帝”的恩宠，并且感激之情，溢于言表。至于他本人的作用，则往往轻描淡写，一带而过，似乎无足挂齿。当然，不能排除有些是故意说给别人听的，但确有相当多的人是发自内心。一些著名企业家的自传，能够证明这一点。

这里，且不去评价两种归因的高下。大家只要认真想一想，自己更愿意与哪一类人打交道，便可推断出境界高低对企业家日后发展的影响了。

（三）如何使用成功带来的各种财富

成功意味着金钱、权力、荣誉、地位，意味着拥有了更多的社会资源。这一切曾经是企业家朝思暮想的奋斗目标，给予过他们无穷的激励。可当种种财富到手后，成功者会发现，这些当年梦寐以求的东西，其实也有两面性。既可铺就继续攀登的台基，也可成为影响人们前进的障碍；既能带来幸福与欢乐，也能腐蚀人的灵魂。而究竟如何，完全取决于企业家的精神境界。

精神境界低的人得到财富后，会以一种暴发户的心态，迫不及待地加以挥霍。花天酒地，声色犬马，炫耀斗富，穷奢极欲。这方面的事例不胜枚举。从某种意义上，有些人已不完全是为了享受，而纯粹是在“造”钱，是想通过挥霍来宣泄心中的怨气，来补偿往日的艰辛，来证明个人的价值。他们在酒桌、在舞厅、在赌场挥金如土，一掷千金，可有时又特别小气，不愿意参与任何社会公益事业。其典型心理是：“老子辛辛苦苦挣来的钱，凭什么让别人坐享其成”，“当年我为创业到处求爷爷、告奶奶，给人当三孙子时，谁可怜我了。”挣钱，挥霍，更多地挣钱，更肆意地挥霍，成为他们生活的全部内容，以致人们形容他们是赚钱机器加消费动物，“穷得只剩下钱了”。

精神境界高的企业家面对财富，则始终保持一颗平常心。他们认识到：财富生不带来，死不带去，应该取之于民，用之于民。正因为自己当年奋斗不易，备受屈辱，所以如今有钱了，更应该善待他人，回报社会。他们虽然已是千万富翁、亿万富翁，可却洁身自好，仍然过着简朴的生活。有时表现出的“小气”，甚至引来人们的不解和讥讽。但对社会公益事业，他们却大方得很，一出手就是成千上万，而且不图回报。简朴的生活使他们不需再为生计担忧，继续奋斗时没有任何心理负担，能够随时承受失败和挫折。慷慨的捐赠又使他们受到广泛赞誉，而这恰恰是获得更大成功不可缺失的社会资源。

对后一种企业家的所作所为，前一种人十分不解：既然那么节俭，那当初办企业又为了什么？自己拼命赚钱给别人花，有病啊？这不是冒傻气吗？这就是双方精神境界上的差异。境界低的人很难理解境界高者的所作所为，很难理解为什么一些真正的大富翁会说，“我喜欢赚钱，但我并不喜欢钱。”

（四）如何选择新的追求目标

企业家获得初步成功后，会遇到一个特殊问题：办企业究竟是为什么。这原本不是问题。办企业为什么？为赚钱嘛。在市场经济条件下，金钱是权力、地位、财富的象征，是衡量个人价值最重要的社会尺度。要想改善个人及家庭的物质条件，过上无忧无虑的生活，要想得到社会的认可和他人的尊重，就必须多多地赚钱。金钱虽然不是万能的，但没有钱却是万万不能的。所以，尽管创业时很辛苦，很艰难，披星戴月，劳心费力，但企业家们却乐此不疲，什么都愿意做，什么代价都肯付出，一种强烈的发财欲望支撑着他们去艰苦创业。

可随着事业成功，当企业家拥有的财富足以使他及其家人过上富裕、体面的生活后，为什么办企业就成问题了：如果只是为了个人及家庭的物质生活，那攒下的钱已经足够了，甚至几辈子都花不完，还要继续干下去吗？况且世界上的钱是赚不完的，多少算够呢？可如果不再是为了钱，那办企业又为了什么？继续如创业时那样去奋斗、去吃苦、去拼搏，还有必要吗，值得吗？显然，对这些问题的思考和回答，将直接影响企业家成功后的道路选择和精神状态。

给出正面答案的企业家如松下幸之助。松下出身贫寒，从九岁起当学徒，吃了很多苦。二十二岁开始创业，成立松下电器厂，生产自行车用的电池灯。靠艰苦努力和勤奋自学，把一个只有几个人的小厂，办成了国际知名的大企业。松下在事业如日中天时，也曾为“为什么办企业”困惑过。思考了很长一段时间，有一天他终于想明白了：办企业不能只为个人及家人物质生活的改善，还要为社会创造财富，让更多的人用上物美价廉的家用电器，都过上好日子。这一天是五月五日，松下认为公司从此找到了存在价值，开始了新的生命。所以，他将这一天定为松下公司的创建日，以后每年五月五日，松下集团的所有企业都要举行隆重的纪念活动。

给出另一种答案的如 IBM 公司第二任总裁小托马斯·沃森。小托马斯的父亲是 IBM 公司的创办者，而他本人曾经是一个典型的纨绔子弟，年轻时放荡不羁，给家庭惹出无数麻烦。多亏了二战爆发，他参军来到部队，受到管束和教育，开始改邪归正。战后他退伍进入 IBM 公司，从销售员干起，一直干到公司总裁，接了父亲的班。在任期间，小托马斯预见到计算机的发展趋势和商业前景，将 IBM 公司的经营重点转向 IT 领域，从而造就了公司后来的辉煌。在事业发展的顶峰，小托马斯突然大病一场，差一点没抢救过来。这使他幡然醒悟：自己的钱足够花了，干吗还要这么辛苦！多亏这次抢救及时，否则挣了钱来不及享受，岂不太亏了。于是，病愈后他立刻辞去所有职务，再也不管公司的事了，重新开始享受生活。

对比松下和小托马斯的选择，可以看出精神境界对成功企业家后来的道路选择是多么重要。在座的朋友也是成功企业家，不知是否思考过这一问题，答案又是什么。我认为，这个问题看上去简单，可实际上很难给出圆满的答案。因为它涉及目的理性，涉及人生观、价值观，远不是一般知识、经验和理性所能应对的。不信，大家可以试试。

（五）如何确定新的经营准则

确立了新的奋斗目标后，如何实现这一目标肯定是萦绕企业家心头最多的问题。具体发展思路涉及对形势的判断、对市场的把握以及自身条件、实际经验等许多内容，不是今天要讨论的话题。我想说的是：企业家面临重大决策时，对哪些事能干，哪些事不能干，需要把握住一些基本准则，而这些经营准则的确立往往与其精神境界有关。

这一代企业家大都是在极不规范的市场经济环境中成长起来的。创业初期，为了生存，他们不得不挖空心思，不择手段，什么赚钱干什么，怎么对自己有利怎么来。成者为王败者寇，只要不被抓住就是好样的。所以，相当多的人犯有“原罪”，真正“干净”者如凤毛麟角。这种历史现象，其功过是非自有后人评说。问题是，当企业站住脚跟后，是否需要洗心革面？确立新的经营准则？

精神境界低的企业家一般意识不到这个问题。大都一如既往，还是以赚钱为唯一准则，以不被抓住为行为底线。可常在河边走，哪能不湿鞋。随着国家经济社会生活日益法制化、规范化，老是踩着黄线走，难免有出事的那一天。一旦问题暴露，有关方面很可能顺藤摸瓜，将以往所有问题“拉清单”，加起来的罪名足以将当事人送进大牢。现实生活中，许多人就是这样一条道走到黑，而且失败了还不知为什么。

精神境界高的企业家会做出新的选择。钱当然还要赚，但已不是唯一追求，更不是主要的行为准则。一些有损社会和公众利益的事，特别是违法犯罪的事，即使很赚钱，也绝不再干了，如偷税漏税、走私行贿、污染环境、亏待员工等。正是这种新的经营准则的确立，使企业逐渐走上健康发展、长盛不衰的轨道。

讲到这里，也许有朋友会想：企业做到一定规模后，老板自然有风险意识，知道哪些事风险大，万一失败将得不偿失。因而不讲境界，照样可以不犯大错。我认为，问题恐怕没那么简单。成功企业家确实都有能力权衡风险与收益，进而做出对自己有利的选择。但这种利益的权衡是精明，并不高明，更不保险。无数事实表明，经不住暴利诱惑，抱着侥幸心理赌一把而走向毁灭的，都是自以为很精明的商人。要想避免一失足成千古恨，企业家必须跳出利害得失考虑问题。而能否做到这一点，完全取决于他们的精神境界。

（六）如何识人、用人、育人

柳传志有一句名言：小企业做事，大企业做人。因为小事业、小成功可以凭个人才智，若想把事业做大，单枪匹马或靠少数几个人肯定不行，一定要借外力，靠人才。所以，企业家取得更大的成功，最重要的一点就是要学会识人、用人、育人。从某种意义上可以说，企业家在识人、用人、育人方面的意识和能力，直接决定着他们所能取得成功的大小。

首先是识人。什么是人才？对小企业来说，能干就是人才，物美价廉是选人的主要标准。通常情况下，不是企业选人才，而是别人要挑你。可当企业做到一定规模后，情况就不同了。选什么人，工资待遇不再是主要的考虑因素，企业家可以按照自己的眼光，去寻找最心仪的员工了。而所谓眼光，说到底是个境界问题。如境界高者选人一般重在品行和潜质，境界低者看人则重实用、重眼前。不同的选择必然导致不同的结果。一些企业家总懊恼自己看不准人，几乎是用一个，错一个，而且还找不出原因。其实，原因就在企业家的精神境界。

其次是用人。人才往往有个性，有独立见解。越有才学的人，个性往往越强，越容易固执己见。因此，要想用真正的人才，企业家必须具备一定的心胸和气度。俗话说“宰相肚里能撑船”。企业家心胸和气度有多大，事业才能做多大。而心胸气度又与人的精神境界有关。一般来说，企业起步阶段，当老板的急于用人，又不可能给出优厚待遇，所以比较能容人，受点委屈也忍得住。而当企业获得初步成功，可以提供有竞争力的工资待遇后，各种各样的人都会主动找上门来。企业家很容易找到一种当老板的感觉。能否一如既往地识人、容人，是喜欢有真才实学，但亦有个性的人才，还是喜欢善于阿谀奉承、投其所好的奴才，那就要看企业家的精神境界了。

再次是育人。高素质的人才很少有现成的。德才兼备的“空降兵”确实有，也不妨用，但很难找，且不宜多。因为“空降兵”多了，会给企业发展带来一些意想不到的弊端。特别是中层干部，企业必须立足于自己培养。能否培养出高素质的思想和业务骨干，是检验企业家领导水平的重要尺度，也是决定企业发展前景的根本因素。而要培养高素质人才，企业家本人必须具备相应的素质。“什么师傅带什么徒弟”。很难想象企业家本人境界一般，却培养出高水平的年轻人来。

（七）如何处理事业与生活的关系

企业家获得成功前，肯定将事业摆在第一位。为了出人头地，他们必须加倍努力，常常付出巨大代价，牺牲许多兴趣爱好，甚至牺牲部分家庭生活。对处于创业阶段的企业家来说，事业就是一切，成功就是一切。可当成功真正到来时，他们很快会发现，事业和成功并不是生命的全部内容，生活中还有许多值得追求的东西，如亲情、友情、爱情等。在为事业奋斗的过程中，做出一些牺牲是难免的，可如果总强调事业，始终处理不好事业与生活的矛盾，也不会有一个完美的人生。我读过一些成功企业家的传记，发现许多人晚年回顾一生经历时，都对自己当年忙于事业，没有很好地照顾家庭、特别是照顾双亲而深感愧疚，认为这是自己终身的遗憾，想起来就心痛，而且永远无法弥补、无法原谅、无法心安。其言真意切，给人留下难忘的印象。

要兼顾事业与生活，主要矛盾是时间不够。成功的企业家都很忙，想做的和该做的事有的是，而且一件比一件急，一件比一件重要。就是每天二十四小时连轴转都干不完，哪有时间考虑其他。现在最受欢迎的职业经理人培训课程之一，就是时间管理，即如何提高工作效率。可我认为，这些课讲的都是些具体技巧，虽有价值，却无法从根本上解决问题。解决时间矛盾的根本途径在提高人的精神境界。

例如，关于目标的取舍。企业家成功后，会发现发展天地一下子大了许多，到处都是赚钱的机会，而且个个都比创业初期的机会好。自然哪一个都舍不得放弃，由此使自己陷于无休止的忙碌中。见到赚钱的机会不动心，那还是企业家吗？可心总在动，见到钱就想赚，又能不忙吗？可见，这是一个死结。不夸张地说，如果企业家的精神境界不提高，在人生问题上缺乏省悟，是很难解开这个结的。

再如，解决时间矛盾的主要途径之一是学会用人。这个道理很好懂，可为什么相当多的企业家却做不到？我认为，实际上也是境界问题。不放手的主要原因是不放心。因为让部属特别是年轻人去做，开始时肯定不如亲自做效果好。如果没有一定的精神境界，不懂得包容，万事都求完美，不懂得退让，总想表现自己，那是很难真正放手的。

（八）如何看待生活中的恩恩怨怨

企业家在奋斗过程中，难免结下一些恩恩怨怨。如何看待这些恩怨，直接反映着他们的精神境界。

一是如何对待朋友。朋友不同于生意上的伙伴。与朋友之间的关系不是利害关系。企业家最容易犯的错误之一，就是忘记了二者之间的差别，以致生意越做越大，人却越做越小，财富越来越多，朋友却越来越少。这里固然有客观原因，如经济和社会地位差异拉大，导致共同语言减少等。但主要还在企业家的精神境界，在于他能否区别朋友与“关系”，看他将友情摆在何种地位。企业家个个会算计，不会算计当不了企业家。可一个人太会算计了，太爱算计了，也会落下“职业病”。因为与朋友相处，最忌讳算计。如果一个人时时想到怎么对自己有利，处处琢磨怎样从对方那里得到好处，那是不会有真朋友的。

二是如何对待“关系”。所谓“关系”包括生意场上的合作伙伴，也包括曾为自己帮过忙的人。成功的商人一定是“关系”越来越多，越走越近，而不成功者的路则越走越窄。究其原因，精神境界是一个重要方面。例如，有些人特别精明，在与“关系”的交往中，用得着时甜言蜜语，用不着时就不理不睬；在利益分配方面，自己该得十分时，绝不肯只得九分半。精明过了头，“关系”肯定处不好。而真正的大企业家，都主张为人处世不要太精明，太精明就不高明了。如李嘉诚就总结过自己的生意经：与别人谈合同，自己可以赚十分时，最好只要八九分。这样坚持下去，慢慢地就不用自己去找生意，生意会源源不断地来找你，事业就能越做越大。

三是如何对待竞争对手。处理与竞争对手的关系，最能反映企业家的精神境界。一般来说，同行是冤家，商业竞争常常也是你死我活。所以，不少人对竞争对手是“仇人相见，分外眼红”，必欲除之而后快。而境界高的企业家却懂得“无敌国外患者恒亡”的道理，通常不会执意将对方置之死地。一方面，“该出手时便出手”，要想方设法压倒对方，争得主动；另一方面，又要“得饶人处且饶人”，不把话说死，不将事做绝，最好能形成互相促进、共同发展的局面。

四是如何对待小人。小人最可恶，人人避之不及。小人又处处有，很难完全避得开。按佛教的说法，“怨憎会”本身便是人生无法回避的一种苦难。如何与小人相处是一门学问。能否处理好这一关系，可直接反映一个人精神境界的高低。境界低的人或者与小人同流合污，或者势如水火，最终都难免受到伤害。境界高者懂得“不与小人仇雠，小人自有对头”的道理，将小人视为现实的一部分，当作人生的“磨刀石”，善于趋利避害，变废为宝。

（九）如何认识生活中的各种烦恼

如果问一个成功的企业家：你现在的烦恼比开始创业时是多了还是少了？估计答案十有八九是多了。对此，不在其位的人很难理解，认为这样回答是矫情。企业家功成名就，要什么有什么，哪儿来的烦恼？我认为，这实在是普通人对企业家的一大误解。从表面上看，成功的企业家高高在上，呼风唤雨，香车美女，一掷千金，真是风光无限。可实际上，正如《红楼梦》中王熙凤所说，“大有大的难处”。企业家成功后的烦恼要比创业时多得多。

首先是事业方面的。企业家起步时都有一个心愿：赶快赚钱，多多益善，总以为有钱后就什么都不愁了。可实际情况却是，钱越多，愁越多，成功之后的烦恼只多不少。过日子虽然不成问题了，可事业的发展却没有尽头，而且是逆水行舟，不进则退。摊子越大，需要操的心就越多，遇到的麻烦也越多。稍有不慎，就可能满盘皆输，前功尽弃。所以，企业家的心理负担通常是越来越重，始终不会有放松的时候。

当然，也少不了家庭方面的。许多企业家成功后都遇到了家庭婚姻危机，其原因是多方面的。如企业家一天忙到晚，与家人待在一起的时间少，关系渐渐疏远；事业发展后，夫妻双方经济地位发生变化，难免出现猜疑和抵牾；成功者自然得到众人青睐，其中不乏有吸引力的异性，喜新厌旧随之出现，等等。总之，企业家成功后，婚姻家庭关系肯定要发生变化，如果处理得好，夫妻感情会发展到一个新阶段。可遗憾的是，相当多的企业家处理不好，导致家庭悲剧。这种“后院着火”给企业家带来的伤害，远大于其他方面。

子女教育也是许多企业家的一块心病。创业之初，企业家必须全身心地投入，不可能像正常人一样关注子女教育，许多人深感内疚。随着事业获得成功，家庭经济状况大为改善，自然想到通过物质方式加以补偿。这种放任式教育加上无限制的物质给予，最容易使孩子心灵扭曲，堕落为纨绔子弟。所以，现实生活中常见到这种现象：父母辛辛苦苦地创业，好不容易攒下一份家业，可子女却毫不珍惜，毫无感激。坐享其成，不求上进不说，还在外面胡作非为，挥金如土。这倒应了一名老话：“富不过三代”。问题是现在一些老板，第二代就呈败象，而且毫无希望，想起来就心痛，可又不知道该怎么办。

成功后烦恼多尚不可怕，问题是这些烦恼如影相随，无法摆脱。只要继续做企业，烦恼就免不了，而不干了还不成。因为这不仅关系到对个人前半生努力的评价，而且企业的状况还直接影响到许多人的饭碗。曾有好几位老板亲口对我说，要不是考虑到那么多员工及其家人指望企业生存，自己早就不干了。对此，我一点不惊奇。马克思早就说过，资本家就是资本的人格化。资本的生命在于增值运动，运动一停下来，那就不是严格意义上的资本了。所以，从某种意义上说，不是企业家在操作资本，而是资本在运作企业家。说得再白点，企业家就是资本的奴隶，想干得干，不想干也得干。有人说现在的企业家个个是活雷锋，实际上也是从这个角度讲的。当然，我并不完全同意这个观点。

理解了企业家的烦恼和压力，我们才能解释为什么一些在社会上风光无限的成功企业家会突然自杀。

成功后的烦恼只能通过提高精神境界来解决。佛教有一种说法，烦恼即菩提，菩提即烦恼。对现实生活中的矛盾和磨难，躲避不是办法，关键在转换心境。心境一变，面对同样的问题，会有完全不同的感觉。而心境说到底还是境界问题。

（十）如何看待个人的进退去留

人是一种很奇怪的动物。越是接近事业和人生的顶点，越容易产生人生易老、辉煌难再的感觉。尤其是过了不惑之年的成功者，随着年龄的增长、体力的下降，常会有心有余而力不足之感。于是，进退去留问题渐渐提上议程。在这个问题上，境界不同的企业家会做出完全不同的选择。

精神境界低的企业家过于看重个人的荣辱得失，因而非常惧怕退出历史舞台，很难接受越来越难以适应工作的现实。以致恋位、恋权，表现得很不开明。既影响了个人的幸福，也影响了事业的发展。而且一旦很不情愿地退出领导岗位，会很长时间不适应，很难再找到新的事业和追求。

当然，还有更不济的，就是一些国有企业的领导。由于体制原因，他们曾经付出了很多，可得到的很少；在位时实际利益很多，可真正的合法收入却很少。退出领导岗位意味着彻底告别权力和金钱，由令人瞩目的社会精英，逐渐回归平民百姓。对此，一些人心理很不平衡，想抓紧最后机会补偿一下，为晚年生活打点物质基础。于是就出现所谓的“59 现象”，许多人因此身败名裂，锒铛入狱。

相反，精神境界高的企业家更看重事业的发展，懂得新陈代谢是事物发展的必然规律，年轻人迅速成长以至超过自己，是事业兴旺发达的重要标志。因而，他们很早便开始考察接班人，并下功夫进行培养。一旦条件成熟，便急流勇退，彻底交权，为自己的职业生涯画上一个完美的句号。从领导岗位退下来后，他们很快就能适应新的角色，找到新的用武之地，开始更高层次的追求。例如松下幸之助退休后，组建了一个研究所，专门帮助他总结一生的经历，研究经营理念和人生哲学，先后出了几千盒录音带、几十本书，为后人留下一笔宝贵的精神财富。

总之，境界问题看上去很虚，实际上无处不在。成功企业家面对的各种重大问题，或多或少都与境界有关。不同的精神境界直接影响到企业家日后的发展和命运，值得引起高度关注。

开始讲课时我曾提到，企业家最需提高的是境界，而不只是眼界。讲清楚了境界与企业家的关系，大家对这一观点可能容易接受了。眼界通常还是指看问题的视野和角度，说到底仍属工具理性的范畴。而境界突出的是看问题的出发点、着眼点，强调认识和处理问题要有目的理性。首先想清楚什么该做，什么不该做，然后再运用工具理性，做好该做的事情。我认为，在社会转型期，目的理性严重不足是一个突出的社会问题，也是制约企业家事业发展的主要因素。这个问题至今未引起人们足够的重视，更谈不上有效解决了。这也正是我讲本课的主要原因。

三、成功企业家应该怎样提高自己的精神境界

境界的形成和提高肯定有规律。但遗憾的是，中国传统教育理论虽有所论及，却很不系统；源自于西方的现代教育理论，根本没有境界这一概念，故鲜有研究；所有的 MBA、EMBA 讲的都是具体管理方法，亦无从借鉴。在现代管理学名著中，只有《第五项修炼》算是沾上一点边，可其着眼点仍在提高系统思维能力，并没有展开分析境界问题。所以，以下讲的观点多无出处，只是个人的一点实际体验和不成熟的看法。

我认为，企业家精神境界的提高无非两条途径，一是读书学习，二是实践修炼。

（一）先说读书学习

提高精神境界肯定要读点书。可读什么却是个问题。一般化的管理类书籍看不看意思不大，因为境界既非知识，亦非技能，不是读教科书所能提高的。而市面上有关人生修养方面的书刊，又都是为青年人写的，层次比较浅，不能指望企业家再去“补课”。所以，要想推荐出几本像样的必读书来，很难。如果一定要我谈点看法，建议大家读点人文和社会科学方面的书籍。具体说，就是文、史、哲和宗教。

1. 阅读文学书籍对提高境界的帮助。

按照中国传统文化的观点，在文学艺术包括琴棋书画等任何一个领域发展，开始阶段都必须苦练基本功，把技艺基础打扎实。技艺很重要，但光有技艺绝对成不了大家。技艺提高到一定程度后，会出现明显的停滞期，这时无论学艺者怎样努力，都很难再有突破。要想继续前进，必须走出师门，广泛涉猎，博采众

家之长。到了更高阶段，还要跳出本专业，到大自然中去，“参天地而赞化育”；到生活中去，体察民风民情；到其他艺术领域中去，获得创新灵感。这样才能突破前人，形成独特风格，直到获得文学艺术的最高成就——意境。正如宋代大诗人陆游所说，“汝欲学作诗，功夫在诗外”。不单写诗如此，所有艺术领域新的意境取得都在专业之外。

什么原因呢？因为意境都是具象的，用抽象的语言很难描述清楚。而且如若进入不了那个境地，即便有人讲，也听不明白。所以，要想在艺术上超越前人，达到一个新的境地，必须到其他领域中，去观察、去领悟、去联想。如古人所说，第一步要“得象忘言”，即记住艺术形象，忘掉用以描述形象的语言。第二步要“得意忘象”，即领悟艺术形象中蕴含的意味，把艺术形象本身也忘掉。只有这样，才能在意境上有所突破。

艺术各领域意境的形成是如此，精神境界的提高也不例外，不能靠别人说教，也不能指望读几部理论著作。实际上，人们从现实生活中获得的启迪，从艺术形象中获得的感悟，都远远多于来自书本的抽象道理，而文学作品正是通过提示生活本质，塑造艺术形象来教育、感染读者的。在座的朋友大概都有过这样的经历：读一些好的文学作品，常常会为书中的人物所吸引、所打动，以至于这些人物的思想感情和行为模式，不知不觉地对自己后来的工作和生活产生影响。

前些年《计算机世界》的记者写过一本书《知识英雄》，书中介绍了当时中关村最有影响的五十名企业家、科学家。读过之后，我发现了一个十分有趣的现象：相当多的企业老总在业余时间喜欢读武侠小说，特别是金庸的小说。在金庸的小说中，又特别喜欢《射雕英雄传》及书中的主人公郭靖。这当然是一种消闲，属个人的偏好。可是否还有更深一层的意味呢？如果大家能将这个问题琢磨明白，我今天的课就算没白讲。

2. 阅读历史书籍对提高境界的帮助。

据我了解，真正成功的企业家很少阅读管理学教科书，甚至对市面上风行的MBA也不感兴趣。他们更喜爱的是学历史，特别是读名人传记。认为以史为镜，是最好的学习方法。

成功的企业家都喜欢读史，可不同境界的人却能读出不同的味道来。有时仅从他们喜欢读的书，就能大致看出其精神追求。例如有些企业家特别喜欢《三国演义》。不用说，准是欣赏书中人物的权谋。《三国演义》中对权谋的描写确实十分精彩，值得一学。可如果只学到这一层，恐怕也成问题。但凡迷《三国演义》的企业家，最后都会深陷于“窝里斗”，这绝不是偶然的。为此，有人建议改读《水浒》（严格说《三国》《水浒》只能算历史小说），主张学习梁山好汉，讲义气，重情谊。这可能会比单讲权谋好一些，但恐怕也不是解决问题的办法。依我看，成功企业家如果真想读史书，不妨读一读《贞观政要》，看看唐太宗李世民是如何治国平天下的。把李世民真正读懂了的人，精神境界一定低不了。

前些年有一种说法：当官要读《曾国藩》，经商要读《胡雪岩》。这两本历史小说确实写得非常精彩，读后给人许多启迪。尤其是台湾作家高阳写的《胡雪岩》，用生动的笔触，描述了胡雪岩怎样由一个店铺的小伙计，靠过人的才智一步步向上爬，最后成为富甲天下的红顶商人。书中对胡在官场、商界以及江湖上纵横捭阖、左右逢源的描写，让今天的企业家也为之神往，且有直接的借鉴价值。不过，对《胡雪岩》一书也要会看、读懂。例如，不能只看胡是如何发家的，还应研究一下为什么后来他会失败。如果对比分析曾国藩为什么能善始善终，子孙厚富，肯定会悟出更多的人生哲理。读史若能体察涵泳到如此程度，才真正有助于精神境界的提高。

3. 阅读哲学书籍对提高境界的帮助。

一说到哲学，很多朋友立刻皱起眉头，心想学那玩意儿有什么用！不就是“世界是物质的，物质是运动的，运动是有规律的，规律是可以认识的”之类说教吗？高中时就背得滚瓜烂熟，以后根本就没用上过。我认为，这种心情可以理解，可这种认识却是对哲学的误解。哲学远非教科书上的几句教条，它是人类理性的最高智慧，是人类思想的宝贵结晶。看上去好像不如具体知识那么实用，可实际上无用之用，是为大用。古今中外各个领域成大事者，最后的突破都在哲学，最大的贡献也在哲学。当然，绝非那种教科书式哲学。

企业家从事经营管理工作，其水平大致可分三个层次：一是凭经验进行管理，这是管理的初级阶段；二是科学管理，即通过理论学习和实践摸索，掌握了管理工作的基本规律，并用于指导实际，这是管理的中级阶段；三是管理的高级阶段，即不仅掌握了管理规律，而且善于运用这些规律，以至于达到出神入化、游刃有余的程度。这种功夫绝不是一般管理科学所能教会的，一定得借助哲学。所以，管理哲学是管理理论发展的最高阶段。为什么一些著名企业家发展到后来，动不动就给人讲哲学，总要求部属学哲学，这不是偶然的。而且，人们对这些企业家真正感兴趣的，也并非其具体的管理经验，而是体现他们管理思想精华的哲学思想。

管理者学哲学有两点好处：一是改进思想方法，二是提高精神境界。前者属于工具理性，主要解决实现人生目标的方法问题；后者属于目的理性，用于指导人生目标的确立。两相比较，后者显然更重要，解决起来难度也更大。如果说思想方法和工作方法尚可通过实践来总结、来改进，那一个人精神境界的提高，则必须读书，特别是读一些看似无用的哲学书。

管理需要上升到哲学高度，企业家需要提高哲学素养。可遗憾的是，至今没有见到一本令人满意的管理哲学著作。哲学家们大都关注经典哲学问题的研究，不大看得上应用领域的具体哲学。实际管理工作者虽然有丰富的实践经验，并不时碰撞出哲学火花，可往往没时间进行系统化的理论概括和总结。这给企业家学哲学带来一定困难。怎么解决这个难题？我认为，不妨读一些哲理性强的名著，如中国古代的《老子》《论语》《孙子兵法》，外国的哲学随笔等；同时，读一点管理大师晚年的文章，认真领会其中的哲学思想。我相信，只要用心，这两方面的学习都会大有斩获。

4. 阅读宗教书籍对提高境界的帮助。

中国文化是世界上少有的几种非宗教文化之一。绝大多数中国人推崇实用理性，没有虔诚的宗教信仰。加上半个多世纪以来的无神论教育，许多人根本不清楚宗教是怎么回事，却对宗教抱有强烈的抵触。实际上，宗教是人类精神生活的主要方式之一，所解决的是人的根本信仰问题。所谓信仰，就是将人的有限生命与某种绝对的、超越性的东西相联系，从中获得人生的意义。人活着，总会追求意义，因而对信仰的需要是人的一种本质需要。没有了信仰，人就失去了安身立命的东西，就像大海上的航船失去了目的地。

宗教给人信仰，信仰指导人生。企业家也是人，也会遇到大量人生问题。包括在实际工作中遇到的许多具体问题，说到底都与人生有关。例如，为什么有了花不完的钱后还要继续办企业，为什么不能以利害原则来处理与他人的关系，为什么要不图回报地奉献社会，等等。这些问题讲深了，都是形而上的，没有客观标准，很可能越想越糊涂。只有从信仰的高度，才能真正理出头绪，给出答案。所以，仔细研究一些大企业家一生的著述，开始多是讲经营，到后来是讲理念，讲到最后，会自觉不自觉地归于信仰。

近些年社会上很推崇儒商、佛商。可我发现，许多人对什么是儒商、佛商并不特别清楚。好像学历高些，有点知识，风度上再儒雅一点就是儒商；平时喜欢烧香拜佛，占卜问卦，就是佛商。实际上，儒商也好，佛商也罢，应该说主要是信仰问题。如果没有信仰或者信仰不虔诚，不愿为自己信仰的东西做出自我牺牲，那只能是徒有其表。

当然，提倡大家看一点宗教方面的书，并非主张人人信教。而是希望通过这些形上理论的学习，拓展自己对人生问题的思考，从根本上提高精神境界。这是成功大事业特别是成功人生的必需。

讲到这，可能有些朋友会说，当老板的整天忙得四脚朝天，连正经事、正经书都顾不过来，哪有时间看闲书。对此，我只能说，企业家忙，是客观现实；但要想提高境界就必须读书，也是客观规律。所以，关键看企业家如何权衡和取舍了。当然，也有方法问题。如时间不够，读书可以少而精。过去学术界有个提法，叫“一本书主义”，意思是说做学问固然要博览群书，但首先还是要将最基本的一两本书读通、悟透。企业家读书，不妨也来个“一本书主义”。据我所知，许多名人包括一些知名企业家，都有一两本特别喜爱的书，随身携带，随时翻阅，终身学习，终身受益。

（二）再谈实践修炼

境界不同于知识和技能，其提高不完全靠日积月累，也不靠熟能生巧，从某种意义上说，要通过修炼。修炼本是一个道家用语，意思是指人们修身就像炼丹一样，只有通过长时间的、特殊方式的加工和熔炼，彻底改变了自身素质，才能脱胎换骨，得道成仙。以后，修炼成为形容人们改造提高过程的专用概念。

修炼是中国文化的特有概念。关于为什么要修炼，如何修炼，传统文化的几大家如儒、道、释等均有研究，且各有妙招，难分高下。经过比较，我认为佛教的修炼理论更为概括，便于讨论，故以此展开。

佛教的修炼理论具体地说，就是戒、定、慧。

1．首先要持戒。

戒即戒律。所谓持戒，就是主张有些事坚决不能做。佛教特别强调持戒，认为要想今生不遭恶报，来世不入地狱，就必须做到“五戒”，即不杀生、不偷盗、不邪淫、不妄语、不饮酒。信佛者仅此“五戒”还不够，要做到“八戒”“十戒”。出家当和尚的，要持守多达250条的具足戒。再往上还有菩萨戒，即不但行为上不能犯戒，而且连违犯的念头都不能有，起心动念就算破了戒。佛教强调“戒体即佛体”，持戒是对信佛者的基本要求。不持戒，其他方面的修养再高也成不了佛。所以，持戒又被称为“无漏之学”，意思是说，其他方面修养得到的东西再多，如果不持戒，也会漏光的。

企业家并不出家，为什么也要强调持戒？我认为，这既是精神境界提高的普遍规律，也是企业家工作性质和现实境遇的特殊要求。现在社会风气不大好，用高僧大德们的话说，属于“五浊恶世”。要想在社会上做成点事，太洁身自好肯定不行。例如，当老板的为了照顾客户、拉关系，有时难免要做一些出格的事，很容易沾染一些坏毛病。企业不大时，经济条件有限，这些毛病及危害尚可控制。可当企业做到一定规模后，企业家手里有了钱，危险性就会明显加大。如不特别警惕，不用持戒来约束自己，别说提高境界了，严重的甚至直接导致企业家的毁灭。

企业家持戒主要戒什么？我认为，主要应戒除不良嗜好，特别是黄、赌、毒。黄、赌、毒害死人。现实生活中有大量反面事例：一些企业家好不容易创下一份家业，事业发展如日中天，家庭生活十分美满，就是因为沾上了黄、赌、毒，最后搞到倾家荡产，家破人亡。前面的人刚刚倒下，触目惊心，血迹未干，后面又有人紧紧跟上，将悲剧继续演下去。因为黄、赌、毒最大的危害是容易成瘾，一旦积染成习，戒起来十分痛苦。而且根本控制不住，发展到最后，只有死路一条。黄、赌、毒缠身的人，别说什么境界了，连像人一样活着都求之不得。所以，企业家应特别警惕，一点都碰不得。

当然，要想戒除不良嗜好，光堵不行，还要注意培养正当爱好，过一种积极、健康的生活。企业家在经济实力方面已不成问题，问题在如何选择。

2. 其次是禅定。

禅为梵文音译，翻译为中文的意思是静虑。也就是要求修炼者彻底放松身心，排除一切杂念，在一定时间里使大脑进入一种空白状态。在此基础上，进行各种有益身心的调整和修合，使人的心理以及生理方面发生明显变化，为精神境界的提高打下基础。

禅定是佛教修炼的基本内容。凡学佛者都要修习禅定，这是每天必做的功课。修习禅定，看似简单。偶尔为之，也不会有什么效果。可如果长期坚持做下来，将彻底改变一个人的气质和境界。我们参观深山名刹，常能见到一些高僧大德，道骨仙风，超凡脱俗，让人一见就肃然起敬。那都是长期修炼的结果。

其实，何止佛教，各种宗教都有类似禅定的内容。包括我国传统医学中的气功，之所以能健体强身，进而提高人的境界，改变人的气质，出现一些不可思议的神通，这和佛教的禅定是同一个道理。从某种意义上说，禅定是各种宗教、各种文化共同的修炼方法。

企业家修炼禅定更有必要。因为他们平时工作很忙，精神高度紧张，各种事情摆在那里，一堆麻烦等着处理，想放松一下都很难。可弦绷得太紧了，时间一长，很容易出问题。轻者损害企业家的身心健康，严重时还会导致精神崩溃。所以，企业家一定要学会自我调整。自我调整有许多方法，最好的方法就是修习禅定。每天拿出半个小时，把一切事放下，什么都不想，调节气息，让自己进入一种彻底放松状态。如能长期坚持，雷打不动，我相信，用不了几年，企业家的气质和境界定会发生明显变化。

当然，通过修炼禅定获得放松，本身并不是目的，禅定的真正好处也不只是精神的暂时松弛。而在于精神彻底放松后，人对外部和内部事物的感悟能力会明显增强。在这种状态下有意识地做一些观想，会引起人心理和生理双重变化，得到意想不到的修炼结果。

修炼禅定要讲究方法。佛教中有许多这方面的内容，如止息观等。由于时间关系，今天就不详细介绍了。有兴趣的朋友，可找一些书自己慢慢琢磨。

3. 再次是修慧。

佛教称修炼方法为法门，并号称有八万四千法门，以示修炼的具体方法之多。在诸多法门中，佛教最看重的是般若。般若也是梵文的音译，汉语中找不出相对应的词汇，勉强翻，可译为大智慧。佛教认为般若是修炼之本，各种法门如果不与般若结合，达不到促成般若的目的，就不是佛教的修炼方法。所谓学佛，就是要通过般若，使自己成为洞彻宇宙人生真谛的觉者。

关于宇宙人生的真谛，佛教有一套堪称博大精深的理论，这里不可能详细介绍，只讲一个观点：智慧不同于聪明，它更多体现在对人生问题的理性思考。具体说，就是要把四个问题想明白：一是生与死，二是名与利，三是人与我，四是情与爱。其中，最根本的又是生与死的问题。我们日常生活和工作中的许多矛盾，实际上都与这四个问题有关。一些人之所以境界不高，常犯错误，总有烦恼，说到底是这四个基本问题没想明白，甚至压根儿就没空儿想。以企业家为例，可以说一个比一个聪明，不聪明的人根本当不了企业家。可谈到智慧，又有多少人敢自诩？为什么？就是因为对人生问题缺乏理性思考。

那么，如何才能生慧？我认为，重要途径之一是反思。即每过一段时间，回头总结一下，且不是就事论事，而要跳出具体经验和得失，从目的而不是从方法，从人生而不是从工作的角度去分析，力求从中引出一些带普遍意义的人生哲理，作为今后实践的圭臬。这一点对企业家特别适用，因为他们经历丰富，可回味的东西多，一旦总结出来也最有用。所以，反思是提高企业家精神境界的好办法。

在修炼的过程中，最容易出现的问题是“看得破，忍不过；想得到，做不来。”成功企业家阅历都不浅，各种人生哲理早有耳闻，对世间百态也是司空见惯。做人做事应该如何，不能怎样，几乎每个人都可以讲出一大套。问题是道理好懂，说说也容易，事到临头真正去做，却常常变了味。所以，提高境界不是一个认识问题，需要进行长期修炼。

关于修炼，佛教内部长期存在渐悟与顿悟之争。禅宗特别是南禅宗主张顿悟，认为觉悟的形成不同于知识的积累，它往往是某一偶发事件促成的。律宗等学派主张渐悟，认为人的觉悟的提高有一个过程，不经过长期修炼和积累，不可能达到很高的境界。应该说两种观点都有道理，我倾向于渐修顿悟与顿悟渐修相结合。

以上简单介绍了佛教的修心理论：戒、定、慧。三者的关系是，“由戒生定，由定发慧”。首先要持戒，坏毛病不改，一切无从谈起。持戒方能入定，禅定可使身心放松。身心彻底放松后，人对事理的感知和领悟能力会大大提高。此时再去观察社会，思考人生，定能生出许多智慧，从而就进入新的境界。

今天要讲的主要内容就这么多。最后，请允许我用近代著名国学大师王国维在《人间词话》中引用过的三句宋词，作为今天讲课的收尾。这三句词本是王国维用以概括做学问的规律的，但我认为，成功企业家精神境界的提高亦存在同样规律。

“昨夜西风凋碧树，独上高楼，望尽天涯路。”境界问题初看上去玄远高深，无从把握。所以需要登高台，发宏愿，立志“望尽天涯路”。

“衣带渐宽终不悔，为伊消得人憔悴。”提高境界会有一个艰苦而漫长的过程，苦苦追求，百思不得其解，以致身心憔悴，“人比黄花瘦”。

“众里寻他千百度，蓦然回首，那人却在，灯火阑珊处。”只要功夫下到，终有一天，会突然发现自己的精神境界明显提高了。是渐修的成果，还是顿悟的灵感？似乎说不大清楚。只知道“那人却在，灯火阑珊处”。

怎样提高在职人员的基本素质①

近几年，但凡是当领导的都喜欢讲素质。中央领导讲全民素质，党政官员讲干部素质，部队首长讲官兵素质，企业老总讲员工素质，学校老师讲学生素质，社区负责人讲公民素质……不夸张地说，素质一词已成为时下最常用的领导语汇之一。不过，在我看来，这倒不全是赶时髦，主要还是因为随着市场经济大环境的形成，各行各业、上上下下都开始感受到竞争带来的压力，意识到竞争的实质是人才的竞争，是所属人员素质的竞争。同时，在实际工作中，也感到现有人员素质与实际工作要求之间的差距，认识到人员素质不高给事业发展和单位建设带来的制约。所以，素质问题才引起如此普遍的关注。

① 本稿写于 2003 年 2 月。

素质问题引起上下各方重视，素质教育自然被提到重要议程。首先做出反应的是学校。现在大、中、小学直到幼儿园，都在大讲素质教育，强调由应试教育向素质教育的转变，将教育工作的着眼点从单纯地传授知识，培养技能，转到全面提高学生的素质上来。且不说目前实际转得怎样，起码人们的认识是比较明确和一致的。那么，作为现代教育体系重要组成部分的继续教育和在职培训，是否也存在向素质教育转变的问题呢？

按照传统的观点，继续教育和在职培训主要是解决所属人员的知识更新和技能提高问题。因此，在教学内容上强调用什么学什么，缺什么补什么，在教学方法上提倡以自学为主，以业余学习为主。现在多数单位包括一些比较重视员工培训的单位，大都遵循这一思路。继续教育和在职培训应突出实用性，这无疑是正确的，可在职人员缺少的仅仅是知识和技能吗？其实，有实际经验的领导者都清楚，选人用人最重要的还是看基本素质。有些部属学历挺高，专业知识和业务能力都不弱，可就是基本素质不行，让领导上感到不好用、不敢用。相反，一些现有条件一般，可基本素质较好、有发展潜力的部属，领导大都比较喜欢。可见，在职人员同样有个素质提高问题，在职培训也须转变指导思想，即将工作的着眼点由单纯地传授知识、培训技能，转到全面提高所属人员的基本素质上来。

今天，我就来谈谈这个所有领导者都可能感兴趣的话题。准备讲两个问题：一是从领导的角度看，一个好的部属应该具备哪些基本素质；二是怎样提高在职人员的基本素质。

一、在职人员应具备的基本素质

要认清一个好的部属应该具备哪些基本素质，首先需要说说究竟什么是素质。关于人的素质，国内外诸多专家、学者做过大量研究，从不同角度下过定义。有人认为："素质就是知识加能力，再加上一个能使知识和能力更好地发挥作用的东西——做人。"有人强调："素质是指人一贯具有的基本品质，或者说是潜能。"有人主张："素质是人们经过学习而形成的内在素养和品质。"还有人断言："素质就是把所学的知识全部忘光之后，所留下来的东西。"真是众说纷纭，莫衷一是。综合多数人的意见，我认为不妨将素质定义为：在先天与后天因素的共同作用下形成的、人的内在素养和品质。

专家们对素质内涵的认识不同，自然影响到对素质外延的看法。有人认为素质主要是聪明加勤奋，有人强调素质主要是人品好、会做人，有人提出创新是最重要的素质，还有的人主张素质就是人的个性，凡是个性中的优点，如事业心强、乐观开朗、办事稳重等，都可以算人的素质。分歧如此之大，让人很难综合。如果一定要给出一个外延，说句玩笑话，那就只好请大家查词典了，词典中所有形容品性的褒义词，大概都可算是人的素质吧。

对素质内涵和外延的不同理解，自然也影响到素质的分类。有的专家认为素质应该分为四个方面，即思想道德素质、文化素质、业务素质和身体心理素质。其中思想道德素质是根本，文化素质是基础，业务素质是本领，身体心理素质是本钱。有的专家主张三分法，即认为素质可分为自然素质、心理素质、社会素质三个方面。其中自然素质亦称生理素质，主要由先天因素决定；心理素质是先天与后天因素综合作用的结果，包括智力和非智力因素；社会素质则完全是后天获得的，又可进一步细分为政治素质、思想素质、道德素质、审美素质、业务素质、劳动素质、技术素质等多个方面。

不论是定义还是分类，目的都是为了更好地理解和把握素质这一概念，寻找提高人们素质的有效途径。作为一名领导者，通常总希望所属人员的素质越高越好，所具备的优秀品质越多越好。不但人品要好，忠诚老实，积极肯干，有奉献牺牲精神，而且文化程度要高，知识面广，业务能力强；不仅样样工作要能拿得起来，最好还多才多艺，才貌双全，文体活动门门精通。可我们知道，十全十美的人是没有的，很难找到具备了所有优良品质的部属。因此，领导者在选人、用人和培养人时必须有所侧重。如果没有重点，对各方面素质都很苛求，极有可能一个可用之人也挑不出来。

那么，站在领导者的角度，哪些是所属人员最重要也最需提高的基本素质呢？换句话说，如果你是一名领导者，让你来选人用人，应该优先考虑哪些条件和因素？总结多年实践的体会，参考国内外成功单位选人用人的经验，我认为，在职人员最重要的基本素质主要有三个方面，即首先要有强烈的事业心、责任心；其次要有良好的学习习惯和很强的自学能力；第三，要善于与人交往。

（一）要有强烈的事业心、责任心

先说事业心。事业心就是想在有限的人生中干一番事业，并且将所从事的每项具体工作都视为事业的组成部分，全身心地投入，力求完美，不断超越，从事业发展本身而不仅仅是从事业成功带来的诸多好处中获得人生的乐趣。人活着总要干事，可每个人工作的目的却不相同。有人将工作视为实现远大社会理想的途径，有人希望通过工作来实现个人抱负，有人仅仅把工作当成挣钱谋生的手段。不同的目的带来不同的劳动态度，直接决定着人们在工作中的实际表现。有一个小故事，说一位牧师路过某工地，看见三个工人在砌砖，问他们，你们这是在干什么？第一个工人回答，我在砌墙；第二个工人答道，我在盖楼；而第三个工人说，我在参与建设一座美丽的城市。三个人虽然干同样的活儿，可目的却不一样。第三个工人肯定最认真、最出色，因为他心中有一个美好的愿景，且将单调乏味的砌砖劳动，视为实现美好愿景的组成部分。假如遇到了狂风暴雨，可以设想，最后一个离开工地的，肯定是这位“参与建设一座美丽城市”的工人。

人要想干好工作，说白了，无非两个方面：一是想干，二是会干。相比较而言，想干肯定更重要一些。因为想干是做好一切事的前提。只有想干，才有可能干好。即使一时不会干也不要紧，还可以学，领导和周围同志可以帮。一次没干好，还有第二次、第三次，经过不断努力，总有一天会成功。可如果一个人根本就没有干好工作的主观愿望，胸无大志，得过且过，不求有功，但求无过，得偷懒就偷懒，混一天算一天，那领导上拿他才真是一点脾气都没有了。且不说这样的人一般本事不大，就算是再有本事，领导者也不会喜欢，不敢重用。所以，看一个人的基本素质如何，首先应看其是否有强烈的事业心。

事业心不强还有一种表现形式，那就是好高骛远，眼高手低。现实生活中有不少这样的人：你若听他自我表白，那还是雄心勃勃，颇有一番志向的，可就是不愿意从具体事情做起，并且吃不了苦。他们老有一种怀才不遇的感觉，抱怨领导上不重视，没有给自己施展才能的机会，幻想着有一天突然遇到位“伯乐”，独具慧眼，提携重用，让其一炮打响，一举成名。他们总在等待、期盼，可对手头的具体工作，却很不上心，认为是大材小用，自然也就干不好。其实，像这种连裤衩都没缝过，并且不想缝、也缝不好的人，有哪位领导者敢将上好的西服料子交给他呢？

再说责任心。责任心就是对分内的工作高度负责、极其认真、举轻若重、全力以赴的态度。作为一名部属，有没有这种工作态度大不一样。当过领导的大都有一种体验，即将任务交给有责任心的或没有责任心的部属，情况会截然不同：前者接受任务时不一定痛快，不轻易答应事，可只要应承了下来，就一定会竭其所能，千方百计地去完成。即使遇到点特殊情况，他们也会及时报告，积极想办法处理。把任务交给这样的部属，领导者尽可以放心。而后者正相反，接受任务时痛快得很，总是说没问题，请领导放心，保证完成任务。可实际干起来，却根本不是那么回事，总是马马虎虎、丢三落四，出现这样或那样的差错。将任务交与这样的部属，领导心里一点底儿都没有，不知道最后将得到什么结果。即使再三强调任务的重要，详细交代注意事项，千叮咛，万嘱咐，仍有可能出岔子。显然，当领导的都喜欢前一类部属。责任心也是选人用人需要优先考虑的重要因素。

一个优秀的部属必须同时具备强烈的事业心和责任心。事业心是努力工作的动力，责任心是干好工作的保证，一般来说，两者相辅相成，缺一不可。事业心强的人，其责任心一般也比较强。可现实生活是复杂的，也不排除事业心与责任心不同步的情况。例如，有些年轻人事业心好像挺强，一心想做轰轰烈烈的大事业，可就是缺乏脚踏实地的态度和严谨细致的作风，缺乏对工作极端负责的精神。相反，一些老同志责任心倒是有的，在长期实践中养成了良好的工作习惯，踏踏实实，认真负责，让领导者很放心，可就是事业心不强了，缺乏进取精神，满足于做好领导交办的事，很少积极主动地、创造性地开展工作，因而也难有大的作为。对这样的部属，领导者显然也无法培养重用。所以，优秀的部属必须同时具备强烈的事业心和高度的责任心。

国内外许多大企业在选人用人时，都把是否具有强烈的事业心、责任心作为首选条件。他们认为，事业心、责任心强的人，即使其他方面不突出，尚可以通过各种方式来培养；而如果一个人没有事业心、责任心，其学历再高，本事再大，也不能用。例如，柳传志在担任联想总裁时，曾明确提出以事业心、上进心、责任心作为好员工的标准，对员工“首先在德方面应该有很高的要求，要有很强的责任心，强烈的上进心，并能逐渐地把上进心转化为事业心；上进心是员工为了自身发展，而事业心则是为了民族和集体的发展，在工作中做到胜不骄，败不馁，说话要算数。”柳传志多次强调，联想的事业要想发展，就必须选用大批有事业心、上进心、责任心的员工，为他们创造机会，使其“职业生涯的愿望能够梦想成真”。

柳传志提出的上进心与事业心的区别问题值得注意。上进心也能成为一个人前进的动力，可其积极作用的发挥却有一个前提，即组织内部要有个人发展的足够空间。否则，基于个人前途的上进心，有时不仅起不到积极作用，还会带来负面影响。例如，一些民营企业前些年发展顺利时，业务量一年翻几番，队伍不断扩大，骨干们的职务、权力和待遇水涨船高，一时间企业内部士气高涨，人人尽职尽责，上下齐心协力。可后来受外部环境制约，企业扩展的速度降了下来，组织规模相对稳定，干部晋升受到一定限制，部分员工的积极性马上就受影响，窝里斗、跳槽、损公肥私等问题都开始出现了。可见，单纯建立在个人事业发展基础上的上进心，其积极作用的发挥是有条件的。

再如，目前国内最大的财务及企业管理软件开发供应商用友公司，对员工的事业心、责任心问题也极为重视。用友的领导人认为，员工是否具有事业心、责任心，从他们对待工作的态度可以直接反映出来。有事业心、责任心的，就会积极工作，认真负责，虽不能保证做好，却有了做好的可能性。而如果员工没有事业心、责任心，一切都无从谈起。所以，用友在确定是否提升一名员工做经理时，除考虑其现实表现和工作业绩外，最主要的是看他是否有事业心、责任心。

总之，事业心和责任心是领导者选人用人最需看重的基本素质。一般来说，部属在这方面分四种情况：一是事业心和责任心都很强，对这样的部属应重点培养使用；二是事业心强、责任心差的，应该加强教育和帮助；三是事业心弱、责任心强的，应该想办法加以激励；四是事业心和责任心都很差，对这样的部属，只有淘汰了之。

（二）要有良好的学习习惯和很强的自学能力

一个人要想胜任工作并有所作为，不仅应想干，而且要会干。如果说强烈的事业心、责任心是干好工作的前提，那么，一定的知识和能力便是必要的保障。而后者主要来源于学习，特别是在工作岗位上的自学。所以，良好的学习习惯和很强的自学能力，也是衡量一个人基本素质的重要方面。积多年之经验，我发现一条规律：一个部属也许有许多缺点，但只要他爱学习并善于学习，便是可造之才，必有可用之处；相反，一些同志可能有许多优点，各方面都还不错，但只要存在不爱或不善学习这一条缺点，就肯定不会有大出息。所以我始终认为，评价一个部属的基本素质，预测其今后的发展，最主要就是看他爱不爱学习，看他八小时之外在干些什么。

这里讲的良好学习习惯，并不是指学习时的习惯做法，而是指通过长期坚持自学，培养起了浓厚的学习兴趣，形成了对学习的内在需求。现在进行自学的年轻人不少，许多人都在复习功课，准备读学位，这当然值得鼓励和提倡。不过我认为，还不能说这些同志已形成了良好的学习习惯。因为在不少人心目中，学习还只是获取功名的手段，是为达到某种目的不得已而为之。一旦其目的达到，或认为通过其他方式同样也能达到，那他们还学不学就不好说了。而对真正养成学习习惯的人来说，学习已不再是一种手段、一种负担，而是一种需要、一种享受，是生活不可缺少的重要组成部分。一天不学习，比一天不吃饭或一夜不睡觉还难受。因此，无论遇到什么情况，他们都会自觉地学习。

现在许多单位在选人用人时特别看重预选对象的学历，这无疑是必要的。但学历只反映一个人以往的知识水平，并不能预示其今后的发展。我们看一个人，应该既看他的知识存量，也看其知识增量，而后者主要反映在学习习惯和自学能力上。当今社会，科学技术的发展越来越快，知识更新的速度无比迅捷。一个人就是学历再高，不学习也会落伍。国外有人提出一条知识折旧率：“一个人一年不学习，所拥有的知识就会折旧20%”。也有人说：“人们在学校求学阶段所获得的知识，不过是其一生所需知识的10%，甚至还不到10%，其他知识要靠走出校门后的自学。”所以，不管一个人过去学历多高，在校时学习成绩多好，哪怕曾经是全校第一、全省第一，甚至是全国的高考状元，不坚持学习也难成大器。

仅仅具备良好的学习习惯还不够，还必须有很强的自学能力。也就是说，不仅要爱学、肯学，而且要善学、会学。因为，随着科学技术的迅猛发展，各种知识、信息呈爆炸性增长，真正有价值的东西常被淹没在如山如海般的文字垃圾中。对于现代人来说，尤其是对在职人员的自学来说，学什么、怎么学的问题越来越突出。现代科学技术的发展一方面加重了人们的学习负担，另一方面也为在职学习创造了极为优越的条件。美国著名学者科尔曼早在 1972 年就提出，以前的学习主要通过学校、课堂和书本，而随着科学技术的发展，会产生“许多竞争性的信息源泉——无线电、电视、信号、宣传栏、报纸、杂志以及大量廉价书籍——使学校下降到只是巨大知识财富世界中信息源之一的地位。”随着国际互联网的普及，这一发展趋势越来越明显。现在，只要有台计算机，连上网线，任何人都可根据需要，从网上选择中意的课程，寻找最好的老师，下载合适的教材，从而实现高效率的学习。学习环境和条件越是趋于一致，学习能力就越成为决定个人前程的基本素质。从某种意义上说，未来社会中人与人之间的竞争，就是学习能力的竞争。

当然，我这里所说的学习，不仅是指啃书本，也包括在实践中学习，向领导和周围的同事学习，即学习书本上所没有的东西。对在职学习来说，这或许是更为重要的方面。因为，有许多实际知识和操作技能，特别是为人处世方面的经验，在学校里是学不到的，即使老师在课堂上讲过，学生也领会不了或领会不深，只有通过社会实践，通过亲身经历、认真体味、反复揣摩、长期积累，才有可能真正获得。因而，越是实际有用的东西，越要靠个人在工作实践中自学。

在与一些领导的私下交谈中，常听到他们这样夸部属：“这小伙子不错，悟性挺高”。什么是悟性？为什么有悟性的部属容易得到领导者的青睐？我认为，所谓悟性，说白了就是人比较机灵，爱动脑子，注意从实践中学习，善于总结和汲取工作中的经验教训。人非圣贤，孰能无过。因缺乏经验而犯错误的情况在所难免。有悟性的人不是不犯错误，而是出现差错后善于总结，知道自己错在哪里，并且举一反三，力求不再犯同样性质的错误。悟性再高一点的人，不仅能从个人直接经历中汲取经验教训，而且还善于从别人的失败和挫折中学习。这样的部属，肯定容易得到领导的赏识。相反，如果工作中不动脑子，不注意从实践中学习，同样的错误一犯再犯，吃多少堑也长不了一智，哪只怕其学历再高，学问再大，也不会被领导者认定为高素质的人才。

这里，给大家介绍一个典故。我们知道，孔子是中国最伟大的思想家、教育家，他长期从事文化教育工作，培养出许多优秀人才，即所谓的“弟子三千，贤人七十二”。曾经有人问孔子，他的学生中哪一位最好学，孔子毫不犹豫地回答：“有颜回者好学，不迁怒，不二过。不幸短命死矣，今也则亡，未闻好学者也。”意思是说，弟子中最好学的是颜回，而其表现之一就是同样的错误不犯第二次。我认为，孔子的这个回答耐人寻味。表面上看，“不二过”还不容易，不应该算特别突出的优点。其实，细想起来，“不二过”非常之难，恐怕在座的人谁都不敢说自己做到了。如果谁能做到“不二过”，大概也就快超凡入圣了。

总之，良好的学习习惯和很强的自学能力，是个人基本素质的重要方面。任何一个人要想获得成功，都必须在这方面有过人之处。世界级的大富豪李嘉诚，之所以能够取得今天这样的成就，很主要的一个原因就在于他非常爱学习、善学习。李嘉诚出身卑微，没受过正规教育，完全靠自学成才。他学习起来不分地点、场合，点滴时间都舍不得放过。在茶楼当伙计时，曾利用为客人送水的间隙默背英文，没有钱买书就想法子买旧书，读完后卖掉，再去买其他书。即使成为亿万富翁后，他依然是手不释卷，醉心自学。正是勤于学习这一突出优点，使李嘉诚的德识才学不断提高，使他的事业持续发展。

正因为自学能力如此重要，所以国内外大公司在招聘和录用员工时，都把是否具有自学能力摆到突出的位置。例如，英特尔公司提出："在高科技企业里，最重要的是学习的能力。所以，反过来经验不是最大的问题，学习的潜力最重要。"英特尔公司常将高层职位直接授予爱学习的员工，让他们在实践岗位上迎接挑战，认为这是加快人才培养的一条途径。公司领导人相信，有自学能力的人一旦被授予高职，肯定会更加刻苦地学习，加倍努力地工作，从而很快成长起来。哪怕他起点低，基础差，开始阶段犯些错误，公司为此付点学费，从总体上看也是值得的。

（三）要具备与人交往的能力

在职人员具备了强烈的事业心、责任心，养成了良好的学习习惯和很强的自学能力，应该说就有了单独干好工作的基本条件。可是，对大多数单位来说，真正需要个人单枪匹马完成的任务并不多，许多工作需要各个部门、需要许多人配合起来干。因此，一个优秀的员工还必须具备与人交往的能力。

所谓与人交往的能力，是指一个人正确处理与集体、与他人的关系，在与他人的合作中共同完成任务的能力。这也是现代人最需具备的基本素质之一。因为，随着社会分工越来越细，对社会协作的要求也越来越高。靠个人力量所能拓展的事业已所剩不多，大概也就是艺术创作之类，尚可由个人独自进行。而绝大多数物质和精神财富，要靠社会不同部门、诸多单位的大批工作者共同创造。例如，曾获诺贝尔物理学奖的重大科学成果——顶夸克的发现，就是由两个实验组织共 800 多名科学家共同完成的。而 Windows2000 的研发，则有超过 3000 名开发工程师和测试人员的参与，共写出了 5000 万行代码。显然，面对如此宏大的工程，个人即使再有天赋，离开了集体也不可能有所成就。现代社会对协作提出了很高的要求，因而，是否具备与人交往的能力，便成为领导者选人用人时最为看重的基本条件之一。

国内外大企业都极为看重员工与人交往的能力。东方国家就不用说了，崇尚“和”历来是最重要的文化理念之一。不合群的人，到哪儿都不受欢迎。西方文化虽然建立在个人主义基础上，比较强调个性和自由，提倡标新立异，但也意识到加强员工相互交往、搞好协作配合的重要，因而也十分注意培养团队精神。而员工个人的交往能力，恰恰是团队的基础。以朗讯公司为例。朗讯十分看重员工的交往能力，鼓励员工面对开放的环境，要有开放的心理。认为只有心理开放了，彼此坦诚交流，才可能最大限度地相互信任。而人们彼此信任，在工作中就会相互支持，密切配合，大大提高办事的效率。人们来朗讯公司工作，不仅仅是为了谋生，也是为了实现个人的价值，希望从工作中能够获得人生的乐趣。如果员工缺乏与人交往的能力，与同事相处得很不融洽，就会感到压抑，心情不愉快，哪怕公司提供的其他方面的条件再优越，一些人仍有可能选择离开。

善于与人交往是对员工的基本要求。如果一个人缺乏与人交往的能力，不能与他人合作共事，哪怕其他方面的能力再强，也难成大器。我在基层就常遇到这种情况：有些各方面条件都不错的技术骨干，学历高，能力强，有上进心，也爱学习，可就是不大合群，不善与人相处。每次参加项目组，开始时大家相处还不错，可用不了多久就开始闹矛盾，到头来总是搞得人际关系十分紧张，领导不得不出面调和。时间久了，单位里没有人愿意再和他共事。对此，个人很苦恼，单位领导也挺为难，只要是与人打交道多的任务，就不敢交给他；往各项目组推荐，人家都拒绝；如果硬性安排，很可能把其他同志都得罪了，并影响整个集体的凝聚力和工作效率。

相反，也有一些同志自身能力虽差一些，可非常善于与人相处，走到哪儿都颇有人缘儿，很讨领导和周围同志的喜欢。他不懂的事情，别人都愿教他，做不好的工作，总有人主动帮他。有了这么一个突出的优点，能弥补其他许多方面的不足。所以，到头来，该得到的他全能得到，真是“一俊遮百丑”。可见，与人交往的能力是多么重要。

需要指出的是，我们强调与人交往的能力很重要，并不是鼓励大家去当“老好人”。实际上，每个人都有自身利益和个性特点，在相互交往的过程中，难免发生磕磕碰碰，出现矛盾和冲突。问题是怎样处理这些矛盾和冲突。光有搞好团结的良好愿望肯定不行，一味地谦和退让也不是办法。“老好人”其实并不好当，当了也未必解决问题。正因如此，与人交往的能力才显得特别重要。

与人交往的能力看上去像是一种技巧，一些自认为有本事、有学问的人并不在意，认为这些雕虫小技不值一提。其实，会与人相处是一个人综合素质的集中反映，对人的思想品德、思维方法、自身修养等各方面，都提出了很高的要求。看上去似乎简单，真正做好却很不容易，有些人甚至一辈子都学不来。例如，与人相处首先自身的德行要好。一个人的人品不好，自私自利，损人利己，说话办事根本不考虑别人，只想着他自己，或者嘴上说得好听，可背地里尽干一些见不得人的事情，那怎么可能与他人友好相处呢？

正确的思维方法也很重要。在实际生活中，我们常看到这样一种人，论人品还是不错的，也很想与同事和睦相处，可就是思想方法有问题，比较偏激、固执，听不进不同意见，因而常常好心不得好报。其实，处理人际关系的主要诀窍之一，就是凡事站在对方的角度考虑问题，充分照顾对方的利益。李嘉诚曾坦言自己的成功秘诀：谈生意时，“如果利润 10% 是合理的，本来你可以拿到 11%，但是还是拿 9% 为上策，因为只有这样才会百十来件生意源源而来。”“人要去求生意就比较难，生意跑来找你，你就容易做。”这真是智者之言。

与人交往的能力既是一种品行、一种思维方法，同时也是一门学问，而且是很深的学问。它需要丰富的阅历，懂得人情世故、世态人心，需要敏锐的感觉，能通过察言观色，准确地判定交往中对方的心态，需要有一种悟性，知道如何把握说话办事的分寸。有句老话“世事洞明皆学问，人情练达即文章”，说的就是这个意思。要想真正掌握这门大学问，需要人们在社会交往的实践中用心体味，反复揣摩，不断总结。这需要下功夫，也需要一定的灵性，对人的智商和情商都提出了很高的要求。有些人可能一辈子在这方面都领悟不了，长进不大。

以上是优秀员工必须具备的三种基本素质。这三种素质相互关联，缺一不可，共同构成了领导者选人用人时最需看重的基本条件。其中，事业心、责任心是首要的、根本的，有了远大的奋斗目标和脚踏实地的态度，工作和学习才有持久的动力和顽强的毅力，与人相处也才有基本原则和适宜分寸；良好的学习习惯和很强的自学能力，则是实现远大目标和个人价值的重要保证，只有通过不断的学习、修炼，才能坚定意志，增强本领，也才能从根本上提高与人交往的能力；而善于与人交往，则是完成任何一项事业不可缺失的重要条件，在融洽的人际关系中，人的事业心、责任心将得到强化，其学习习惯和学习能力也会得到改进。如果一个部属同时具备了这三种基本素质，既肯干，又能干，而且还能团结大家一起干，那无疑是最理想的了，想必所有的领导都会喜欢，都会提拔重用。

我们将强烈的事业心和责任心、良好的学习习惯和自学能力、善于与人交往，作为选人用人最需看重的基本素质，并不是说其他素质就不重要了，而只是想强调，在与人成功有关的各种因素中，相比较而言，这三条更基本一些，并且缺一不可。而其他一些素质则可视为锦上添花，具备了，固然好，没有的话一时也不要紧，不会严重影响人的成功。所以，领导者在选人用人时，应该优先考虑这三种基本素质。

二、选人用人应看重基本素质

强调选人用人应看重人的基本素质十分必要。因为，在实际工作中，许多领导者在这一问题的认识和处理上都存在着误区。例如，有些领导者特别喜欢聪明的部属，选人用人常偏重于才，首先看聪明不聪明。重才固然不错，谁都喜欢聪明灵光、办事能力强的部属，而且越是聪明的领导，越愿意与聪明的人打交道。可聪明真是一个人成功必须具备的基本素质吗？我认为，未必。

聪明固然是好事，有助于一个人获得成功，但它只能起催化作用，而不是决定性因素。如果一个部属只是聪明一点，可心思根本没放在本职工作上，成天打个人的小算盘，甚至“身在曹营心在汉”，老想着跳槽或从单位捞点好处，这样的部属谁放心呢？更何况，聪明的部属可能成事，也极有可能坏事，而且一旦坏起事来，所造成的损失也比一般人大得多。自古以来，聪明反被聪明误，领导者重用有才无德的人导致失败的事例比比皆是，值得我们认真记取。

相反，倒是一些看上去不大聪明，但对事业很执着，办事很认真，且愿意下苦功夫学习的人，最有可能获得成功。中国古代即有“大智若愚”之说，认为真正聪明的人都是含而不露的。西方人好像更讲实惠，比较看重人的聪颖程度，可近些年似乎也有变化。例如，前几年上演的美国大片《阿甘正传》，曾引起了较大轰动。阿甘这个人物形象得到无数观众的同情和喜爱，这很耐人寻味。按说阿甘一点儿也不聪明，岂止是不聪明，干脆说是比较笨，智力属低下水平。可他忠诚老实，心地单纯，无论做什么事，都有一种百折不挠、不达目的绝不罢休的精神，所以最终总能获得成功。而这恰恰是许多自以为聪明，表现出很浮躁的现代人最为欠缺的。从电影《阿甘正传》中，领导者是否可以受到一些启发呢？

再举一个例子。前些年《计算机世界》杂志的一位记者写了本《知识英雄》，书中采写了当时中关村50位最成功的科学家和企业家的故事。读过之后，我发现一个很有意思的现象：有好几位老总在回答“业余时间干些什么”时，都说自己喜欢看武侠小说，特别是爱看金庸的小说，而在金庸小说塑造的众多人物中，又都最喜欢《射雕英雄传》中的郭靖。至于为什么，老总们没说。在我看来，这绝非巧合，而是一种耐人寻味的心理现象。即这些成功的企业家，没有一位自认为天资聪颖，相反，他们认为自己的成功，主要得益于执着追求、百折不挠，并且能够以诚信待人，而这正好是郭靖的性格。也就是说，这些老总在郭靖身上找到了自己的影子。他们喜欢郭靖，自然也会喜欢郭靖一类的部属。由此可见，聪明不聪明不一定是高明的领导者选人用人时优先考虑的因素。

再如，自江泽民同志提出“创新是一个民族进步的灵魂，是国家兴旺发达的不竭动力”后，社会各界对创新问题空前重视起来。不少专家提出，创新是衡量一个人素质高低的主要标志，素质教育应以创新教育为主。对此，我的看法是：创新固然重要，但并不是在职人员必须具备的基本素质。因为，所谓创新无非就是工作中有创造性、有新意。创造性和新意来自人的灵感，可人的灵感却不是平白无故地冒出来的。实际上，一个人能否创新，主要取决于三个因素：一是强烈的事业心，特别想把事情做好，整天都在琢磨；二是比较爱学习、善学习，知识面宽，知道问题的症结在哪里；三是思维方法比较灵活，善于思考问题，能打破思维定式的框框。相比较而言，前两者更重要一些，创新思维方法的作用也就是百分之一二，当然很可能是画龙点睛之笔，是最为关键的百分之一二。点睛之笔固然重要，但如果不做扎扎实实的基础性工作，把龙给画出来，怕是再高明的画家，也难成大作。

我个人就有这方面的切身体验。在 20 世纪 80 年代中期，曾做过一些可以算得上是创新的工作，如设计开发出第一套用于军队政治工作的计算机软件，第一次将数理统计方法应用于政治工作调研，第一次在普通兵员中开展较大规模的心理测验，等等。

现在回想起来，这些创新一点不神秘，只不过通过学习，自己先掌握了一些相关学科的新知识，并注意将其应用于实际工作罢了。可见，创新能力固然重要，但并不是不可或缺。与其说创新来源于人的固有能力，来源于创新思维，不如说它来自强烈的事业心、责任心和良好的学习习惯、自学能力。

又如，人的品德也是领导者选人用人时特别看重的方面，而我却将其排在三种基本素质之外，这又是为什么？我认为，人的品德固然重要，甚至可以说是一个人综合素质中最为重要的因素。但品德毕竟是很宽泛的概念，包含的内容过于丰富，可以从各种角度去归纳，因而在实际操作中往往难以把握。所以，单说人的品德，容易引出歧义，不知指的是哪些东西，也难以找出统一的衡量标准。对具备什么品德的人能用，什么样的人不能用，不同领导者会有不同的看法，很难求得统一。例如，有些同志对个人利益看得重一些，处理同事关系时稍有些计较，如果从品德角度讲，肯定是有缺陷的。可他们工作努力，学习刻苦，在与同事的交往中也不想占别人的便宜，你能说他综合素质不好吗？当然，如果这方面的问题特别突出，以致影响到与同事的合作，那就是另一回事了，可以包含在我们讲的第三种基本素质中。

还有，现在一些领导者选人用人时特别注意性格，强调性格决定命运，进而提出具备哪几种性格的人可以用，而哪些性格的人不能用。其实，这也不是科学的态度。按照《辞海》的定义，性格就是“表现在人的态度和行为方面的较稳定的心理特征，如寡断、刚强、懦弱等。”不可否认，性格对于人的成功有一定影响，在某些情况下甚至是较大影响，但如果就此认为，只有哪几种性格的人才能获得成功，那就不科学了。实际上，只要具备了前面讲的三种基本素质，且不存在严重的性格缺陷，又找到了一条适合自己的发展道路，任何性格的人包括内向的、外向的、急性子、慢性子等，都有可能获得成功，并不需要刻意改变。

再说，人的性格受先天因素影响很大，特别是其心理活动的速度、强度、稳定性与倾向性等方面，基本上由人的生理特点所决定，因而很难加以改变。俗话说“江山易改，本性难移”，讲的就是这个道理。如果我们用性格来取人，难免将一些优秀人才排除在外。这既不公平，也不合适。高明的领导不宜以性格取人，而应像高级木匠对各种材料都能物尽其用一样，学会因才施用，人尽其能，将各种不同性格的人用到最恰当的地方。

三、如何提高在职人员的基本素质

讲清了什么是素质，在职人员最需具备哪些基本素质后，便可转入怎样提高在职人员基本素质这个主题了。归纳各成功单位的经验，结合个人的实际体会，我认为，主要有以下五个方面：

（一）思想教育

要提高人的基本素质，首先必须抓好思想教育。这个道理不难理解。因为人都是有理性的，其行为受思想支配。作为部属，通常情况下总希望获得领导的好感，因而很注意领导者喜欢什么、厌恶什么，并据此调整自己的言行。高明的领导者应当通过思想教育，公开表明对部属的要求和希望，说明其中的道理，以便下级有所领悟和遵循。一般来说，领导者的好恶就像指挥棒，对部属的行为倾向会产生直接影响。特别是前面提到的三种基本素质，实际上都不是知识、技能，而主要是思想认识问题。只有部属真正意识到重要了，愿意朝此方向努力了，有了提高自身素质的强烈愿望，具体方法问题才能提上议程。

进一步说，强调将思想教育放在首位，还因为人的基本素质说到底是由世界观、人生观、价值观决定的。要想真正提高人的基本素质，必须从解决为什么活着、怎样做人等根本问题入手。例如，事业心、责任心的培养问题。人生一世要不要干事业？事业在人的心目中应该占据何种位置？如何处理事业与生活的关系？怎样看待正在从事的工作？等等。显然，对这些问题的回答都直接取决于人的世界观、人生观、价值观。关于如何塑造人的世界观、人生观、价值观，西方管理理论很少涉及，因为西方人认为这些东西属于个人权利，当领导的无权干预。而我们中国传统的管理思想，对此却多有论述。特别是我党我军创建的思想政治工作，一向以解决人的世界观、人生观、价值观见长，因而有更多可取之处。这个问题太大，不可能展开讲，这里只点一下题，有兴趣的同志可以继续钻研。

再如，关于学习自觉性问题。现在有一种看上去十分矛盾的现象：如果你问一些部属，学习重要不重要，愿不愿意学习，估计十有八九的回答是，学习太重要了，强烈要求学习。可具体观察他们的表现，却发现相当多的人并没有真正学起来，甚至领导创造了非常好的学习条件，一些人仍然不学或坚持不下来。这里面的原因十分复杂，但我认为主要还是认识问题，而且不同的人有不同的思想障碍。老同志不学是因为感到学了没用，年轻人不学可能是觉得基础差，再学也来不及了。而且学习本身是件很艰苦的事，需要付出大量心血。人都是有惰性的，保持三分钟热度容易，可真要坚持学下去，则需要不断加以鞭策。所以，要想提高人们学习的自觉性，一般性地讲道理还不行，必须摸清学不起来的具体原因，有针对性地去做思想教育工作。

又如前面讲到，与人交往的能力由人品决定，且与人的思维方法和行为习惯有一定关系。现在不少人都有提高这方面能力的要求，市面上讲人际关系的书十分畅销就是证明。一些领导者也开始意识到培养部属这方面能力的重要，却常常苦于不知从何入手。我觉得，要想真正提高与人交往的能力，还是应该从为人处世的基本道理讲起。中国传统文化中有关这方面的内容很多，由于种种原因，这些年讲得不够，以致不少高学历的年轻人，都缺乏这方面的基本修炼。为人处世是一门大学问，一辈子都学不完。而且它不仅仅是知识，更重要的是一种精神境界，需要结合实际，不断加强修养和磨炼。这是一个长期的过程，绝不是一两次教育所能解决的，但首先应通过思想教育来提高认识，增强自觉性。

更进一步说，强调将思想教育放在首位，亦因为我们培训工作的根本目的是为了培育全面发展的人，而不是制造听话能干的工具。在这个问题上，东西方的管理理论亦有较大差异。西方文化是建立在个人主义基础上的，领导者与部属之间大都是雇佣关系，反映到培训工作中就成为：我提供培训提高你的技能，以便你今后更好地为我干活。东方文化则不同，虽然也重视知识和技能的传授，但更重视对部属人格的全面塑造，强调全面地培养部属，使之成为一个真正的人，而不是成为一个更听话、更能干活的工具。马克思主义则又进了一步，强调管理者要以人为本，将塑造自由全面发展的新人作为直接目标，并指出了实现这一目标的正确途径。所以，首先抓好思想教育这一育人之本，是中国传统教育思想的精髓，也是我党我军的光荣传统。

现在一些同志对思想教育很不感兴趣，一听到思想教育这几个字就烦，认为那全是假大空的、骗人的东西，根本不管用。这种情绪是对前些年思想政治工作搞形式主义的一种反动，其出现情有可原，可理论上却站不住脚。因为，任何一个组织都离不开思想教育，只不过有些单位抓得比较自觉，比较见成效，而有些单位不大自觉，效果不明显罢了。凡是成功的领导人，肯定十分重视思想教育。我们党的经验就不用说了，举一个成功企业家的例子。被人们誉为“经营之神”的日本著名企业家松下幸之助，从 9 岁开始给人打工当学徒，靠个人奋斗创办了松下电器公司，并最终将公司建成世界一流的大企业。松下在管理理论上建树颇多，仅公开出版的管理学著述就有几十本，世人研究松下管理思想的论著更是不计其数。不知在座的同志是否看过松下的著作，只要随便找一本翻翻，就不难发现，松下讲管理时谈得最多的就是思想教育，他总是从管理中遇到的具体问题入手，引申出带共性的思想问题，然后讲一番道理，要求部属加以领悟，并举一反三，运用到工作、生活的其他领域。从某种意义上可以说，管理大师就是思想大师，思想教育是松下管理思想最精华的部分。所谓经营之神，神就神在松下真正懂并且善于抓思想教育上。

现在一些同志不重视思想教育工作，还因为思想教育是慢功夫，很难立竿见影，常给人远水不解近渴之感。事实的确如此。要想通过思想教育改造一个人，确实比向其传授一些知识、技能要困难得多。可正因为其难，一旦收到效果，作用也比较明显，比较久远。忽视思想教育，短时间内可能看不到后果，但时间久了，肯定会出问题。而重视思想教育，常抓不懈，日积月累，总有一天会见到成效。

所以，素质教育首先是思想教育，学校教育如此，在职人员的培训更是如此。当然，在职人员思想教育的方法，应该与院校教育有所区别。院校一般以课堂教育为主，侧重于一般性地讲道理。而对在职人员，虽然也需进行集中教育，包括脱产学习、上大课等，但主要还是将思想教育融于经常性的管理工作中。例如，当领导的经常需要总结讲评工作，有些人的总结就事论事，讲的都是具体数字和事例，满足于将问题说清楚就行了。而高明的领导者却视总结讲评为开展思想教育的好机会，会结合对具体事例的分析，指出工作中反映出的思想问题，就事论理，举一反三，阐述做人做事的一些基本道理。这样的教育往往能给部属深刻的启迪和难忘的印象。

总之，道理不难理解，问题在怎样提高教育效果。这里面的学问很深。可要想成为高明的领导，想在培养所属人员基本素质方面取得成效，就必须在这方面狠下功夫，努力成为思想教育工作的行家里手。

（二）制度建设

思想教育固然重要，但仅靠教育是不够的，必须通过建章立制，将领导所主张、所倡导、所要求的东西体现出来，固定下来，形成基于个人利益的有效的激励机制，促使基本素质的提高成为现实。也就是说，如果我们认为有事业心、责任心，有良好的学习习惯和自学能力，善于与别人交往这三条基本素质很重要，希望自己的部属具备这些素质，那就应想办法制定各种激励措施，鼓励部属向这些方面努力，使提高三种基本素质成为每个员工的主观愿望和自觉行动。

在与一些领导同志的交谈中，常听到他们抱怨：自己平时挺注意提高部属的素质，总要求下边的人要有事业心、责任心，要注意学习，注意搞好与同事的关系，不说是天天讲吧，反正经常挂在嘴边。可有些人就是听不进去，不按要求去做。我认为，如果哪位领导产生了这种困惑，那什么也别说了，先检查一下本单位的激励制度，看看你提倡的这些东西，在各项制度中是否体现出来了。根据我的分析，问题八成出在这里，即一些领导口头提倡的和实际鼓励的常常不一致。如嘴上说希望部属好好学习，认真工作，可真到选人用人时，则完全是另一套标准。现在的人都很实际，不仅听领导者如何说，更看你如何做。后者的导向作用要比前者有效的多。

有利于提高部属基本素质的制度体现在方方面面。

1．选人进人。

人的基本素质是逐渐形成的，一旦形成，短时间内很难改变。因此，作为用人单位，要特别注意把好选人进人这一关。这就好比炼钢，首先要挑选毛坯，坯子不好，且不说一定不能炼成好钢，即使能炼成，恐怕也要多付几倍的心血。所以，聪明的办法是单位进人时，就以三种基本素质为标准，切实把好入口关。前段时间，中央电视台在《对话》栏目中播出了微软公司副总裁、微软中国研究院首任院长李开复和北大副校长陈章良关于人才问题的一次对话。在交谈中，李开复特别强调，选人用人最重要的、应该放在第一位的是人品，微软公司成功的秘诀是：雇佣最好的人，完全信任他们，让他们来把握公司未来的方向。如果一个人的人品有问题，微软公司绝不会考虑用他。而陈章良则认为，创新是人才的第一要素，选人进人应首先看是否有创新精神。相比较而言，我认为李开复的观点更有道理。专家看人和作为管理者看人，明显地有所区别。作为管理者，肯定更强调人品的重要。因为相对而言，一个人的学术水平和业务能力比较容易培养，而要改变其人品则困难得多。所以，与其选人品有毛病的天才来慢慢改造，不如用业务水平虽一般，但人品好、有发展潜力的年轻人，然后在工作实践中加以培养。我的这一观点，恐怕多数做过领导工作的同志都会赞同。

现在一些单位选人进人特别重学历，总希望所招之人的学历越高越好，名牌大学的高才生最好。这当然有其道理，因为学历毕竟代表着一个人受教育的程度，从一定意义上也反映出其知识和智力水平。但单纯以学历为标准选人，有相当大的盲目性。因为，我国目前的教育制度存在着明显缺陷，培养出来的一些学生学历虽高，可基本素质却不成正比。尤其是一些所谓名牌院校的毕业生，相当一部分眼高手低，志大才疏，表面上看好像挺有抱负，可缺乏实干精神和吃苦耐劳的思想准备，责任心也比较差；在学校里虽然学到一些东西，却没有养成学习的习惯，没有培养出自学能力，以致离开了老师，一些人就不知道该如何学习；这些学生往往从小就是学校的尖子、家庭的骄傲，因而一般都比较自负，容易以自我为中心，很难体会其他人的感受，因而也难与同事友好相处。单位若录用了这样的人，不但使用和培养起来非常困难，即使在业务方面好不容易培养出来了，也不一定留得住。所以，现在有些单位在招聘时，索性公开贴出“某某名牌大学的学生免谈”的告示。

选人进人要注重基本素质的道理好讲，可究竟怎样去衡量一个人的基本素质，就需要动一番脑筋了。在这方面，国内外一些成功企业也摸索出不少经验。如选人时不一定要选学习成绩最好的学生，因为成绩最好的学生中高分低能的现象比较突出，相反一些成绩中上，但从小担任班队干部的学生，责任心和组织能力一般比较强，发展潜力较大，经过培养有望成为公司的骨干。再如，在对预选对象进行面试时，不问他们在学校里或课堂上学过什么，学得怎样，而侧重了解他们自学过哪些东西，摸清他们的知识面；不考他们的专业知识，而重点了解其对知识的运用，考察他们的动手能力，以此来评估他们的发展潜力。又如，与人交往的能力也很难直接考察，一些有经验的人力资源专家，就通过与预选对象聊天的方法，了解他们对亲人、对朋友、对过去同事的态度，间接地分析和预测他们待人接物的能力。这有点类似于中国古代所说的"求忠臣于孝子之门"。显然，这些方法运用得好，都可以有效防止选人进人方面的偏差和失误。

2. 激励制度。

当过领导的都清楚激励的重要。领导领导，一是要领，二是靠导。所谓领，就是把握前进方向，告诉部属向哪个目标努力；所谓导，就是建立一套机制，使部属自觉自愿地朝着领导指出的方向和目标努力。光引不导或导得不好，部属明明清楚领导者的意图和要求，也知道自己该干什么，可就是不愿为之努力，领导工作就是失败的。具体地说，就是要通过建章立制，在考核讲评、加薪晋职、提拔任用等各个方面，都鼓励和鞭策下属努力提高自己的基本素质。在这方面，国外一些大公司就做得不错。例如，奥迪公司为鼓励员工参加学习和培训，明确规定，如员工表示愿意在完成本职工作的情况下参加学习，其直接领导应给予支持，并用考核"打点"的方式加以记录，在提薪晋职时优先考虑。大通曼哈顿银行把员工培训与晋级、提升、奖金紧密结合，银行员工每年都要填写鉴定表，注明自己参加过何种培训，自学了哪些内容，此栏情况直接关系到员工的提薪晋职。银行还明文规定："凡无正当理由且多次拒绝参加培训者，银行予以解雇。"

国内公司也有在这方面做得不错的。例如，北新有限建材集团公司每年对所有员工都规定详细的读书内容，年底安排考试以检查读书效果，并根据读书的情况来研究员工的调职增薪。对没有完成“读书”任务的员工，给予补考的机会，什么时候通过了考试，再考虑调整工资。有了这一套激励机制，公司上下对读书学习空前重视，慢慢地形成了好学上进的风气。以至许多职工碰面时，寒暄话都变成“最近又在学什么呀？”

3. 用人。

在各种激励机制中，最为被管理者看重的是领导如何用人。因此，要想鼓励部属提高基本素质，最有效的办法就是大胆提拔在三种基本素质方面均比较突出的人。领导者重用了有事业心、责任心，爱学习、会学习，且善于与人交往的人，就等于给部属树起一个标杆，下面的人会有意无意地向他们看齐，以至于单位内部形成一种人人关心事业、注意学习、和睦共事的很好风气。相反，如果领导者嘴上说三种素质如何如何重要，可实际用人时则完全持另一套标准，那就如同南辕北辙、缘木求鱼，其后果可想而知。这个道理看上去十分简单，可实际上问题恰恰出在这里。

例如，近几年上上下下都在喊建设学习型社会，许多单位提出要建立学习型组织。为此，又是开动员会、研讨会，又是办培训班、学习班，领导讲话，专家咨询，层层发动，人人参与，提出各式各样的理论，制定五花八门的措施。看上去十分热闹，可实际效果并不明显。究其原因，我认为主要就在领导的用人路线并未真正转过来，没有将爱学习的人放到领导岗位上。因而，说归说，做归做，单位很难形成学习的风气。其实，要想建立学习型组织，办法很简单：起用爱学习、会学习的干部。有了这一条，单位的学习风气很快就会形成，而没有这一条，其他措施都是空的。

领导用人不仅有直接的导向作用，而且还有接力作用。俗话说“物以类聚，人以群分”。单位领导重用了有事业心、责任心，爱学习、会学习，且善于与人相处的部属，把他们提拔到关键岗位，赋予一定的权力，这些同志自然会以同样的标准，去挑选自己的下属，从而上行下效，层层接力，久而久之单位内部就会形成一种传统、一种风气。所以，可以肯定地说，领导的用人导向是最重要的激励措施。

（三）组织培训

培训是提高在职人员素质的主要途径。关于如何组织培训以提高部属某一方面的知识和技能，不是今天讲课的主要内容；且各种专门阐述人力资源开发的书刊中多有介绍，我讲不出更多新意，故不作分析。这里，只谈谈领导者可以通过哪些方法，来提高部属的基本素质。我想到以下三个方面：

1．要压担子，把使用与培养紧密结合起来。

人的基本素质不像某一专门知识或专项技能，不可能通过他人传授和灌输来提高，而必须靠长期实践的磨炼和磨炼中的领悟。一般来说，事业心总是在干事业的过程中逐渐得到强化的，不与具体的事业相结合，很难说哪个人的事业心强还是不强。责任心则是在承担责任的过程中慢慢形成的，一个从未承担过任何责任的人，不可能具备很强的责任心。学习的自觉性也不是天生的，在很大程度上是工作压力逼出来，进而由习惯渐成自觉。而自学能力也不是别人教会的，只有长期坚持自学和不断总结，才能有所提高。至于与人交往的能力，更不是书本上所能学到的，不经过人情世故的练达，不可能获得实质性进步。所以，对在职人员来说，领导的使用就是培养，而且是最重要的培养。将有发展潜力的部属放到一定的岗位上摔打锻炼，比任何形式的培训都管用。

说使用是最好的培养，道理上不难懂，但说来容易做来难。主要原因是管理者常常不放心、不放手。确实，将一副工作重担交与没经验的年轻人，领导者要承担相当大的风险，搞不好就要为之付“学费”。所以一些看重眼前利益的领导，嘴上也承认培养人很重要，可关键时刻总迈不出步子。而真正有远见的领导者却不是这样。在他们看来，企业最大的危险是后继乏人，宁肯在位时为培养人多付一些“学费”，也不能把家业交给未经培养的、不可靠的接班人。

当然，实际工作中还有一种情况：领导者冒着相当大的风险，将一些重要任务交与年轻人，可后者非但不领情，不理解领导的一片苦心，反而心生怨气。好心不得好报，领导者从此再也不找他了。其实，这正是年轻人不成熟、需要培养的一个标志。我自己就有这种经历。年轻时曾在机关工作，领导很信任，经常交与一些重要任务。开始时也有点想不通，感到同是机关干部，别人都在休息，怎么就自己总在加班。一二十年过去后，我才逐渐理解了领导的一片苦心，意识到对年轻人来说，领导的器重是多么重要。若没有当时领导的信任，不把重要任务交与自己，使自己在实践中得到锻炼，就不会有全面素质的迅速提高，也就不会有自己往后的一切发展。这时再想当年的领导，全然是一片感激之情。总结自己成长的经验，现在我常对年轻人讲“使用就是最好的培养”的道理，以求减少误解，提高年轻人勇挑重担的积极性。

2. 要搞好传帮带，加强对部属的个别指导。

领导压担子是必要的，但如果不同时教方法，尽可能地让部属在实践中获得成功，并从成功中获得某种成就感，总结出积极的经验，不但达不到培养人的目的，反而可能把部属压垮了。所以，在培养年轻人方面历来有“扶上马，送一程”一说。所谓“送一程”，主要就是加强个别指导，手把手地搞好传帮带。传帮带也有一个方法问题，最省事的办法就是直接告诉部属该怎么做，不该怎么做。这样对完成任务有好处，也没多大风险，可对年轻人的培养作用却比较有限。高明的领导一般不采用这种办法，而是放手让部属自己去闯，在关键时候给予提醒和点拨。例如交代任务后，给部属一定时间，让他独立考虑工作方案；必要时与部属一起就方案展开讨论，进行修改完善；鼓励部属大胆工作，承诺失败时为其承担责任；待工作完成后，不管成功与否，都与部属一起认真总结，看哪些做对了，为什么对，哪些工作未能达到预期目的，原因何在。总结不是就事论事，而要设法将具体工作中的经验教训，上升到思想方法等哲学层次，使部属能从中悟出更深的道理。这样做很费劲，有时甚至比领导自己直接做还要费时间，可对培养人来说意义非常大，领导者在这方面的付出，一定能得到加倍的回报。

领导者的精力总是有限的，不可能直接指导到每个部属，比较现实的做法是主要带直接下级，这样一级带一级，一直带到新同志。20 世纪 60 年代部队曾搞过“一帮一,一对红”活动，基本上就是按照这一思路组织的：每年新战士入伍，部队都要指定老同志与其结对子，负责对年轻人进行传帮带，并且规定不仅要教军事，传技术，更重要的是帮思想，带作风。应该说当时效果还不错。我自己就曾获益匪浅，至今难忘当年老同志的重要指点和无私帮助。当然，由于此项活动是当时开展的“四好”“五好”运动的一部分，受政治大气候的影响，后来不怎么提了。其实，抛开活动的具体内容不说，仅从年轻人成长发展的角度看，这种指定专人进行传帮带的形式很有可取之处。从资料中看到，前些年日本的一些企业就将这种形式借鉴过去，每年新员工分到公司后，各基层单位都要指定专人进行帮助，并且还要安排一定的仪式，将这种师徒关系正式确认下来，并对师徒双方的权利义务做出具体规定，特别是对老职工如何带新人提出明确要求，将年轻人的成长情况作为考核老职工的主要指标之一。一直到年轻人独立工作，这种师徒关系才告结束。据说活动的效果也不错。

人的基本素质的提高有一个过程。因此，在培养人的问题上，要特别注意克服急躁情绪。曾经有一位同志问我，他平时挺注意对年轻人的培养，经常给他们讲道理，甚至一起分析问题，总结规律。可有些年轻人就是不上心，领导苦口婆心讲的道理，转眼就忘，好像不起什么作用。这种情况我也遇到过。基本素质之所以称为基本，就意味着它已成为一个人相对稳定的个性心理特征，是其他方面素质的基础，因而不可能通过靠一两次培训就有明显提高。在培养人的基本素质方面，一定不能急于求成，要有打持久战的思想准备。

3. 要联系实际，把工作与学习紧密结合起来。

在职学习不同于学校教育，也不同于脱产培训，要想提高在职培训效果，首先应把握在职教育的特点和规律。如以业余学习为主，时间和精力没有保证；程度参差不齐，个人要求不同；学习没有压力，主动性和积极性较差；成人思维方式、学习方法已经定型，且各有特点，等等。因此，在培训内容上，应提倡边学边干，学用结合，急用先学，活学活用。在培训方式上，应强调因人而异，机动灵活，加强个别指导。在培训方法上，应注意基本素质的提高与知识技能传授的不同，不宜单向灌输，而要提倡被教育者本人去悟，等等。

目前大家比较熟悉的教学模式，实际上大都是近代以来从西方引进的，基本上是以课堂教育为主，老师讲，学生听，再加上一些作业和练习。这套方法比较适于具体知识和技能的传授，而对培养部属的基本素质特别是人格因素，其影响却十分有限。我觉得，要想真正提高部属的基本素质，效仿中国古代书院制度的教学模式，效果可能会更好一些。书院制度往往是以一位德高望重、学识渊博的导师为山长，也就是中心人物，四方学子慕名而往，师生朝夕相处，共同探讨学问，砥砺品行，于无形中完成知识的传授和精神的传递。用现代著名教育家梅贻琦的话来说就是，“古者学子从师受业，谓之从游，孟子曰，‘游于圣人之门者难为言’，间尝思之，游之时义大矣哉。学校犹水也，师生犹鱼也，其行动犹游泳也，大鱼前导，小鱼尾随，是从游也。从游既久，其濡染观摩之效，自不求而至，不为而成。”我认为，对无法用语言来直接传授的基本素质，这种“不求而至，不为而成”的“从游”教育法，效果肯定会好一些。

传统文化中不仅有着眼于提高人的基本素质的教学方法，而且留下了一些相当不错的教材。即使用今人的眼光看，许多材料仍很有价值。随便举个例子，即大家可能都知道的《曾国藩家书》。曾国藩是近代史上很有影响、也颇有争议的重要人物。一些人骂他是“镇压太平天国农民运动的刽子手”“封建制度和封建思想的卫道士”“伪君子、假圣人”，也有人誉他为“中国近代史上最后一位硕儒”“德行、事功、学业、文章皆有所成”“同治中兴名臣”“洋务运动的先驱”。对同一人物截然相反的两种评价，主要是受时代特别是政治气候影响所然，其是非曲直这里暂且不论。可无论是褒是贬，谁都不否认曾国藩对后人的影响，而其中影响最大的，就是他留下的一千多封写给家人的书信。这些书信虽为家书，可内容却极为丰富，既有治国治军的宏韬伟略，也有持家守业的家训格言，既有格物致知的心得体会，也有说文解道的经验之谈。道理讲得既朴实，又深刻。所以，近代以来不少著名人物都将其随身携带，奉为圭臬，作为教育后代、培养部属的必读之物。据说，20世纪初，护国名将蔡锷将军从《曾国藩家书》及其他材料中，选编了一本《曾胡治兵格言》，所有军事院校均以其作为培养军官的必读教材。《曾国藩家书》我读过两遍，确实获益匪浅。感到不是书中哪几个观点多深刻、多实用，而是通篇渗透着的一种精神，对读者有潜移默化的影响。我有个不一定很恰当的比喻：读《曾国藩家书》一类的文章，好比中医讲的进补，一时未必见效，可时间久了，人的精神面貌和基本素质定会产生变化。而近代从西方引进的教育制度和教学方法，其作用更像是西药，当时疗效明显，可持续作用有限，且容易出现副作用。

当然，现代西方教育思想中也有不少对提高人的基本素质有帮助的好东西。例如，近年来国外企业也注意到单纯传授知识、技能的局限，因而在培养管理人才时，多采用案例教学和讨论式教学。即公司领导将工作中的难点确定为培训的重点，围绕这些重点，组织业务骨干一起读书，共同探讨解决办法。事后，由培训主管部门将解决问题的全过程加以提炼，概括为典型案例，再组织更多的员工展开讨论，共同总结经验教训。在这种培训中，所有的参与者既是老师，又是学生，没有人提供标准答案，要靠员工自己总结反思，归纳提高。有时看上去似乎成本高了点，花很长时间部属们只明白一句话，可实际上一旦他们有所领悟，就真正变成了自己的东西，而且终身受益。所以，从总体上看，还是相当划算的。

再如，现在国外很流行通过玩游戏使受训者基本素质得到提高的培训方法，据说这种训练法不仅可以增加参训者的兴趣，而且还能对当事人的潜意识等深层心理产生影响。目前已开发出多种游戏，前一阶段出了一本《培训游戏大全》，书中就介绍了几十种。国内一些单位也开始采用，如联想公司在培训员工时，就设有盲人行动、建寺庙、过硫酸河、背摔等游戏。像背摔，就是要学员站在一个高高的台子上，闭上眼睛，脸朝上，似自由落体往下摔，下面的同事手搭手去接。据说这样可以增强员工间的相互信任，从而增强集体的凝聚力和战斗力。我没有参加过类似培训，不敢妄加评论。有兴趣的同志，不妨试一试。

又如，现在国外还很流行用计算机模拟技术来培训员工。即利用虚拟现实技术开发出程序教学软件，为受训者提供三维空间的模拟环境，让他们担任虚拟的管理角色，尝试着处理实际工作中经常发生的各种问题，从回复客户投诉到指导部属开展工作。问题由浅入深，层层递进，难度不断加大，富有挑战性，使受训人员在类似游戏的过程中，不知不觉地增长管理才干。这种训练对提高人的基本素质会有一定帮助，因为在虚拟现实中，员工的岗位随时调整，身份不断变换，既可从中获得丰富的工作经验，也加深了对其他部门其他角色的理解和体验。

总之，基本素质的提高与知识技能的长进既有联系，又有区别。相对来说，前者更难把握和组织，需要我们发挥更多的创造性。

（四）领导带头

就提高在职人员的基本素质来说，领导者的示范作用至为重要。中国古代管理思想历来强调领导人的以身作则，认为身教重于言教，有什么样的领导就会有什么样的部属。孔子有句名言，“君子之德风，小人之德草，草上之风必偃”。意思是说，有影响的大人物的德行就像风，而小人物的德行像是草，风朝哪个方向刮，草就会向那个方向倒。这句话很形象地说明了领导者的品性对部属的影响。由此可以推论，要想提高部属的基本素质，首先领导者本人应该具备较高的素质。

强调领导者的人格示范作用，是中国文化的一大特点。西方管理理论虽然有时也讲领导者要为部属做好样子，但他们更主张领导是一种角色，只要能履行职责，达到组织的目标，就算基本称职了。至于领导者的人品如何，那是他个人的私事，应该由他自己决定，旁人无权过问。20 世纪 80 年代国际上流行过一种管理方格理论，据称有学者曾将所有可能与领导水平有关的性格特点一一列出，大约找出几百个，然后分别考察其对领导效能的影响，并用很复杂的因数分析数学方法反复进行归纳，最后得出的结论是：真正独立发生作用、影响领导效能的人格因素只有两个，一是指挥管理的能力，二是与人相处的能力。这两点都具备的领导者，便能在管理工作中取得成功，一般来说群众威信也比较高。这一理论及其相应的一套测评方法被引进中国后，人们发现用它来预测领导者时常出现偏差，有些指挥管理和与人相处方面都还不错的领导，在单位内部的实际威信并不高。经过专家们深入研究，发现在中国要想当一个好领导，除上述两条基本要求外，还有一点也不可缺少，那就是以身作则，为人师表。也就是说，不仅要能履行职责，而且其德行尤其是私德也要好。只有三个方面都不错的领导者，才会有较高的群众威信。

现在有些领导者常抱怨部属的基本素质不高，这需要具体问题具体分析。我认为，首先还是应从领导者自身检查起，看看本人的基本素质如何，是否给员工做出了好样子。其实，在多数情况下，问题都出在这里。例如，一些领导者要求部属要有事业心，一心扑在工作上，对领导交办的事认真负责，可自己的心思却根本没放在事业上，对工作马马虎虎，得过且过，甚至千方百计地利用工作之便为个人捞好处。在这种情况下，怎能指望底下的同志尽心尽责地工作呢？特别是在一些有“皇粮”可吃的单位，由于机制上的原因，有时领导者的个人利益与其工作表现及业绩并不挂钩，来自外部的竞争压力也不大，基本上靠思想觉悟、靠事业心作为工作动力，这方面就更容易出问题。如果领导者本身都不考虑事业的发展，不把工作当作事业来干，怎么可能带出有事业心、责任心的部属？即使真有这样的部属，恐怕也早就“跳槽”了。

再如，一些领导者常要求下面的人抓紧时间学习，也不时讲点学习如何重要的大道理，可他们自己却不学无术，无所用心，成天泡在饭桌上和舞厅里，心里想的甚至嘴上说的都是些低级趣味的东西，那怎么可能带出有良好学习习惯和很强自学能力的部属？至于那些根本不提倡学习，看见下面的人手拿书本就烦的领导，其对部属基本素质的影响，就更不用去说了。

又如，当领导的总希望部属对自己绝对忠诚，要求下面的人团结共事。这当然不错。可问题是怎样才能使部属真正朝此方向努力。恐怕最重要的也在领导者自己要做出好样子。如果领导对下面是一种要求，可自己对上级阳奉阴违，对朋友、对同事、对客户说一套做一套，甚至对底下的人也不时地搞点小权术，那怎么可能带出真诚待人、善于与人交往的部属？要知道单位里的人都不傻，且非常关注领导是如何待人接物的，并自觉不自觉地加以模仿。有些心术不正的领导者可能很会说话，善于掩饰自己，初次接触常给人留下良好印象，可日久见人心，最终对部属基本素质产生影响的，还是其为人处事的本来面目。

正因如此，所以，要想提高部属的基本素质，关键是领导者自己做出好样子。任何领导者都不可能事事、处处强于部属，即使是专家、学者型领导，也只是在很窄的一个专业领域里能称得上是内行，不可能行行、门门精通。因此，从某种意义上说，外行领导内行有一定的普遍性。可是，在以上三种基本素质方面，领导却完全可以而且必须做出好样子。历史上成功的领导者，可能有这样那样的弱点、缺点和错误，但在这三种基本素质方面，大都是很强的。

中国有一句老话，叫作“经师易得，人师难求”，意思是说教人具体知识和技能的教师或师傅，一般来说比较容易找到，而真正能对学生的品性也就是基本素质产生重大影响的先生，相对来说要难得的多，在某种程度上是可遇而不可求的。我们看一些成功者的回忆录，在谈个人成长经历时，都说曾得到某某恩师的教诲，具体传授的内容早已记不清了，但其做人的原则和治学的方法，却使自己终身受益。可见，高明的领导者既要注意当经师，向部属传授具体的知识和技能，又要善于做人师，即在基本素质的方方面面，切实为部属做出好样子。

领导带头的道理好懂，可真正做起来却是最难的。因为它不仅是一个认识问题，而且直接取决于领导者本人的世界观、人生观、价值观。而且还不是一时一事的要求，需要贯穿领导在任的全过程。套句老话，一个人做点好事并不难，难的是一辈子做好事，不做坏事。有不少成功的企业家，在获得成功前很长一段时间里，他们对事业很有追求，也善于学习，并能与他人合作共事，这些品性对部属的正面影响很大。可当事业获得初步成功后，他们的思想却起了变化。因为，没有成功时，成功就是目的，就是一切，为了成功，许多人可以忍受，可以牺牲。可一旦成功后，马上就遇到成功又为了什么的问题。许多人对这个问题想不明白，隐约感到以前付出的太多了，现在该充分享受自己的奋斗成果了，否则岂不白忙乎一场。于是，他们便拼命享受、挥霍，生怕亏待了自己。领导者的思想一变，对部属的影响可想而知。改革开放 20 多年来，社会上出现过不少这样的风云人物，白手起家，平步青云，一度将事业做得很大，在社会上产生了巨大影响，可惜好景不长，很快就因各种各样的原因败落下去，真是“各领风骚三五年”。析其原因，归根结底还是基本素质不过硬。

所以，中国古代管理思想特别强调内圣外王，认为要当一名成功的管理者，首先应该修身，格物致知，正心诚意，加强个人的思想修养。只有个人的思想境界提高了，超凡入圣了，才有可能齐家、治国、平天下，做出第一流的业绩。个人思想境界的提高没有止境，且如逆水行舟，不进则退，所以，自我修养和完善始终是领导者的重要课题。值得注意的是，近几年西方管理理论也开始关注这一问题。如 20 世纪 90 年代以来在管理学领域影响很大的《 第五项修炼 》一书，就明确提出领导者要在系统思考、自我超越、心智模式、共同愿景和团队学习方面加强修炼，以此来推动企业的发展。真是英雄所见略同，值得我们深思。

（五）风气培养

按照马克思主义的观点，人是环境的产物，又能够影响和决定环境。因此，对人的塑造和对环境的改造是一致的，是同一事物发展的两个方面。现代教育理论充分认可了马克思的这一论断，强调人受环境影响，环境由人控制，这种相互作用是通过人与环境相互依存的系统来实现的。有人甚至提出要运用生态学的理论和方法来研究教育现象，并形成了一门很时髦的学科——教育生态学。依照教育生态学的观点，要想提高部属的基本素质，从根本上说，就是要创造一个有利于他们健康成长的环境。我们部队管理历来重视作风建设，强调通过培育过硬的战斗作风来锻炼干部。现代企业管理十分推崇企业文化理论，主张通过塑造良好的文化氛围来影响员工。实际上讲的都是单位内部的人文环境，认为这种环境对提高人的基本素质，以至形成单位的凝聚力、战斗力有举足轻重的作用。可见，培养人和培养作风、培育文化是一回事，高明的领导者应善于通过抓作风建设、文化建设来影响人、培养人。

一个单位的风气或者说文化是由多种因素决定的，其形成与改变有许多规律，研究这个问题是专门的学问，这里不可能展开讲。前面讲到的思想教育、制度建设、组织培训、领导带头等四个方面，对单位的风气及人员的基本素质都有很大影响。除此之外，抓风气育人还可从以下几个方面努力：

1. 培养、树立、宣传、推广典型。

抓典型并不是新方法，可现在相当一部分同志对此不感兴趣，一提抓典型，马上联想到那些假大空的东西。其实，我们应将抓典型的方法与对这种方法的滥用区分开来。教育学理论认为，人在其成长过程中，总会将某些具体的人物作为自己的楷模或偶像，只不过有些人心目中的楷模或偶像很清晰，有些人则比较模糊，有些人对楷模或偶像的模仿很自觉，而有些人不大自觉罢了。高明的领导者应根据部属尤其是处于成长阶段年轻人的这一特点，注意发现和有意识地培养典型，明确树立起一些标杆，积极引导其他同志向典型学习、看齐，以达到改变单位风气，提高人员基本素质的目的。这种方法运用好了，效果是非常明显的。像前些年军队开展学习科学文化、培养两用人才活动时，不少部队都树立了本单位的“学习标兵”。这些同志原本是普通的干部、战士，通过自学成才，在实际工作中做出了突出成绩，并明显改善了个人的境遇。他们的成长经历，使大批与其条件相差不多的同志受到启发、教育和激励。通过树立和宣传这批“学习标兵”，很快就在全部队掀起了读书学习的热潮。

2. 引导、制造、控制舆论。

按照企业文化理论，一个单位的文化氛围并不一定就是领导讲的、墙上挂的那些标语口号，而是普通员工在饭堂等公共场所私下议论的东西。有时，二者的差别相当大。所以，高明的领导者要想创造一种有利于人才成长的文化氛围，就不能满足于该讲的道理都已讲了，而应该有意识地去引导、制造、控制舆论。首先是要切实了解员工们都在想些什么，确保自己能听到真话，能掌握真实的民情民意，不要被身边一些总是说好话的人蒙在鼓里。其次，是要有意识地去引导舆论，通过正面的、公开的渠道，积极宣传自己的主张，澄清各种模糊认识。而要做到这两点，关键是要有一批非常得力的思想骨干，能向领导讲真话，帮助领导做思想工作，解释一些领导者不便出面解释的问题。实践证明，由思想骨干做工作，效果常常比领导者直接出面要好。建立思想工作骨干队伍也是我们军队的好传统。部队讲骨干历来是既讲业务骨干，又讲思想骨干，而地方一些领导者特别是一些民营企业家，似乎还根本没有思想骨干这一概念。这大概也是军队单位凝聚力、战斗力强，越是关键时刻越能经受住考验的重要原因之一。

3. 有目的地组织业余文化生活。

现在多数领导都比较重视单位的业余文化生活，但大都将其作为调节情绪、活跃气氛、联络感情、密切关系的手段，而没有注意到业余文化生活在提高人的基本素质方面的重要作用。实际上，人的基本素质是受多方面因素影响的，其差异很大程度上取决于他们业余时间的安排。高明的领导应通过多种方式，对部属八小时以外的业余时间施加影响，进而影响他们的基本素质。例如，可以组织员工自愿参加的读书活动，领导和部属同读一本书，然后安排讨论交流，以达到增长知识、提高境界的目的；可以抓住影视作品中的热点剧目、热点人物，从中引出有意义的话题，开展影评活动，让员工不知不觉地从中获益，等等。在这方面，部队政治工作也有一些非常好的传统和经验。关键在提高业余文化活动的思想性，使员工的基本素质在潜移默化中得到提高。

4. 充分利用网络开展文化建设。

近几年网络技术发展很快，不少单位都实现了内部联网，并建立起对外宣传的网站。内联网的建立有许多好处，但也带来一些问题。从风气建设的角度说，它使人们多了一条交流渠道，使单位内部的民主空气明显增强。特别是网上的公示和讨论栏目，思想自由度很高，人们可以在上面畅所欲言，说出许多在其他场合都不敢说的话。这虽然有利于领导者掌握群众的真实想法，但也难免有一些消极的东西，如果不加控制和引导，极有可能带来负作用。如有些员工对领导不满，就可能在网上散布一些不负责任的言论等。所以，凡是内部联网的单位，领导者一定不能放任自流，要经常留心网上的信息，从中分析群众的情绪，有意识地去做引导工作，使网络在单位良好风气的形成方面发挥更为积极的作用。在这方面，地方一些单位特别是高校遇到的挑战最突出，正反两方面的经验都比较丰富，值得我们军队的同志学习和研究。

总之，风气虽然看不见、摸不着，但对人的影响极大。高明的领导者应当学会抓这些无形的东西，通过塑造风气来影响人、培养人。

四、提高员工的基本素质是领导者的重要职责

以上从几个方面概括了提高在职人员基本素质的一些方法。应该说，提高人的基本素质是一个系统工程，以上介绍的只是一些大概思路，很不系统，难免挂一漏万。我认为，实际上对领导者来说，最重要的还不是方法，而在有心无心。也就是说，要看领导者是否真正以培养人为本、以培养人为乐、以培养人为己任。

对于一个领导者来说，培养人的重要性是怎么强调都不过分的。且不说我们的革命事业要一代一代地传下去，始终有一个后继有人的问题，就是办企业也都希望办成百年老字号，也要不断地培养新人。所以，真正有事业心的领导者既要对当前工作负责，也要对单位的长远建设负责，应追求事业的可持续发展。而对单位的长远发展负责，谋求事业的可持续发展，最重要的就是不断地培养造就出高素质的接班人。我自己在实践中就有一条体会：判断一个单位的整体形势，特别是看其发展有无后劲，其实很简单，就是看后备干部的培养情况。如果一个单位重视人才培养，年轻人进去后很快就能成长起来，以至现任领导干部已很不

错，再看下面的年轻人，素质更高，能力更强，那不用说，这个单位的发展前景肯定错不了。可如果单位领导不注意培养新人，光注重眼前工作出成绩，一段时间内可能也看不出问题，可时间长了，就会发现缺少得力干部，再看更年轻一些的，似乎一茬不如一茬。若出现这种情况，这个单位的发展肯定没后劲、没希望，不论现在的事业搞得多红火，挣出多么大一份家业，都不够后人败的。所以真正有事业心的领导应该追求事业的发展，而不能只看重个人价值的实现。而事业发展最重要的标志，就是源源不断地培养出高素质的人来。

要以培养人为己任，首先就必须超越自我，特别是超越对个人功名的追求。如果一个领导者追求的只是个人的一时成功，他就不一定愿意去培养人，因为培养人要占去大量的时间和精力，远不如个人干事来得痛快。而且即便培养出来了，成功以后还有一个荣誉归谁的问题。从个人利益出发，有些人甚至害怕年轻人进步，担心出现“教会徒弟，饿死师傅”的情况。显然，这些思想障碍不扫除，培养人的问题就无从谈起。

历史上，成功的教育家不一定都当过领导，但成功的领导者却一定是教育家。现在仍有不少年轻人崇拜毛泽东，毛泽东确实是中国近代史上最伟大的人物、最成功的领导者，是他缔造了共产党，缔造了人民军队，领导全中国人民推翻三座大山，结束了百年来中国备受外强欺凌、国家四分五裂、人民水深火热的历史，建立起一个初步繁荣昌盛的社会主义新中国。毛泽东出身寒微，原本一介书生，为什么能获得如此成功？原因当然可以总结许多，但一贯重视人才培养肯定是其中很重要的一条。从大革命时期开农民运动讲习所，到井冈山上办红军教导队，从长征途中千方百计地保护干部，到陕北窑洞里创建中国人民抗日军政大学，数十年戎马生涯，毛泽东始终不忘培养人才，亲手培育出一大批治党、治军和治国骨干。正是这批栋梁之材，在以毛泽东为首的党的第一代领导集体的指挥下，创造出了惊天动地的伟业。毛泽东培养造就了一代人，这一代人对毛泽东也有特殊的感情。晚年他老人家虽然犯了严重错误，发动“文化大革命”，重用林彪、“四人帮”两股恶势力，残酷迫害了一大批曾跟随他出生入死打天下的老同志，有些人被整得家破人亡。可“文革”结束，这批老同志平反昭雪后，很少有人记恨毛泽东，大都主张正确评价毛泽东的历史地位。相反，倒是一些“文革”中升上来的政治人物，站出来大讲特讲毛泽东的不是。分析其中原因，我认为很重要的一点就是，这些老同志都是毛泽东当年一手带出来的，他们永远不会忘记，没有毛泽东，就没有新中国，也就没有他们的一切。毛泽东曾经对斯诺表示，他讨厌“四个伟大”，只想保留其中一条，那就是导师，TEACHER。毛泽东不愧为一个好老师，他的经历充分说明，培养人对领导者来说有多么重要。

再讲一个近代史上的著名人物蒋介石。蒋介石政治上非常反动，代表着帝国主义和大地主、大资产阶级的利益，一生做过许多坏事，大家都很清楚，不用我多说。分析蒋介石的起家过程，会发现这个人也非常不简单，特别是统驭部属方面很有一套。我们知道蒋介石是靠黄埔军校起家的，他非常重视对黄埔生的栽培和拉拢，始终把他们视为嫡系，当作自己最重要的政治资本。关于蒋介石如何笼络黄埔生，可以讲出许多故事。如对最亲近的学生，他总要亲赠一把“中正剑”，以示器重；一般人称他为总裁、委员长，唯独允许黄埔生称其为校长，以示亲近，等等。蒋介石对黄埔生信任有加，恩威并重，一些政治上糊涂的黄埔生自然也就感恩戴德，全力报效。在解放战争中，正是这一批人死心塌地地为蒋介石卖命，成为蒋介石集团中最顽固的部分。有的黄埔生在战场上明知大势已去，可就是不投降，甚至按“中正剑”上“不成功便成仁”的铭文自刎，成为反动势力的殉葬品。这里暂且不论历史的是非曲直，仅就蒋介石作为一位领导者，培养和重用黄埔生来说，他还是相当成功的。从这个反面人物身上，我们或许也能学到一点东西。

类似事例还可以举出许多，如蒋介石赠“中正剑”的这一套手法，明显就是从曾国藩那里学来的，而曾国藩又常援引王阳明为师。沿着这一条线索挖掘下去，我们可以发现许多引人深思、启人心智的东西。由于时间关系，今天就不多说了。

培养年轻人不仅最有意义、最有价值，而且最富挑战、最有乐趣。因为，世间最复杂的就是人，要将一批批不同禀赋、不同质材的年轻人，按照事业发展的要求加以塑造，其难度可想而知。可只要真正深入进去，会发现其中奥妙无穷，非常有意思。特别是当一名领导个人事业方面已取得成功，希望自己开创的事业能够延续下去，希望自己的人生能有新的更大突破的时候，他会发现，培养出一代高素质的年轻人，让他们接续自己的事业，可能比自己直接干更有乐趣、更有价值。

总之，培养一个人不比领导一个单位容易，培养人的基本素质又比单纯地传授知识和技能难得多。这是对领导者最高级别的挑战，需要每个当领导的做出回应。愿今天在座的各位，都能成为这方面的成功者。

人生修养与科技干部成长发展①

中心领导给我出的题目是："人生修养与科技干部成长发展"。这是一个思想教育的话题。近些年，人们对此类话题普遍不太感兴趣。原因不需多说。可我一直以为，作为军队的科技干部特别是年轻同志，经常思考一下这类问题还是有必要的。

现在大家的工作都很忙，既要搞课题，写论文，考外语，评职称，又要会朋友，谈恋爱，照顾老人，教育子女，生活节奏非常之快，常常一晃就是一年。忙，当然是好事。可也不宜总是一个节奏。在百忙之中，有时需要有意识地放慢一下脚步，静下心来思考一些问题，特别是有关人生的一些重大问题。换句话说就是，越是忙，越要注意保持清醒头脑，不能总是跟着感觉走，不要稀里糊涂地就把日子打发了。古希腊有一句名言，"未经品味的人生没有价值"。我们应该珍惜生命的每一个过程，学会品味人生。因为，囫囵吞枣式地对待时光，将来可能要后悔的。

① 本稿写于 2002 年。

人生修养类的问题值得关注，可我却并不具备给大家讲课的资格。一来学识有限，业绩平平，讲不出什么东西，讲出来了大家也未必信服；二来人生的许多问题本身没有答案，也不能听别人讲，只有靠自己去领悟、判断和选择。所以，今天我只想提出几个自认为有价值的话题，希望和大家共同思考。在表述中，我将努力做到“不讲假话，少说套话”。如果通过今天的座谈，一部分同志开始认真思考这些问题了，那就应该算我没有辜负中心领导的信任。

下面，我想提出十个问题。

1．谈科技干部的成长进步，首先遇到的问题是：究竟什么是进步?

这好像根本不成问题。通常人们都将经过个人努力，工作做出了成绩，晋升了职务职称，改善了物质待遇，提高了社会地位，视为科技干部成长进步的标志。这固然不错。可我认为，所有这些都属于外在的进步。除此之外，人还有一个内在进步的问题，包括思想的成熟、学识的积累、人格的完善、德行的提高，等等。中国古代有一句夸奖人进步的话，叫“士别三日，当刮目相看”，形容的就是人的内在进步。

为什么要强调内在进步与外在进步的区别？因为，现实生活中确有一部分人，从表面上看一直在进步，甚至比别人进步得快，可名不符实，他们的内心世界没有多大改善，自身素质也没有明显提高，有时甚至还在退步。如人们所说的“官越做越大，人越做越小”。又如科研单位常见的“扬名于外，非难其中”。

现在许多同志很关注和追求外在的进步，经常考虑自己的职务、职级。这无可非议。问题是：在考虑个人职级待遇的同时，是否也应该关注一下内在的进步，想一想内在进步对人的价值，值不值得加以关注和追求。我认为，答案应该是肯定的。理由有三：

一是外在进步最终要靠内在进步来支撑。否则就会后劲不足，难以为继，无法实现“可持续发展”。严重的甚至出现“金玉其外，败絮其中”。

二是外在进步的成果要靠内在进步来消受。如果没有相应的内在进步，外在进步的成果有可能给人带来消极影响，如一些不成熟的少年得志者。

三是外在进步总有到顶的一天，而内在进步则永无止境。如果没有内在进步的意识和追求，人很容易失去前进的方向和动力，如一些职务到顶、未老先衰者。

如果认可上述观点，我们每个人就应经常扪心自问：除了考虑职级待遇外，自己还有其他追求吗？自己每年都有内在进步吗？是否存在外在进步与内在进步不一致的情况？

2. 进步意味着发展，许多同志很关注个人的发展前途，由此引出第二个问题：什么是发展？

讲到发展，许多同志通常理解为业务水平的提高，技术职称的晋升，学术地位的取得，等等。这种专业方面的发展一目了然，而且永无止境。人们比较关注，想法多多，实属正常。问题是：除了这种专业意义上的发展外，科技干部是否需要全面发展？是否需要树立其他方面的发展目标？

我认为，答案应该是肯定的。马克思主义有一个基本观点，认为人类社会的历史，是人由全面发展到片面发展，再到更高层次上全面发展的历史。意思是说，在人类社会早期，社会分工不明显，商品交换不发达，每个人为了生存，什么活儿都得亲自干，促进了人的全面发展。到了近代，随着社会分工的发展，市场经济的形成，大多数人不得不终身从事一种职业，甚至被固定在某一特定岗位上。虽然从效率方面看，财富增加了，社会进步了，但从另一角度看，此时人成了某一岗位甚至某一机器的附属物，只能得到片面的发展。只有到未来共产主义社会，人才能摆脱单一职业的束缚，充分发挥多方面的才智，重新走上全面发展的道路。

市场经济制约人发展的情况，进入当代社会后愈演愈烈。如西方马克思主义者马尔库塞所说，现代人大都成为“单向度的人”。

随着市场经济体制在我国的确立，马克思所指出的人不得不片面发展的社会现象，也开始日益明显了。现在人们讲发展，大都是指某一专业方向上的发展，很少有人意识到人还有全面发展的必要和可能。好像人生一世就是为了干好本职工作，然后赚钱、养家、过日子。

片面发展的情况在一些文化素质不高的人身上表现得最为明显。人们常将一些大款称为“赚钱机器加消费动物”。意思是说，他们赚起钱来像机器，消费起来像动物，可身上却缺少真正可以称得上是人的东西。

正是依据马克思主义的上述观点，认识到了市场经济对人性的扭曲，党中央才开始强调人的全面发展问题。

什么是人的全面发展？目前尚无权威定义。套用教育学概念，就是德智体美。全面发展的反面是畸形发展。

我们军队科技干部是否也存在全面发展的问题？除了做好自己的本职工作，当一个称职的工程师以外，是否还应培养自己多方面的情趣，发挥自己全部的智慧和才能，努力成为一个全面发展的人，一个大写的人？如果以往因为忙于工作而忽略了这一问题，今后应如何改进呢？

3. 进步、发展的最终目标是成功，人人都希望成功，由此引出第三个问题：什么是成功?

人们通常都将成功理解为事业方面的成功，成功的标志就是大官、大款、大师、大腕。可我认为，事业的成功并不意味着人生的成功。有些人事业方面很成功，可人生却是失败的。最明显的例证是，一些大官退休之后就不敢出门，一些大款发家之后就闹婚变，一些大师经常被人背后戳脊梁骨，一些大腕重新被人们视为“戏子”。具体事例就很多了。远的不说，看看我们身边一些退下来的领导干部，有的离开岗位多年，仍能得到群众的爱戴，有的刚退下来几天，便门可罗雀、无人搭理，便可明白什么是人生的成功。

所谓“事业成功，人生不成功”，有两种典型情况：

一是做人不成功。为达目的，不择手段。虽然也能功成名就，但却为一切正直的人们所不耻。大官如袁世凯，大款如卡内基，大师如培根，大腕如周作人。

二是家庭不幸福。或者在为事业奋斗的过程中付出了太多，以致无法弥补，终身遗憾；或者事业成功后放纵情欲，到处拈花惹草，到后来无法收场，把生活搞得一塌糊涂。

中国文化将成功定义为“立德、立功、立言”。最看重的是“立德”。人生不成功往往由于德行方面有缺憾。

事业成功，人生不成功的人，晚年生活大都比较凄惨。因为他们没有朋友，没有亲情，看到的都是世态炎凉，想的都是如何防止别人算计。即使生活在荣华富贵之中，也很难有成功之感。过去人们理解“善有善报，恶有恶报”，大都以为好人做了好事，总会得到好的回馈，而坏人做了坏事，早晚要遭报应。其实，善恶有报还有另一番理解，即心地善良的人，内心一片光明，总能发现生活中美好的东西，很容易产生幸福感；而恶人、小人，坏事、丑事做多了，生怕被人察觉，一天到晚地算计，半点安全感都没有，这才是最大的报应。

如果认识到人生也需要成功，并愿意让自己的人生获得成功，我们应该做些什么呢？这是每个同志都应该认真思考的问题。

4. 成功需要主客观条件，并不是每一个努力的人都有同样的结局，这就引出第四个问题：应该如何看待主观努力与客观环境的关系？

人人都追求成功，但不是人人都能成功。不管付出多大的努力，成功都有相当大的偶然性。一些同志看不清这一点，总以为“有志者，事竟成”。其实，这句话只是相对正确，不可做绝对化理解。否则，人人都可以当世界冠军了。

偶然性表现在方方面面。首先，每个人生命的起点就不同，并不是人人都在同一起跑线上。过去人们总爱说“人生而平等”。其实正好相反，因为人生来就是不平等的，所以才会喊出平等的口号。

承认了成功有偶然性，人才能接受命运、接受自己，也才有快乐可言。认命才有好命，随缘便是善缘。知足者常乐，讲的就是这个道理。现在一些同志看不到这一点，凡事都爱与别人比，越比心里越不平衡，给自己带来许多痛苦。这方面的事例实在是太多了。在科研单位当领导十几年，主动找我谈话的，十有八九是为个人职级问题，而且都是攀比的结果。

所以，还是孔子说得好：“尽人力，俟天命。”只要自己尽心了，努力了，便可以心安理得地接受任何结果。如果一个人能始终保持这种心态，心情肯定会好得多，事业及人生的发展也会顺利得多。

古人讲“仁者无忧”。为什么“仁者”能够无忧？如果我们愿意做一个无忧的人，该如何努力？我认为，这些都值得科技干部认真思考。

5．接下来的问题是：如果将事业上的成功作为奋斗目标，那么，成功者需要具备哪些基本素质？

前些年我搞过一个调研：在军队科研单位，具备哪些素质的新学员最受领导和老同志的器重，日后容易获得成功？最后得出三点结论：一是事业心和责任心；二是爱学习和会学习；三是善于与人相处。前两点不说了，这里重点谈谈第三点。因为这个问题更有针对性。

科研工作是集体的事业，很少有科技干部单打独斗就能完成的任务。在科研单位工作了十几年，我发现一种现象：一些同志业务能力不弱，也很钻研，取得了不少成绩，可就是不会处理人际关系，总是将上下左右的关系搞得很紧张，给自己带来无穷的烦恼，进而也影响到业务方面的发展。

现实生活中的烦恼，大都来自人事关系的紧张。我看到过一个小故事，说天堂与地狱其实没多大区别，都有数不尽的美味佳肴，只不过勺子有一米长。在地狱中，每个人各顾各，都想把好东西往自己嘴里塞，可总也够不着，饿得嗷嗷叫；而在天堂上，同样的美食，同样的勺子，你喂我，我喂你，人人都很开心。

相反，有些同志天资平平，专业技术也一般，但很会处理人际关系，从分到单位一直到退休，上下左右的关系始终处得不错。最后，工作方面出了不少成绩，该得到的也全都得到了。

开始，我有点奇怪：许多人非常聪明，学历也很高，为什么在人际方面上总也不开窍？后来想明白了。处理人际关系是一大学问，学校里不讲，书本里也学不到，要靠每个人自己去悟。真的是“世事洞明皆学问，人情练达即文章。”

我自己在处理人际关系方面也跌过不少跤。从经验教训特别是教训中悟出了八个字：“真诚、谦让、宽容、谨慎。”我认为，这是处理好人际关系的大原则、长效药，而不是万金油、止疼剂。

真诚的反面是虚伪，虚伪的人可能骗人于一时，但很难骗人于一世。谦让的反面是计较，过分计较的人不可能有良好的人际关系。宽容的反面是狭隘，心胸狭隘的人不会有真朋友。谨慎的反面是随意，大大咧咧、不拘小节很容易得罪人。

经常有同志对我诉说单位内部人际关系的复杂，问我该如何处理。具体情况不了解，我不便评论。但我相信，只要按以上八个字去做，从长远看，人际关系一定能处理好。

近些年社会风气不好，一些人为了成功不择手段，而舆论似乎只以成败论英雄。这种价值观也影响到部队科研单位，其表现之一就是出现种种违反科研道德的现象，如剽窃他人成果，在科研评奖时搞些小动作等。对此，我的看法是：做人做事都不能靠小聪明，太聪明了就不聪明了。一般来说，凡成大事者，都是有大智慧的人。在人员相对稳定的部队科研单位，这一点更为明显。

6. 成功意味着加倍的投入，需要不断地学习提高，那么，我们应该学习些什么？

现代社会充满着越来越激烈的竞争。无论是在部队工作，还是到地方发展，都需要真才实学。因而学习问题，包括终身学习，已引起人们高度重视，特别是部队的年轻同志，还面临着二次就业的可能，学习方面的考虑更多，压力更大。据我了解，现在许多年轻干部似乎都在考虑学点什么。

重视学习当然是件好事。可我发现，现在相当一部分同志的学习盲目性很大，不知道自己最需要什么，学习没目标，没计划，常常是跟着感觉走，跟着时尚走，想起一出是一出，抓着什么学什么。近几年我给部队讲课，课后讨论答疑时，下面问得最多的问题是：老师，你认为我们该读些什么书？

在座的同志大都是搞业务的。业务方面该读些什么书，大家都比我清楚。而且每个同志的情况不同，很难给出统一答案。我想说的是，如果大家希望在事业发展上获得较大成功，而且希望人生也能获得成功，读书学习的内容就不能过于单一。除专业书外，最好是有选择地读一点人文社会科学书籍，特别是哲学方面的书。

科技干部要想在专业方面有所突破，知识面太窄了肯定不行。所以才有所谓“T”形人才之说。其实，根据我的体会，人才的知识结构并不是“T”形，而是倒三角形。没有一定的知识面，很难有真正的深度。

近些年因工作关系，我有幸与一些工程院院士直接交往，发现越是高水平的科学家，越爱跳出专业领域，站在全局的高度，看待学术和技术问题；而一些初出茅庐的年轻学者，则三句话不离本行，满嘴都是专业名词、英文缩写，生怕大家都听明白了，显得自己水平不高。我想，这可能就是大师与工匠的区别吧。

为什么要看哲学书？读哲学书有什么好处？说实在的，我自己对这一问题的认识也有个过程。年轻时读书很杂，几乎什么书都看，可就是不喜欢哲学。总感到哲学太抽象，离现实远，学过之后用不上，远不如具体学科知识来得实用。而且当时的哲学课只讲马克思主义哲学和毛泽东的几篇哲学著作，翻来覆去就那么几条原理、规律，实在也没什么学头。所以，尽管当时许多老领导、老同志一再要求我们学哲学，可当时就是听不进去。

随着年龄的增长，特别是后来在工作实践中不断碰壁，我才开始意识到学习哲学的重要。一个人不管从事何种职业，如果只是希望小有所成，或者说混碗饭吃，学不学哲学倒也问题不大。可如果真正想干大事，想成大事，就非学好哲学不可。为什么呢？因为，哲学可以帮助我们解决成功所必备的两个主要因素：一是改进思想方法；二是提高精神境界。

做任何工作都有一个方法问题。工作方法正确才能事半功倍。而工作方法的背后是思想方法。思想方法决定工作方法。思想方法不对头，工作方法不可能科学。现实生活中一些同志之所以能够取得突出成绩，达到事业的巅峰，除了个人努力外，很大程度上得益于正确的思想方法。

事业成功除需要方法正确外，还需要有一种精神境界。方法属于工具理性，解决怎么干的问题；境界属于目的理性，解决为什么而干，以及成功之后又如何的问题。境界一词来自佛教，含义是天外有天，每上到一个新的高度、新的层次，所能看到和领悟到的世界是不一样的。中国文化特别强调境界，也是主张要加强自我修养，突破日常生活的束缚，善于站在更高的层次看待社会与人生。

凡成大事者，一是精神境界高，二是思想方法对。

而要改进思想方法，提高精神境界，就需要学点哲学。这是终身受益的学问。早学早受益，晚学晚受益。我自己的认识就太晚了。衷心希望大家能比我早觉悟、早受益。

7. 成功本身还不是目的，追求成功往往是为了使生活更幸福，因而需要进一步探讨的问题是：什么是幸福？

这好像是一个中学生的问题。可我发现，并不是每个成年人都真正解决了。例如，成功的人都幸福吗？

幸福是一种感觉。实质是个人欲望得到满足后的一种心理感受。幸福有客观要素，即外在标准和社会评价。不承认这一点，就会成为阿Q。但幸福也有主观因素，如面对同样的成就，有些人会感到幸福，而有些人则感觉不到。二者的关系如同食物与食欲。

党的十六大以来，中央开始强调“以人为本”。有些人片面理解，以为“以人为本”就是要关心人，尽量满足人的各种需要。其实，人的需要不是一成不变的，而是可塑的。“以人为本”应该包括塑造人的需要，而不是一味地加以满足。

想明白了什么是幸福，有助于提高人的心理调适能力。中国有句老话，叫“境由心造”，说的是心理适应能力对改变人心境的重要价值。在现实生活中，每个人都有可能遇到各种复杂情况，甚至遭遇重大挫折。如果自我调适能力强，就能做到始终心平气和。也就是说，人无法控制环境、处境，却可以控制心境。这并非唯心论。

想明白了幸福感来自何方，也有利于我们重新认识思想工作的价值。现在一些同志比较急功近利，总希望单位领导能给自己一点“实惠”，如立功受奖、提前晋级等，并以此作为判别领导同志好坏的标准。其实，真正的好领导应该是部属人生的楷模和导师，能通过言传身教，帮助部属树立科学的世界观、人生观，引导他们正确地认识社会，认识自我，完善自我，完善人生。换句话说，好领导不能仅仅给部属带来一两顿丰盛的午餐，还要给他们一副终身管用的好胃口。

在座的大都是工程技术人员，是搞高科技的，可能平时接触这方面的东西不多。其实，越是高科技，越需要高情感来平衡。军队科研单位不断出现精神疾病患者，就很能说明一些问题。

8. 工作目的是为组织还是为个人？应如何处理个人意愿与组织需要的关系？

前面讲的进步、发展、成功、幸福以及条件、因素等，都是从个人角度谈的。给地方人员讲人生修养，通常只讲到这个程度。可我们军队科技干部的思想基础不同，不能只讲个人发展，还要强调为国防事业和军队建设做贡献。因为，如何处理好个人发展与事业需要的关系，也是大家在实际工作中经常遇到的一对基本矛盾。

组织由个人组成。组织与个人之间始终存在矛盾。但在不同社会条件下，处理这一矛盾的社会标准却有所不同。改革开放前，社会的评价和判别准则是：个人要无条件地服从组织。甚至是“个人的事再大也是小事，组织的事再小也是大事。”谁违背了这一准则，就会受到众人的指责。

改革开放后，社会经济生活发生了根本性的变化，处理组织与个人关系的准则也渐渐地开始改变。个人利益的分量越来越重，在一些同志心中甚至成为主要的评判准则。人们对个人主义的态度也在改变，有学者甚至将其称为“唯一真实的价值选择”。由此带来社会价值观的混乱。

在个人与组织关系问题上，现在大家比较能够接受的处理原则是兼顾。可问题是，并不是任何时候都能做到公私兼顾。每个同志都难免遇到组织需要与个人意愿发生冲突的情况。遇到了应该怎么办？例如，部队每年的转业安排。再如，分配科研任务时复杂情况。许多情况下，个人意愿与组织需要之间会发生矛盾。有些同志处理得比较好，但也有闹得很僵的。

关于个人与组织的关系问题，说到底是有没有比个人利益更重要的精神追求问题。如果有这种追求，就会心甘情愿地为之牺牲；而如果没有，那只能是一事当前，先替个人打算。

精神追求不能强迫。如果一个同志内心不具备这种追求，迫于外在压力勉强表态，说得再好也没有用。如何帮助科技干部树立这种追求，是部队思想工作和管理工作的大课题。

近些年，领导做部属的思想工作不敢讲大道理，通常只是讲一些小道理。其实，不仅部队提倡奉献精神，现在许多企业包括外资企业也在大力提倡奉献精神。如最新版的《人力资源管理》教科书，就将培养员工的无私奉献作为全书的主题。可见，有奉献精神的人，走到哪里都受欢迎。

9. 科技干部要不要关心政治?

倒退 30 年，这根本不成问题，作为军队的科技干部，必须是又红又专，而红的标准就是政治上要强。否则业务技术再好，也是“白专道路”。可近些年，又红又专一类的要求很少提了，提了也未必有人信服。似乎只要业务好，一切就都好，什么政治不政治的，那是领导上的事，与普通科技干部没什么关系。

这里不讲党员、军人应该关心政治，政治上必须合格等大道理，只想谈谈现实社会中的人能否离得开政治。

我认为，不管愿意不愿意，我们每天都在接触政治，都离不开政治。现在中国社会正处在一个关键时期，各种社会矛盾错综复杂，有些已十分尖锐，酝酿着重大危机。社会下一步究竟如何发展，是顺利发展到“和谐社会”，还是走向动乱，应该说尚有许多未定因素。政治的发展与我们每个人都密切相关，真正到了重要关头，每个同志都需要表明自己的政治态度。

一些同志平时不关心政治，但很喜欢乱议论。包括在一些不恰当的场合，讲一些不负责任的话。如果只是单位内部随便说说，负面影响还有限，如果是与地方同志交谈，那就成问题了。

因为地方群众对军人有特定的角色期待。

所以，还是毛泽东说的有道理，没有正确的政治观点，就等于没有灵魂。

由此联想到平时的政治学习，还是应该积极参加，关心国家大事，认真阅读一些政治理论书籍。这也是科技干部全面发展的需要。

10. 科技干部是否需要有一个坚定的政治信仰?

在座的多数可能都是共产党员，按说都是有信仰的人，不应该问大家这样的问题。可如果说实话，我们真的还有信仰吗?不妨先来做一个测验：

我时常阅读马克思主义的理论书籍。

我能够用马克思主义解释现实生活中的各种问题。

我深信共产主义一定能实现。

我经常向周围群众宣传马克思主义。

我为自己是一个共产党员而感到骄傲。

哪怕工作再忙，我都积极参加党组织的活动。

只要是组织上的要求，我都会自觉遵守。

听别人说共产党的不是，我会很难受。

对违犯党的利益的言行，我会坚决与之斗争。

我愿意为信仰而牺牲个人的一切，直至生命。

对以上十个问题，能给出八个以上肯定回答的，属于信仰比较坚定者；肯定回答占一半左右的，应该说还有一定的信仰；如果都不能加以肯定，那是否还有信仰，恐怕就该打个问号了。

其实，所谓信仰就是将个人有限的生命与某种绝对的或超越性的东西联系在一起，愿意为之奋斗、奉献，直到牺牲个人的一切，并从中获得人生的意义和拼搏的力量。

信仰与人生的关系。信仰对人生的价值是多方面的，其中最重要的就是为人们提供安身立命的根据。说白点，就是提供生命的意义。人的生命是短暂的，本身并没有意义。可作为唯一能认识到无限存在的有限生命，人又需要为自己的生命寻找出一个意义。这就像在大海上的航船需要灯塔和坐标一样。

越是现代社会，越需要信仰的支持。因为此时物质生活已获得极大改善，人们有了更多的闲暇时间，可以用来从事一些有意义的工作。否则，就只能靠打游戏机来消磨时光。可恰恰在这个时候，中国社会出现了普遍性的信仰危机。

近几年，我接触过一些有宗教信仰的人，甚至近距离地观察到他们从没有信仰到确立信仰的全过程。我发现，人一旦有了信仰，精神面貌会发生质的变化，浮躁言行一扫而空，道德水准明显提升，好像换了一个人似的，变得特别的沉稳、平和。谈及自己的信仰，他（她）们非常虔诚，都表示愿意为信仰献出自己的一切。从这些信徒身上，能够明显地感觉到信仰的力量。

目前全党正在开展的“保持共产党员先进性教育”，实际上是要解决广大党员的理想信念问题。因为，共产党员的先进性，一定是建立在对共产主义信仰的基础上。没有信仰，不可能始终保持先进。

以上谈了需要科技干部特别是青年科技干部经常思考的十个问题。我认为，科技干部能否成长进步，与对这些问题的认识深度直接相关。虽不能说这些认识问题解决了，科技干部的事业肯定能发展，人生一定能成功，但却可以说，如果不认真思考这些问题，或结论不正确，其事业和人生的发展势必受影响。

在座的同志大都经过部队长期的思想教育，想必对上述问题很快就能找出正确的答案。可面对此类人生问题经常出现的情况是：看得破，忍不过，想得到，做不来。

正因为如此，所以才需要进行修炼。所谓修炼就是通过各种办法，将认识到的人生哲理转化为人生态度，内化为人的品格、品质。这种固化在人身上的品格、品质，就是我今天讲的人生修养。

中国古代特别强调思想修养，形成了一整套关于如何修养的理论与方法。古人讲的求学，主要不是指学知识，而是如何通过修炼，形成一个人特别是一个君子所必需的各种修养。现代教育不怎么讲这些东西了，强调的是知识的传授、技能的培养。虽然也主张开展思想教育，但一般只是在课堂上讲一些道德规范。用传授知识的方法去培养道德修养，带来了一系列困惑与缺憾。如美国学校的德育，就被一些专家学者批评为“没有道德的道德教育”。

改革开放前，从上到下都非常重视思想教育，提倡人生修养和思想改造，曾取得过明显成效。不管现在的人怎么看，起码从那个时代走过来的人，谈到当时社会的思想道德状况，都是比较怀念的。改革开放后，情况发生了很大变化。恐怕除了少数不讲道德的伦理学家，不会再有对目前社会思想道德现状表示满意的人了。

从邓小平同志开始，党中央领导多次强调要“两个文明一齐抓”。可实际情况却总是“一手硬，一手软”。这里面有深刻的社会历史原因。今天不多谈了。

为了扭转这种局面，近些年各级领导都在强调思想教育，近期，以胡锦涛为总书记的党中央就做出了一系列的决策。现在的问题是，思想教育从内容到方法都不对头，经常流于形式，效果很不理想。甚至在群众中产生一种逆反情绪，许多同志一听思想教育就反感。

作为一名做了30多年政治工作的老兵，我很愿意为改变这种状况做点贡献。近几年也下功夫搞了一些研究。下面，我想将自己研究思想变化规律的一点心得，告诉有意进行人生修养的朋友。

我认为要提高人生修养，需要从以下五个方面努力：

一是读书。《论语》中说："学而不思则罔，思而不学则殆。"修养起于学。读书的好处不必多说。需要注意的是，现在一些同志学习的功利性太强，一谈读书，马上想到的就是：有什么直接好处，或者可以通过某一考试，拿到文凭；或者可以解决若干问题，从中获益。这是现代教育的后遗症之一。现代教育过分强调学习的目的性，从小学生开始，读书便有直接的目标。久而久之，没有了功利，好像就失去了学习的动力。其实，这是违反教育规律的。真正对提高人的全面素质有益的学习，恰恰是那些功利性不强的学习。读书可以"急用先学"，但不宜追求"立竿见影"。

二是实践。通过读书获知的道理，一定要付诸实践。只有通过实践，才能将认识内化为态度，提高人生修养。这是教育成功与否的关键，也是中国传统教育思想的精华。儒家特别强调知与行的统一，即知行合一，认为"行道而有得于心谓之德"。佛教主张"六度波罗蜜"，即六种主要的修炼方法，其中包括"布施""忍辱"等行动要求。共产党人更是提出一套完整的修养理论，强调把改造主观世界与改造客观世界相结合，在改造客观世界的同时改造人的主观世界。当年，毛泽东等老一辈无产阶级革命家就是这样成长起来的。他们的成功之路对今天的年轻人有重要启迪。

三是反思。实践虽然重要，但仅有实践还不够，必须不断地将实践中的体会和感受加以整理，使之上升为理论，并自觉地用以指导进一步的实践。这样才能真正提高人生修养的水平。所以，古人修养特别强调静虑和反思，通过“吾日三省吾身”，不断地总结，尽量做到“不二过”。在这方面，写日记是一个有效方法。通过天天写日记，把所思所想、点滴进步记录下来督促自己“苟日新，日日新”。

四是仿效。要想尽快提高人生修养，最有效的办法是给自己找一个标杆，即选择一位可敬又可学的人作为自己的榜样，时时观察，处处仿效。可以是英雄、伟人，也可是身边同志，最好是能胜任“先生”称谓的领导。中国古代教育理论中有“从游”之说，即为人师长的，要以身作则，与部属、学生朝夕相处，言传身教，砥砺品行，切磋学问，时间久了，部属、学生的素质必会发生变化。就像大鱼带着小鱼游水，不需专门训练，游着游着就学会了。我党我军历史上的英模教育，国外时兴的“标杆管理”，也都有这层意思。

五是修持。也就是给自己定几条规矩，然后自觉地遵守。人要有所作为，必先有所不为。古人讲修养，都强调修持的重要。如佛教称戒学为“无漏之学”。在现代社会，对人的诱惑空前增多，许多商业组织都在想方设法地刺激人的欲望，然后再加以满足，包括一些不那么健康的欲望。在这种情况下，修持就显得尤为重要。

我的自学之路①

今天全所战士集会，我要对大家谈的是学习问题。为什么谈这个题目？我来所工作 4 年多了，在与大家的日常交往中，深深感到我们所的战士诚恳朴实，积极肯干，朝气蓬勃，非常好，非常可爱。我也是当兵出身，从同志们身上，仿佛看到了自己当年的影子。但接触多了我也感到，由于年轻，一些同志身上还存在着这样那样的弱点和不足，其中比较普遍的问题是贪玩，不爱学习。工作之余就是聊天、打扑克、看电视，基本上不读书，要看也就是武侠小说或流行杂志。人非圣贤，孰能无过。年轻人有些毛病是正常的、难免的，不值得大惊小怪。可我感到，不爱学习可不是一般性的毛病，而是影响人生的致命弱点。作为你们的领导和兄长，作为一个过来人，有责任在这个关系你们一生的重大问题上提醒和点拨一下。

为了讲好今天的课，我在部分战士中做了些调查，了解为什么那么多同志不爱学习。答案自然五花八门，不一而论。有些同

① 本稿写于 1998 年。

志认为，当兵能干好自己的本职工作就行了，学习不学习无关紧要；有些同志觉得，周围的人都不学，怕自己学习受孤立；有些同志也想学习，可总感到自己基础差、底子薄，对自学成才信心不足；有些同志有学习的愿望甚至还比较迫切，但却不知从何入手、学点什么、怎么学才能取得好效果。总之，各有各的情况，具体原因很多。但综合分析后，我认为最根本的原因，恐怕还在于一些同志对学习的重要性认识不高，缺乏紧迫感和自觉性；对在职学习能否成才信心不足，缺乏必要的方法指导。因此，下面我将围绕这两个问题谈点个人看法。

讲课目的明确了，针对性问题解决了，可怎么讲才能取得好的效果呢？关于年轻人为什么要特别重视学习，革命导师有过许多精辟的论述，我可以和大家一起重温；在年轻人自学成才方面，古今中外也有大量生动感人的事例，每一个都有教育启发作用。过去，讲学习一般都是这么讲的。可我总有些担心，怕只讲马克思是怎么教导的，毛泽东是如何强调的，华罗庚怎样自学成才，张海迪如何身残志坚刻苦自学……未必能收到好的效果。因为，这些材料虽然好，但毕竟离我们远了一些，不一定能充分地回答战士为什么要自学、能不能学好、怎么学的问题。所以，想来想去决定还是结合我自己的情况来讲。因为我和大家一样，也是初中毕业后入伍，没有接受过系统的高等教育，是在部队这所大学校中靠自学成长的。我的基本情况和同志们比较接近，因此，讲讲我自己学习的经历和体会，可能会给同志们更多的启示。佛教中有一种教育方法叫作现身说法，原指佛力广大，能现出种种人形，向人说法。今比喻以自己的亲身经历为别人讲述道理。今天，我也来个现身说法吧。

我是 1969 年初当兵的，入伍时登记表上文化程度一栏填的是初中，可实际上初中课程学了还不满一年。因为，我们 1965 年 9 月入校后，第一学期算是认真读下来了，第二学期的课程刚学到一半，就赶上了“文化大革命”。开始是半天上课，半天搞运动，没过多久就彻底停课闹革命了。“文化大革命”的重头戏就是批判所谓修正主义教育路线，上面鼓动学生起来造反，贴学校和老师的大字报，很快校领导就被打倒了，老师们也都靠边站了，取而代之的是各式各样的红卫兵组织。在学校革了一阵子命后，红卫兵又杀向社会，到处造反、破“四旧”、大串联。当时，我还不满 14 岁，很深的道理并不懂，但也参加了红卫兵，整天跟着高年级的同学造反、革命，实际上是瞎起哄。唯一的收获是，大串联时坐车、吃饭不要钱，玩了大半个中国。到了 1967 年，运动深入了，红卫兵分成不同派别，开始争权夺利，文斗解决不了问题就武斗。我对此不感兴趣，索性不去学校了，在家当起了逍遥派，每天下棋、游泳、打篮球，没人管没人问，活得很自在。1968 年上面又号召复课闹革命，学校里来了军宣队、工宣队，将学生按部队体制编成班、排、连，组织军训、学工、学农、大批判，一年两次下乡劳动，接受贫下中农的再教育。当时好像也组织上过一两次文化课，基本上是谁想来就来，不去也没人管。试想，在那个知识越多越反动的动乱年代，谁还有心思学文化呢？就这样稀里糊涂地革了两年多的命，到 1968 年底我们就算初中毕业了。因此可以说，在求学的最佳年龄段，我基本上没有学到什么东西，大好时光全部荒废了。

初中毕业后，班里的同学一部分到农村或兵团插队，一部分到工厂当了工人，我有幸参军来到了部队，这在当时算是最好的一条出路了。“文革”中，部队属于正面教育单位，虽然没有失控，但受“左”的冲击也很厉害，最明显的就是整天突出政治，批判资产阶级军事路线。我当的是通信兵，新兵训练结束后被分配搞载波。这在当时算是技术性最强的专业了，可在那样的政治气候下，从领导到老同志，谁都不敢强调学习业务，钻研技术，都怕被戴上单纯军事观点的大帽子。部队的中心工作就是搞运动、搞教育，整天写学习心得和大批判稿。那时，老战士们的文化程度大都不高，写稿子的任务自然大多落到我们新兵头上。书到用时方恨少，革了好几年的命，真到动笔时，才发现自己本事不济，想好好革命还革不了。年轻人积极要求进步，在实践中碰了几个钉子后，我开始感到知识的重要，想重新捡起书本。当然首先想到的是学政治。说是学政治，可当时唯一能看的书就是《毛泽东选集》一至四卷合订本。所以，我们每个战士人手一册的毛选（时称“四卷雄文”），算是我的启蒙读物。我入伍后的第一年，几乎只看了这一本书。

当时的学习条件跟现在是无法相比的。我们连队驻在河北易县的一个小山村，虽说是通信兵，整天和电打交道，可连队却没有接上高压线，要靠自己发电。因此，每天晚上除了机房用电池供电外，其他地方都是点煤油灯，毛选四卷我基本上是在煤油灯下通读的。学习条件差点倒还没啥，问题是毛选学多了还有舆论压力。当时，部队虽然整天突出政治，年年开、层层开学习毛主席著作积极分子代表大会，可说实在的，所谓学习也就是背背语录，背背老三篇，学了哪段后马上就用哪段，然后到处讲用，真正坐下来看书的人并不多。我是一个新兵，上来就通读毛选四卷，不说是标新立异，起码是与众不同，因此，经常引起一些议论。我当兵的头两年，几乎所有个人鉴定中，都有“要进一步理论联系实际”的希望或者叫缺点。其实，论干工作我一点不比别人差，只不过在众人眼中，你学的既然比别人多，就应该比别人多干一些，否则就不成比例了，就是联系实际不够。尽管有这些压力，但我还是坚持学了下来，因为毛选四卷内容太丰富了，政治、经济、军事、文化、社会、历史无所不有，各种道理娓娓道来，博大精深，我深深地被其吸引、打动，愈发感到自己的幼稚无知，引起了进一步学习政治理论的兴趣。

1970年庐山会议后，毛主席向全党发出了学习哲学，警惕并识别陈伯达一类政治骗子的号召。对于这一号召的政治背景，当时我们普通战士自然不清楚，但学哲学的号召却传到了部队，变成了一场学习运动。我由于通读过毛选四卷，对《矛盾论》《实践论》中的一些概念、观点稍有所知，于是便成为连队的学习骨干。当时我已当上了副班长，在班里组织大家学哲学、用哲学，收到了一些效果，于是被营连树为学哲学的典型，到处讲用，还参加了所在地区的学习毛主席著作积极分子代表大会。

也是在1970年，我们连队分来了一批老大学生。虽然是作为“臭老九”下放到连队锻炼改造的，但他们的到来却给部队带来了新的风气。其中，对我影响较大的是一位叫原书信的同志。他是原重庆雷达学院的高才生，被分到我所在的分队当技师。看到年轻人整天什么都不学，除了工作就是玩，他很为我们担心，不止一次地说，你们这么年轻，正是学习的好时光，这样耽误下去可不行，现在不好好学习，将来肯定会后悔的。这些话我至今记得一清二楚。原技师不仅从思想上启发诱导我们，而且亲自与连队交涉，为我们办起了文化补习班。我记得他讲的头一课是二元一次方程组的解法，按说这是初一的课程，可我们已丢了好几年，早就忘光了，所以听起来仍觉得新鲜。由于种种原因，原技师直接给我们讲课并不多，但他却唤起了我们学习的愿望，在连队形成了一种学习的风气。严格地说，我的自学之路就是从这里起步的。所以，尽管事情已经过去多年，可当时的情景还历历在目。我能有今天，是和原技师当年的教育帮助分不开的。每念及此，我都打心眼里深深地怀念他，终身感谢他。

初步学习尝到甜头后，我开始了有计划的自学。一方面是补习文化，结合通信业务特别是载波专业的工作要求，重点学习初高中代数、几何、三角和物理；另一方面继续学习政治理论。当时主要是看三本书，一本是艾思奇同志主编的《辩证唯物主义与历史唯物主义》，一本是苏联的政治经济学教科书，再就是联共（布）党史。要坚持自学，马上就遇到一个时间问题。当时连队生活很紧张，除了正常的操课外，还要种菜、打草、挖药材，有时还要参加盖房子、垒护坡等重体力劳动，留给个人的业余时间并不多。我主要是用值班时间学文化和学技术。我们连队是昼夜值勤单位，24 小时值班分四班倒，每人每天都要有 6 个小时在班上，除了维修机器、处理故障外，其他时间都可以用来学习，基本上不受干扰。另外，就是利用晚上时间学习其他知识。当时连队都是一个班一个房间，人多时一个排三、五十人睡一个大房间，晚上看书很不方便。我就搞了点近水楼台，借我们班管仓库的便利条件，在库房里为自己建了一个学习室，利用上夜班后的休息时间，在仓库里看书。经过一年多的努力，我自学完了初高中的所有数学和物理课程（化学也看了一些，但因为没有做实验的条件，学得模模糊糊的，至今遗憾），政治理论水平也有进一步的提高。

现在回想当年学习的情景，应该说条件也是有好有坏。有利的条件是受外界的诱惑和干扰少。那时没有电视，也不让听收音机，一个月看不上一场电影，文艺活动就更别提了，一段时间内连打扑克也不允许。除了每天打打球外，几乎没有任何娱乐，因此学习时间有保证。不利条件是没有书，不是我个人没有，而是整个连队都没有，附近老百姓就更别提了。县城里倒有一个新华书店，离部队驻地大约十里路，每隔几个月，我们几个爱看书的战友，都要相约着步行去县城书店转转。可经过“文化大革命”的“洗礼”，当时书店里也十分“干净”，除了毛选和马列著作外，几乎什么书都没有。所以我们经常是高兴而去，扫兴而归。当时，不管谁通过什么渠道搞到书，都能令我们高兴得像过年一样，大家排号轮着看，有一本看一本，不管有用没有用，有意思没意思，真是饥不择食呀！现在的年轻人，恐怕很难想象当年我们精神饥渴的情景了。

70 年代初，根据毛主席“大学还是要办的”指示，一些理工科院校又开始招生，“文革”中被大批撤销的军校也逐渐恢复。对我们这些已经意识到被耽误了的年轻人，这真是一个福音。可当时上大学不是自愿报考，凭分数录取，而是靠组织推荐，叫作工农兵学员。我们部队也曾分到过几个推荐名额，尽管通过自学，我的文化基础相对来说已经不错了，却一直没有领导推荐我。无人推荐，我只好自荐。可当时我又是营篮球队的主力，我们营的篮球队连续两年在团里拿了冠军。因此，当我提出想上学的要求时，营长反问：“你走了，咱们营的球队怎么办？”就这样，打破了我的大学梦。按照当时人们的思维逻辑和处理问题的原则，比起集体的荣誉，个人的学习和发展又算得了什么呢？

可能是为了安抚我的情绪，1972 年 10 月，连队指派我参加了重庆通信兵学校举办的一期短训班。那是我当兵后头一次走出山沟，虽然只是学一种机器，时间还不到半年，比起那些正式的大学生，常有低人一头的感觉，但毕竟让我暂时告别了自学无老师、无教材的境况。我十分珍惜那次上学的机会，一方面，努力学好教员布置的所有功课；另一方面，充分利用学校良好的学习环境和条件，继续补习文化。在重庆半年，我几乎把所有时间都用在学习上了，大概只进过一两次城，还主要是去买书，至于什么游览风景区，连想都没想过。由于上学前打下了一定基础，在校期间又比较刻苦，我的学习成绩很好，从入学时的摸底考试到结束时的毕业考试，在校期间总共 6 次考试得了 600 分，是 200 多名学员中唯一的全部满分。记得离校前，学员队队长正式征求我的意见，希望我能留校当教员，并答应送我入大学深造，后由于种种原因没有办成。

机遇总是垂青那些有准备者。1973 年 6 月，我刚从学校回到部队，就接到团政治处交给的一项任务，让我给干部读书班辅导政治经济学。当时，全军都在响应毛主席的号召重读马列原著，总政安排团以下部队主要学习《恩格斯论马克思》《列宁论马克思恩格斯》《斯大林论列宁》，简称“三论”。书中阐述了马克思主义政治经济学的原理，而那时部队中系统学习过政治经济学的人太少了。不知谁的主意，政治处找到了我。当时，我刚提干不久，职务是载波技师，还不满 21 岁，要给全团的政工干部，包括团领导、各营连的教导员、指导员们讲政治经济学，这还真是个挑战。由于比别人先学了一步，再加上临阵磨枪，认真备课，好赖总算应付下来了。记得当时反应还不错，现在来看，恐怕主要不是我的水平有多高，而是出乎大家意料。

给政治处帮完忙不久，团司令部作训股又相中了我，将我借调到训练队当了教员。不过这次教的是业务课，我分讲数学、电工和半导体电路基础。学员是从全团选调的，大多是我的同龄人，有一些比我年龄还大。我之所以能站在讲台上，无非是那几年在自学方面先行了一步。人们常说，教育者要给人一碗水，自己必须有一桶水，这话一点儿不假。从自己学懂弄通到讲出来让别人也能掌握，这确是一个大的跨越，教学任务逼着我总想多学一点儿、学深一点儿。而且不仅仅是专业，在其他方面也得不断学习，因为学员们提出的问题常常是专业范围之外的。1974 年的大半年，我基本上都是在紧张的备课、讲课中度过的。

按当时我个人的想法，是在专业技术方面继续深造，以后从事技术工作或业务工作。可命运常常跟人开玩笑。1974 年全国又搞起了批林批孔运动，根据上级要求，各单位纷纷成立理论组，专门写批判文章，辅导部队学习。我所在的通信总站政治部，大概是听说我在政治理论方面还有一点儿基础，就把我从团里借调到宣传科理论组帮助工作。后来，我又被通信兵政治部宣传部理论组借去帮忙。在这两级理论组，我工作了一年半时间，具体任务就是在老同志的指导下，编写各种政治教育材料，没出什么像样的成果，却给我创造了非常好的学习条件，使我有机会攻读马列主义经典著作，并开始自学外语。此外，就是阅读了古今中外的文学名著。“文革”中这方面的书籍被当作“封资修”的东西大量销毁，当时很难找到，也正因为得之不易，所以基本上是搞到一本看一本，匆匆忙忙，囫囵吞枣，前后可能看了有几百本，包括各种版本的中外文学史、文学发展史。

1976 年 5 月，机关清理编制，各级理论组都撤销了。领导征求我对下一步工作安排的意见，我明确表示希望回连队继续当技师。可阴差阳错，一纸命令又将我调到武汉通信兵军政干校政教室当了教员（即现在的武汉通信指挥学院）。该校是为全军通讯部队培养营团职指挥干部的，我刚分到政教室时，绝大多数教员都是新中国建立前参加革命的老同志，论水平，论资历，我们这批年轻人一时还难以适应工作。因此，学校专门办了一期政治教员培训班，让我们先脱产学习一年。在那一年里，我比较系统地学习了马克思主义哲学、政治经济学、科学社会主义、中共党史和军队政治工作这五门主课，阅读了大量政治理论书籍，在老教员的帮助指导下，理论水平有了明显提高，毕业后很快就走上了教学第一线。记得我讲的第一课，是马克思的劳动价值论，试讲那天，学校政委及全室的老教员都参加了，听完后给了我许多鼓励，政委当时说："没想到一个新教员能讲得这么好。"

我在武汉前后待了近三年，除了完成教学任务外，大部分时间都用在学习上了。我通读了马恩选集、列宁选集和《资本论》等经典著作，浏览了大量政治经济学方面的参考书和资料，1978年底又到当时的政治学院政治教员培训班进修了四个月。不谦虚地说，如果不是后来工作变动，我在政治理论课教学方面是完全可能做出一点成绩的。当时的学习条件也比较艰苦。武汉是出了名的火炉，七、八月间每天的气温都在38度以上，热得让人心烦意乱，晚上人们都到操场上乘凉，而我则常常躲在资料室里，打一桶凉水，把脚泡在里面，开着吊扇，坚持看书，就这样渡过了一个个炎热的夜晚。

1979年初，我的生活道路又一次发生了转折。由于一些偶然的因素，我被调到总参政治部组织部当了干事。总参政治部应该算是大机关了，工作和生活条件都比较好。组织部也是一个相当不错的集体，领导和老同志的人品、能力、工作经验都堪称师表。作为一名不满27岁的年轻人，能到这样的单位工作，应该说是十分荣幸的。我很感谢领导的信任，工作上十分努力，注重虚心向老同志学习，很快就进入了状态。可说实在的，工作之余还是有些失落感，主要是学了多年政治经济学，到机关后基本上用不着了，而机关工作特别是组织工作，我又比较陌生，一切都得从头学起。有一段时间，我常苦于工学矛盾，白天要全力以赴应付工作，晚上又要继续攻读政治经济学，所学与所用不一致，那股别扭劲就甭提了。好在没过多久，我就发现了新的学习领域，那就是军队政治工作学。

最早提出政治工作是一门科学大约是在 80 年代初。当时，报刊上围绕政治工作科学化问题展开了讨论，一些同志提出，军队政治工作要适应十一届三中全会以来的新形势，继续向前发展，有必要学习借鉴心理学、教育学、社会学等相关学科的知识。不久就有人写出了《战士心理学》《军事教育学》等专著和一系列文章。这些新东西引起了我的兴趣，感到其中许多观点很新颖，可以丰富我们军队政治工作的基本原理，值得进一步研究探讨。于是，我有意识地加强了这方面的学习。从 1982 年起，我开始在北京师范大学心理系旁听，每周上两次课，每次两个小时，和本科生一起听课，系统地学习了《普通心理学》《实验心理学》《心理测量》《心理统计》《教育心理学》《社会心理学》等课程，前后坚持了近 4 年。可以说，大学心理学专业的主要课程，我都认真地学了一遍。通过学习，比较系统地掌握了心理学这门科学的基础理论和研究方法，同时与中科院心理所、北师大心理系的专家建立了联系，在他们的帮助下，将所学的知识运用于实际工作，做了一些有益的探索。如首次将心理测验用于部队新战士的智力测定和性格摸底，取得了较好的效果，当时《解放军报》还专门发了消息。那几年，我多次参加军事心理学方面的各种学术活动，参与了一些书籍的编写，到部队宣传介绍心理学的知识，并加入了中国社会心理学会。

在自学心理学的同时，我又参加了中国社会科学院社会学研究所主办的社会学函授学习，为期两年，有社会调查、社区管理、社会工作等十几门课程。学习方法基本上是平时自己读书，星期天上课辅导，学完一门考一门，主要课程考试还是闭卷的，结业时每人交一篇毕业论文。记得我的论文是运用社会学研究方法，进行连队战士满意度调查，写的一篇调查报告，当时被评为北京地区学员毕业论文一等奖，得到的奖学金基本相当于我两年交的学费。当时我们国家的社会学刚恢复，学科建设还不成熟，教学内容中能直接用于指导部队实际工作的内容不多。学完社会学后我的最大收获是，掌握了对各种社会现象进行调查研究的方法。我将这些方法用于部队政治工作的调查研究，陆续搞了一些较有影响的调查，如青年科技干部稳定程度的调查、军队干部改革心态调查、院校学员学雷锋情况调查，等等，其成果参加全军性的研讨会，屡屡获奖。在部队政治工作领域，运用数理统计方法进行大规模的抽样调查，应该说也是由我和我的同事们开的头。总结自己的调查研究经验，我还和两名同志一起编写了《新时期军队政治工作调查研究方法》一书，主办了总参政工干部调查研究方法讲习班，并多次应邀到部队、院校为政工干部讲课。

管理科学也是那几年我自学的一部分内容。1981 年我曾参加了一次北京市科协主办的系统论、控制论、信息论讲座，由此开始接触管理科学。后来，参加过一期函授学习，比较系统地学习了管理科学的基础知识。现代管理科学主要是两大部分：一是科学管理理论，主要研究如何运用数学手段对管理中物的因素进行定量分析和管理；二是行为科学理论，主要研究如何运用心理学、社会学、人类学的知识对管理中人的因素进行分析和管理。我的学习主要集中在后一部分，并注意将所学知识运用于军队政治工作。80 年代中期，我参加了北京市行为科学学会组织的一系列学术活动，曾担任过该会的常务理事，后来虽根据部队规定退了出来，但仍不断得到学会的专家和老师们的指导帮助。

80 年代初，总参机关开始进行机关办公自动化建设。我受组织指派，参加了最早的两期机关人员计算机短期培训，随后一直负责总参政治部机关的办公自动化工作。通过学习，我基本掌握了计算机的基础知识和日常操作，并能运用数据库语言编写一些简单实用的程序。全军政治工作第一个应用软件——政治实力统计程序，就是我配合六十一所的技术人员研制开发的。在那几年，我曾参与过七八个实用程序的研制，主要担任系统分析和功能设计工作，还主办了几期机关人员学习计算机技术的培训班。总参政治部机关的办公自动化经验曾在全军自动化工作会议上做过介绍，我本人也获得过军队科技成果奖。

在那几年，我的外语水平通过自学也有明显提高。上学时，我只学过半年时间的俄语，入伍后很快就忘得一干二净了。从 70 年代中期开始自学英语，时断时续，坚持得不够好，尤其是一直未能从头到尾参加过一期正式培训，完全靠个人看，所以口语能力特别差，基本上属于哑巴英语。好在语法掌握得还不错，一段时间内曾达到借助字典能阅读英文报刊甚至文艺作品的水平。我曾和爱人一起翻译过一本心理学普及读物《把握你的未来》，山西人民教育出版社给出版了。

前面讲过，由于种种原因我没能上大学接受正规的高等教育，所以尽管自学了不少东西，但文化程度一直填的是初中。1981 年，国家为了鼓励在职学习和自学成才，正式开办了高等教育自学考试，为我们这些无缘入大学的人开辟了一条取得国家承认学历的新路。我参加了 1981 年 5 月北京市举办的第一次哲学考试，获得通过。随后几年，又先后考了政治经济学、科学社会主义、党史、国民经济管理概论、逻辑、写作、文学概论、法学概论、大学语文、英语等十几门课程，都是一次通过，拿到了大专文凭。由于长期坚持自学并注意在工作中应用，1984 年我被总参树为学习科学文化的标兵。

通过自学取得大专文凭后，我没有像许多同志那样继续考本科，主要是考虑拿文凭不是学习的最终目的，应多学一些对工作有用的东西。因此，从 80 年代末到 90 年代初，我坚持围绕工作安排学习，工作中需要什么就先学什么，学了就争取马上能用上。例如：我在担任总参政治部政研室主任期间，曾与地方一些大专院校合作开展了“军地大学生成长环境对比研究”。为此，我集中阅读了几十本中外教育学著作，包括《教育学》《高等教育学》《教育史》《西点军校教育资料》以及马卡连柯、陶行知等人的教育著作。通过集中、系统的学习，使我对教育理论有了比较全面的了解。再如，我在工程兵维护总队代理副政委时，曾主办过一期团以上干部“商品经济知识讲座”，我分讲“商品经济与伦理道德”。为此，阅读了几十本关于伦理学方面的专著，包括各种版本的伦理学、中外伦理学史等，并多次到北京图书馆查阅资料，写了几万字的讲稿。讲了这一课后，使我对伦理学也能说出一二了。

1993 年我调到所里工作后，学习时间相对来说更充裕了，因为白天工作虽然紧张，可晚上加班却比在机关时少多了。因此几年下来，我感到自己在学力上又有明显提高。首先，是有计划地补上了在传统文化方面的缺课。我的国学底子比较薄，只是上小学和初中时学过一点古文古诗，参军后做技术工作、教员工作和机关工作，一时也感觉不到学习传统文化的必要。所以，多年来一直没有在这方面下功夫。前些年，我的学习一直是围绕管理科学和部队政治工作展开的。管理科学本身就是一个理论丛林，有各种各样的观点学说和理论体系，鱼龙混杂，良莠难分。在工作实践中，我越来越清醒地认识到，国外的管理理论再有道理，也不能简单地照搬到中国来，要解决中国的管理问题，就必须很好地研究中国人。而人是文化的产物，研究中国式管理，就必须很好地学习中国文化。因此，这几年我基本上是从头开始补这方面的缺课。先是系统地学习了王力先生主编的大学中文教材《古代汉语》，初步提高了古文阅读能力。在此基础上，广泛阅读了中国古代文化典籍：在经书方面，看了四书五经和《近思录》《传习录》等一大批儒家经典著作，有些重要著作如《论语》，我看了五六遍，包括各种版本的注释；在史书部分，除了现代人写的各种通史外，主要看了《史记》《资治通鉴》和各种版本的思想史、哲学史等；在子部方面，先后看了荀子、墨子、老子、庄子、列子、晏子、韩非子等人的原著及后人的评介；在集部方面，看了诗经、楚辞、唐宋八大家散文、李杜诗选，等等。通过学习，我感到中国文化真是博大精深，自己在这方面的学习起步太晚，至今懂得太少了，今后还要继续补课。

这两年，我学习的另一个重点是经营管理。这一方面是过去学习的继续，另一方面也是实际工作的需要。我常年订阅几份管理方面的杂志，注意从中发现线索，以便跟踪国内外最新的管理理论。可以不夸张地说，80 年代以来国内外所有引起轰动的管理学专著，我基本上都看了。管理是一门实验性很强的科学，实际管理经验远比理论丰富多彩。因此，这几年我阅读了大量中外著名企业家的传记或回忆录，前后加起来恐怕有近百本，读后受到不少启发。最近，我又在阅读有关 MBA 也就是工商管理硕士的教材。不谦虚地说，论管理方面的基础理论和知识水平，我不比一般的管理专业大学生差。去年 10 月，所里确定我在科研工作会上讲一下国内外管理的最新发展及给我们的启示，不到20天的时间拿出了3万多字的讲稿，并得到与会同志的认可，没有一定的知识储备显然是不可能的。

除了传统文化和经营管理这两个学习重点以外，这几年我还看了很多闲书。例如，为了探讨人生哲学，我看了不少有关宗教方面的书籍，包括《圣经》《古兰经》、佛经等。光佛经就读了十几本，而且读后很受启发。又如，我对党史、军史一直有浓厚兴趣，各种版本的史料和回忆录看过不少。看得多了，各种材料互相印证、补充，头脑中大致形成了革命史及军史的基本脉络。去年给大家讲军史，事前就没时间认真准备，想到哪儿讲到哪儿，讲了三个小时，但估计不会有大错。再如，我对文学作品一直偏爱，多年来始终是《收获》《当代》《十月》《花城》等大型文学期刊的忠实读者，近几年社会上比较流行的小说，我基本上都看过。就连武侠小说也没少看，至少翻过几百本，所以聊起古龙、金庸、梁羽生、温瑞安、卧龙生等人的作品来，我也一点儿不陌生。我认为，看这些闲书一方面可以增加知识，不至于与别人交谈时因无知而语塞；另一方面，也可以换换脑子，算是一种休息。

以上就是我的自学经历，在讲述中，免不了有王婆卖瓜、自卖自夸的味道。但我的本意绝不是自我炫耀（说实在的，我也没必要在大家面前炫耀），而是希望同志们从我的自学经历中得到启发，受到感染，也不知这个目的达到了没有。为了对大家确有帮助，下面再发挥一下，谈谈自己多年来坚持自学的几点体会。

我的第一点体会是学习太重要了。我不是书香门第出身，小时候学习成绩也很一般，特别是作文成绩，老是中等偏下，很少有得优的时候。入伍时，全团近300名新兵，我的文化程度算是比较低的。以后，由于种种原因，又没有受过系统的高等教育。我也不认为自己很聪明，参加自学考试时，同样时间学同样内容，我的成绩并不是最好。我之所以能有今天，能够有一些本领为国家、为军队建设做一些有益的工作，主要是靠在部队领导和老同志们的帮助下长期坚持自学。通过学习，使我明白了革命的道理，懂得了人生在世应该怎样生活，怎样为人处世，使我增长了学识和才干，掌握了一些为人民服务的本领，当然也是谋生的手段。人们常说，自学可以成才，我不敢说自己是什么才，但我感到，自学使自己成为一个对社会有用的人，一个有追求、有知识、有道德的人。这么多年来，无论在哪一个工作岗位，我都能够比较出色地完成领导交给的各项任务，靠自己的人品和真本事获得同志们的信任和尊重，热爱学习，坚持学习，是主要原因之一。我本人性格上有许多弱点，现在身上的缺点、毛病也不少，但我始终认为，自己有一个最突出的优点，这就是爱学习、爱读书。我想，这可能是我成长进步最宝贵的一条经验。

我自己深感学习的重要，因此，每当看到一些年轻同志不注意学习，把大好的青春时光白白地浪费过去，就十分着急，为之惋惜，为之担心。人们常说，21世纪是学习的世纪，谁热爱学习，善于学习，不断充实、提高自己，谁就能够在未来社会日趋激烈的竞争中生存和发展，否则就会被淘汰。因此，不爱学习，不是一般性的缺点，而是一个致命的缺点。它的危害，有些同志一时可能感觉不到，可一旦感觉到时，要想弥补恐怕为时已晚。所谓“少壮不努力，老大徒伤悲”，讲的就是这个道理。所以，作为同志们的领导和兄长，我真心实意地劝大家高度重视学习问题，为了国家的繁荣富强，为了个人的生存发展，也为了将来家庭生活幸福美满，千万不要再荒废下去了。

我的第二点体会是自学本身并不难，难在坚持。一提到自学，一些同志总流露出一种畏难情绪，感到自己基础差、水平低，提出这样或那样的困难。其中有些确实存在，但我认为，主要还是精神状态问题。在座的同志，入伍前至少也是初中毕业，论文化程度恐怕都比我当年的水平要高。我能够做到的，相信大家经过努力也一定能够做到，并且会比我做得更好。文化底子是靠人打的，水平低通过努力是可以改变的。现在，如果给大家一本高等数学习题集，对大多数同志来说，可能难了一些，可如果给大家一本小学习题集，恐怕多数同志不用复习就能做下来。有了小学的基础，再学初中的课程；打好初中的底子，再学高中的功课；然后，还可以向大学生甚至研究生方向发展，这都是完全有可能的。所以，基础差不是不学习的理由，而应该是加倍努力学习的动力。我想，只要有“人将休，我不敢休；人将卧，我不敢卧”的精神，学习上的任何困难都是可以克服的。

根据我的体会，自学中最大的困难还是战胜自己。我常想一个问题：现在的学习条件比我们当战士时是改善了还是不如当年？应该说，现在各方面的学习条件都比当年好多了。首先，从军委主席到各级领导都号召、鼓励大家学习，社会上形成了浓厚的学习风气，再也不会因爱学习受到歧视，感到压力了；其次，现在学习的机会比过去多多了，各种书籍都很容易找到，上各种辅导班也不再是难事，再也不会因没有书、没有老师而苦恼；再有，实行双休日后，业余时间大大增加，学习时间上也有保障，等等。如果说现在学习条件不如过去之处，我看只有一条，那就是今天干扰年轻人求学上进的诱惑太多了。社会上的时髦风尚一会儿一变，文化活动丰富多彩，各种信息大量袭来，搅得一些年轻人整天心神不定；今天想干想学这个，明天又想试试那一行；

好不容易拿起书本，又遇到了精彩的电视连续剧或足球转播；刚刚通过努力获得一点儿进步，又怀疑这种付出值不值得。诱惑太多了，要始终战胜自己就十分不易；选择太多了，难免有出错的时候。就像一辆公路上行驶的汽车，如果一路上需要选择的十字路口太多，行驶速度必然受影响。所以我认为，现在年轻人要自学，关键在战胜自己，长期坚持。用古人的话说就是，“不在三更火，五更鸡，就怕一日曝，十日寒”。估计我今天讲完课后，会引起一部分同志对学习的重视，开始琢磨学一点儿东西。但可以预言，在你们的自学道路上，一定会遇到许多考验，最有毅力的、不论遇到什么困难都能坚持学下去的同志，将能取得最大的进步。

我的第三点体会是学习要结合实际工作，并注意打好基础。不少年轻同志常向我表示，他们很愿意学习，就是不知该学点儿什么，怎样学习才能取得好的效果。这实际上是学习内容和方法的问题。学习内容和方法确实很重要，因为它直接影响到学习效果，而学习效果又将反过来影响在职学习的信心。我很理解提出这些问题的同志的心情，因为自己在自学道路上就走过不少弯路。当初如果有人能经常帮助、指点自己，我的学业进步一定能够更大一些，可惜已经晚了。所以我很愿意将自己的学习体会告诉大家，尽管这些体会不一定都适用。我认为，在选择学习内容和方法时，最重要的是两条：一是最好与实际工作结合；二是注意打牢基础。

先谈与实际工作结合。我们学习的最终目的是为了提高自身素质，做好本职工作。因此，衡量学习效果的根本标准，应该看处理实际工作的能力、水平是否真有提高，不能仅仅看读了多少书，增长了多少知识。而要迅速提高实际工作能力，就必须坚持在干中学，在学中干，边干边学，不断总结。如果说学习有捷径，恐怕这是唯一的捷径。只有干一行、爱一行、专一行，学习才能有明确的目标、持久的动力，才会得到领导和同志们的鼓励、支持，才能不断感受到学习的效果，形成正反馈。我就有这方面的切身感受。刚调到总参政治部机关工作时，一时没有找到新的学习目标，还想钻研政治经济学，结果所学的与所干的不一致，不是互相促进，而是互相干扰，领导和周围同志有看法，自己心里也十分苦闷。后来调整了学习方向，结合工作来学习，各种关系就顺多了，心情也好了。所以，我体会到，在部队现行体制下，一个人的工作岗位是由组织指定的，个人往往无法改变，因此，当出现工学矛盾时，比较现实的办法是调整自己的自学内容，争取在本职岗位上自学成才。

再说打好基础。知识的积累、技能的形成、人格的修养，都有其自身的规律，其共同点就是要循序渐进，打好基础。而且，越是想有大作为，打好基础就越重要。这同楼房越高、地基越要深的道理是一样的。什么是基础？我认为对所有年轻人来说，学好马列主义、毛泽东思想、邓小平理论，切实解决好世界观、人生观问题就是基础。年轻人无论将来干什么，基础理论都是必修课，这不是给大家讲什么大道理，而是我自己的切身感受。一棵大树要想枝繁叶茂，一定要养护好根，马克思主义的基本理论和革命的人生观就是我们的根，是值得终身研读、深入学习的。注意打好基础的另一层含义，是在学习每一门专业时，都要注意从基本的东西学起。可以找一本比较好的基础教材，认真阅读，反复领会，务求真正搞懂弄通，把基础打牢。该做笔记时就做笔记，该做练习时就做练习。我学高等数学时没有老师，只好采用最笨的办法——大量做习题，曾将同济大学编的高等数学习题集共2000多道题全部做了两遍。如果当时有自学考试的话，我想一次通过应该没什么问题。基本的东西弄懂了，以后的学习就容易多了。读基本教材用了十分力后，再读其他书籍、材料可能七八分、五六分就可以了。自学时千万不要东一榔头，西一棒槌，那样好像学的东西不少，其实收效最差。这是我的切身体会，也是前人的学习经验，希望引起同志们的注意。

我的第四点学习体会是自学必须挤时间。一些同志不学习，摆出的理由就是工作太忙没时间。有些同志也问我，你看了那么多书，哪里来的时间？说实在的，有时我也搞不清楚，每个人的一天都是24小时，我承担的工作恐怕并不比大多数同志少，为什么一些同志总觉得没时间学习？根据我的体会，一个人要真想学习，是不会没有时间的。正像鲁迅先生所说，时间如海绵里的水一样，必须用力去挤。只要善于挤时间并科学地加以安排，每天抽空看点儿书，应该是不成问题的。多年来我养成了一个习惯，每天晚上坚持读书，很少有十二点以前睡觉的。如果提前睡了，第二天准会提前醒。每次出差，我都要带上一大摞书，无论是在飞机上、火车上甚至地铁上，都要掏出来看一会儿，哪怕是短短的几分钟，也不愿轻易浪费。中国有句老话，叫作“聚沙成塔，集腋成裘”，这个道理完全适用于学习。

我的自学情况就介绍完了，最后还想说一点。那就是在我的自学道路上，得到了各级领导和许多老同志的热情鼓励和指导，无论是我当战士、当教员时，还是后来到机关工作，都有许多情景令我终生难忘。我之所以有今天，是和他们的谆谆教诲分不开的。我曾想，这些老领导、老同志与我非亲非故，他们为什么会那么热情地、无私地帮助和指导我？现在我体会到，他们的帮助并不是对我个人的，而是出于对我们党、我们军队事业的忠诚和对年轻一代的关心。因此，尽管他们对我恩重如山，但我今天不可能而且也没必要一一去报答了。我应该做的就是像老同志当年帮助我那样，帮助现在的年轻战友尽快成长。我今天讲课即出于这一目的，希望能对同志们有所启发。如果将来有一天，在座的同志们中有哪一位通过自学成才，走上领导岗位或在其他方面做出突出成绩，也能对那时的新战友们谈谈个人学习的经历，其中提到自己的成长多多少少受到了我今天讲课的启发，那么，即便那时我已在九泉之下，仍然会感到十分欣慰。